U0603921

“以爱育爱”教育丛书

丛书主编：李烈　丛书副主编：芦咏莉　冯红

徜徉在语言文字间

北京第二实验小学语文案例集

Changyang zai Yuyan Wenzi jian

马丽英◎主编
宿　慧◎副主编

科 学 出 版 社
北　京

内 容 简 介

本书共收集 43 篇小学语文教学案例。这些课例凝聚着北京第二实验小学语文教学团队的智慧，体现着授课教师的心血，得到小语各级领导和专家的充分认可，赢得来自全国各地的教育同仁在研究课、观摩课上的一致好评。课例从不同侧面展现了教师践行北京第二实验小学“以学论教”的教学理念，探索课堂教学的“三段式”，遵循“因需而教，学以致用”的教学规律，将“生活处处皆识字”“阅读教学一带多”“在体验中学表达”等实践研究成果呈现其中。教师从多种途径激发学生爱上语文课，爱上语言文字，爱上阅读与表达。课例中流淌着师生在阅读吟诵中，与人物、与作者、与时代的对话，赏析汉字，品味语言，真情表达……师生在感受学习与分享的快乐，在语言文字中徜徉成长。

本书适合小学语文教师、学生家长、师范院校的在读学生阅读，同时对关注小学语文教学的研究人员和其他读者有参考价值。

图书在版编目（CIP）数据

徜徉在语言文字间：北京第二实验小学语文案例集 / 马丽英主编. —北京：科学出版社，2017.6

（“以爱育爱”教育丛书 / 李烈主编）

ISBN 978-7-03-053064-6

Ⅰ. ①徜… Ⅱ. ①马… Ⅲ. ①小学语文课-课堂教学-教学研究
Ⅳ. ①G623.202

中国版本图书馆 CIP 数据核字（2017）第 125407 号

责任编辑：孙文影　乔艳茹　柴江霞 / 责任校对：彭珍珍
责任印制：张克忠 / 封面设计：润一文化
编辑部电话：010-64033934
E-mail：edu-psy@mail.sciencep.com

科学出版社 出版
北京东黄城根北街 16 号
邮政编码：100717
http://www.sciencep.com

新科印刷有限公司印刷

科学出版社发行　各地新华书店经销

*

2017 年 6 月第　一　版　开本：720×1000　1/16
2017 年 11 月第二次印刷　印张：17　1/4　插页：2
字数：430 000

定价：49.80 元

（如有印装质量问题，我社负责调换）

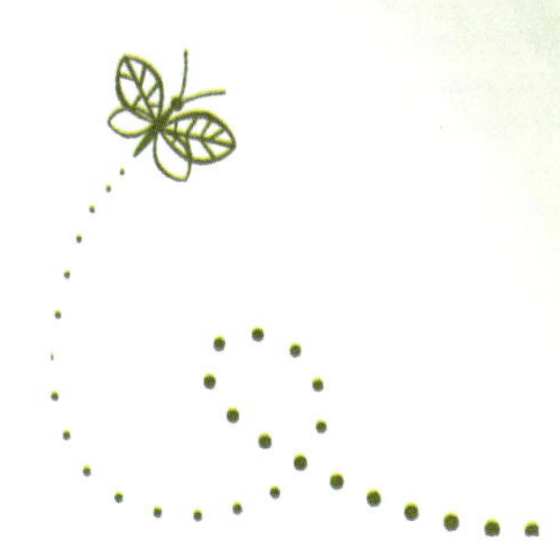

“以爱育爱”教育丛书编委会

本书编委会

主　编　马丽英

副主编　宿　慧

编　委　李爱丽　段川燕　杨永敏　陆宇平　梁学英

李　杰　庞　军　吕亚琳

丛书序

以爱育爱，使教育梦想扬帆起航

教育之发展，首先是思想之发展。名校之特征，首推鲜明、先进且鲜活的教育思想或办学思想。唯有此，才能被世人传颂，才可能在教育史上留下浓墨重彩，被后辈传承与发展。

北京第二实验小学，一直都是首都小学教育的一面旗帜。1997 年，我接任北京第二实验小学校长一职。如何站在前辈深厚积淀的基础上，集当时教育研究之大成，提出学校发展的新思路、新思考，是我当时面临的首要课题。最终，以己推人，我提出“双主体育人”办学思路，将教师之“教育主体”与学生之“学习主体”齐肩并存，并强调两个主体在教学相长过程中的“互育”以及对己负责过程中的“自育”，即双主体共同成长。“以爱育爱”，和“以学论教”“以参与求体验”“以创新求发展”一起被提出，成为“双主体育人”办学思路的四大支柱，贯穿学校教育的全过程、全方位。

先进的教育思想，源自于历史积淀中的不断传承与发展。作为百年老校，“爱”始终是北京第二实验小学教育的主旋律。在百年校史中，大家熟悉的各位教育前辈，如陶淑范先生、霍懋征先生、关敏卿先生、马英贞先生、姚尚志先生等，都一再提出爱在教育中不可替代的重要地位。如“不爱教师的校长，不算好校长”“没有爱，就没有教育”“不爱学生的老师，不算好老师”……以爱育爱，再次强调了爱在教育中的重要性，不仅明确了爱是教育手段——即教师的“爱”应贯穿教育的全过程，渗透在教育的全方位；而且突出了爱是教育目的——育出学生的“爱”，是教育的首责。

2003 年 9 月，时任总理温家宝来我校参观，听取汇报之后，在感慨之余挥毫题写了“以爱育爱”四个大字。自此，“以爱育爱”成为北京第二实验小学的品牌与标志。

随着学校“以爱育爱”教育实践的不断深入，“以爱育爱”已经从教育过程中“教师—学生”之间爱的激发、培育，逐步引申到学校管理中“管理者—教师”之间爱的激发、培育，再扩展到学校发展环境与系统中“学校—社会（家长）”“家长—孩子”之间爱的激发、培育。由此可见，“以爱育爱”对各教育要素之间相互作用的关系，对宏观、中观、微观等不同层级的教育系统健康发展，产生了广泛而深远的影响。

与此同时，随着“全人”发展的深入解读，在北京第二实验小学，“爱”被明析为两部分：一是以“爱探索、爱思考、爱研究”等行为特征为代表，“爱”成为学生认知发展的核心内容与动力，并以“人”字的左撇来标示；一是以“爱他人、爱社会、爱国家、爱世界、爱自己”等行为特征为代表，“爱”成为学生社会情感发展的核心内容与动力，并以“人”字的右捺来标示。也就是说，借着“人”字的结构，其一撇（认知发展）一捺（品德发展）共同撑起学校教育中的全“人”发展，构建出“以爱育爱”的两大领域与核心内容。

近 20 载“以爱育爱”教育实践的不懈探索，北京第二实验小学创造出新的佳绩，迈入新的辉煌。

首先，塑造出一批优秀名师和一个以“美丽、智慧、快乐”著称的和谐教师团队。通过以爱育爱，改变教师的心智模式、加强和谐团队建设，培养教师的归属感。通过以爱育爱，提升教师的教学策略、促进学生有效成长，培养教师的效能感。归属感和效能感相辅相成，共同构成了北京第二实验小学激发教师主动发展的“∞教师成长模型”。一批名师就在这样的充满爱和研究的和谐氛围中不断探索、实践，逐步成长、成熟，形成了对教育教学的独特认识。参与本丛书编写的施银燕老师（《行走在数学与儿童之间》)、周晓超老师(《游走在自我发展与成就学生之间：青年教师掬水留香的教学生活》)、许颜老师(《心的成长：心智能力的培养与发展》)是其中的代表。教师及其团队的成长与成熟，正是“以爱育爱”教育思想(《爱的智慧：北京第二实验小学爱的教育故事》)、“双主体育人”办学思路(《以爱育爱：双主体育人实施手册》)最具代表性的成果。

其次，打造出一系列彰显学生主体的参与式特色课程体系。遵循“爱”的左撇，学校在特色课程建设中，充分关注探索任务的真实性与趣味性，充分关注探索过程的参与性与挑战性，充分关注探索结果的价值性与推广性，以最大程度地调动学生探索、思考和研究的欲望。遵循“爱”的右捺，学校在特色课程建设中，充分关注自主与选择、统筹与规划、分工与执行、冲突与合作、责任与担当等各种核心品质的培养，基于现实情境展开人格的塑造与社会情感的培养。于是一系列广受师生、家长喜爱的特色课程诞生，如低年级的主题板块、中高年级的主题研究课，学科平行选修课，国学“思与行”课程，立体的书等等。本丛书采撷了其中两束[《研之趣：北京第二实验小学主题研究课案例集（上、下册）》《数之乐：玩着游戏学数学》]，与大家分享。

另外，还构建出凸显“目中有人”的学校系列文化。随着学校双主体之主体作用的不断激发，学校逐步走向从制度到文化的转型。围绕教师、学生两大主体，首先构建出教师文化、学生文化，同时分别衍生出了教师群体中的党员文化、学生背后的家长文化。遵循以爱育爱，围绕教师、学生之间的互动，创生出了学校的课程文化与课堂文化。同样，遵循以爱育爱，基于学校管理中“教师第一”的思考，又构建出学校的管理文化和制度文化。最终和校园文化一起，形成了凸显目中有“人”的北京第二实验小学九大文化体系。这其中，对于同行而言，最具有特色的当属学校“生本、对话、求真、累加”的课堂文化。尤其关于对话，在长达 5 个学年之久的科研月中，呈现的都是学校教师团队不断探索的内容，最终围绕“教师勇敢地退，适时地进”，围绕“课前参与—课中研讨—课后延伸”总结出了系列的教学策略包。在本丛书中，我们以语文、数学学科为例，提供出近年来或者受到大家好评，或者颇有研究价值的课例（《徜徉在语言文字间：北京第二实验小学语文案例集》《有滋有味的数学：北京第二实验小学优秀数学研究课荟萃》），供读者批评指正。

不愿意当将军的士兵，不是好士兵。这句话推崇的是理想、信念在专业成长中的意义和价值。我深感认同。有鉴于此，我想说：真正爱教育的人，一定有一个教育梦想。作为一位从教 40 余年的老教育工作者，我以为：以爱育爱，使教育梦想扬帆起航。

最后，诚挚地感谢科学出版社的领导、同仁，尤其是付艳、孙文影等编辑，是她们的全情投入，使本丛书几经周折，终于顺利出版。在此代表所有沐浴在“以爱育爱”旗帜下、成长于“以爱育爱”沃土的二小教师们，对科学出版社的工作团队，和历年来关心、支持北京第二实验小学成长、发展的各界朋友，表示衷心的感谢！

2016 年 12 月

于新文化街 111 号酬勤堂

序言

在 2010 年举办的"走进北京第二实验小学语文课堂教学研讨活动"中，崔峦先生在听完三节观摩教学课，激动地即兴点评了每节课后，饱含真情地说：

总而言之，我觉得这三节课给我们很多的启发，所以我对国家搞好语文教学更有信心，看到一些希望，特别是在北京，在首都看到希望，在我老家看到希望我就非常高兴。我们今后就沿着这个路子走，我认为这个路子是对的，就要沿着这个路子走。在我们搞清目标，搞清方向，搞清我们教什么、学什么的基础上：

第一，大力改进课堂教学。改进课堂教学的核心就是加强主体的语文实践活动。主体是谁？学生。要加强学生的语文实践活动。我们老师的角色要隐蔽起来，不是张扬自己，课堂教学绝不是表现老师自己，现在有的公开课我很不满意的一个地方，就是表现老师。你的能力再高，教学艺术再高，也不等于学生就能像你这么高。关键要看把学生训练到什么程度。所以我很赞同李烈校长的观点，评估老师看学生，看学生的能力，看学生的发展，特别是看学生发展的后劲。我总说我们老师不要在乎一城一地的得失，也就是一次测验的得失。学生这次差一分两分没关系，关键是看谁能笑到最后。我们十年二十年以后看看，哪个老师培养的学生最棒。

没有千篇一律的阅读模式。我今天很高兴，就是看到我们北京第二实验小学三位老师的课没有一定之规，没有一个所谓的固定模式，都是围绕着目标来想各自的方法，这就对了。希望在抓语言、抓教学模式的改革上我们的西城区能够做得更好，走在北京市的前面。

第二，学习语文，我还是那句话：仅靠课内是绝对不行的。一定是课内学方法，课外求发展。我看我们北京第二实验小学的校训里有"酷爱读书"，我觉得说得很对。一定要通过你们六年的培养，培养出爱读书的孩子，从营造书香校园开始，我们还要营造书香家庭，进而营造书香社会。一个人有好的读书习惯，才会有发展，而且他的人生才可能是一个幸福的、美满的人生。培养学生的能力，也给他们一个幸福的、美满的人生。①

这次活动更加坚定了北京第二实验小学（简称实验二小）不断在实践中研究探索的信念，如何进一步加大阅读量的研究更加深入，如今“一篇带多篇”已成为语文课堂教学的常态。

北京第二实验小学语文课堂教学发展到今天，并得到同行的高度认可，首先在于以下几个方面。

一、学校有先进的教学理念作支撑

李烈校长提出的“双主体育人”办学思想，增强了教师和学生这两个主体的全人发展的能动性。“以学论教”的教学理念为教师高效教研指明了方向。根据学生发展的需要确定教学的内容与方法，依据学生发展的质量来评价教师教学效果。李烈校长带领我们构建学生主体参与的课堂教学模式，探索出“课前参与，课中研讨，课后延伸”的教学三段式，共同打造“生本、对话、求真、累加”的课堂文化。她反复给老师们解读课堂教学“两条线”、课堂教学“十意识”，和老师们一起讨论“实验二小课堂教学评价标准”……李烈校长主张的“勇敢地退，适时地进”造就了北京第二实验小学课堂的精彩。退出一片天空，彰显学生主体；进来三言两语，突显教师功力。作为数学特级教师、数学教学专家，李烈校长常常出现在语文课堂中，以独特的视角与我们真诚交流，鼓励教师们去创新、去实践，引领我们去思考语文学科素养如何培养，如何多角度把握教材，如何准确制定教学目标，语文课堂如何在传承中不断发展……

二、学校有教学改革探索的传承与发展

建校 107 年以来，北京第二实验小学语文教师探索出丰富的教学经验，如今在传承，也在发展。特级教师霍懋征一个学期教学 90 多篇文章的经验在延续，如今“一篇带多篇”的大量阅读已成为常态。从“五步识字法”到“赏析汉字”，从“生活处处皆识字”到“在体验中学表达”，从“单元整体推进”到“依据文体特点”分类教学，从阅读一篇课文到走近一位作家，从学习一篇课文到阅读一本名著，教师们的实践探索总能给校本教研与组本培训带来新的思考，集集

① 根据崔峦先生的讲话录音整理而来。

体之智慧研究出一节节研究课、参赛课、观摩课……每节课后，大家畅所欲言、毫无保留的研究氛围与分享过程，已经成为每位来校听课教师的期待。

学校重视在实践层面取得的初步成果，更加重视的是将其转化成教师的教学行为，带给课堂新的生机与活力。以下共识和研究成果在语文课堂教学中得以实施。

1）构建学生主体参与的课堂，让学生在互动交流中享受学习的乐趣，师生共成长，做最好的自我——教学相长。

2）“精彩两分钟”精彩纷呈，已经对学生的成长产生了积极的影响，包括树立自信、体验成功、认真、投入、个性、创新、学科味道等方面。

3）课前参与。自主学习，运用已有知识解决新问题，带着问题进课堂，有效学习。

4）课中研讨。师生、生生互动交流；个性化阅读、多角度思考、综合学习。

5）课后延伸。带着问题出课堂，弹性作业，保底不封顶，因材施教。

6）开展丰富多彩的语文综合实践活动，以个体、合作、班级、年级等形式。

7）重视学习资源的整合。学习资源包括教育活动、环境资源、热点话题等，拓展语文学习的天地，引导学生学以致用。

……

三、学校有向问题学习的研究常态

向问题学习，是学校激发教师智慧的途径，引导教师在善于发现问题的同时，更要学会反思，认真研究问题，解决问题。课堂教学永远是遗憾的艺术。李烈校长始终把提升课堂教学质量作为学校的重中之重，聚焦课堂的研究是我们的研究常态，在这个过程中真正促进教师的成长。

1. 探寻“课堂教学的根”

“我思故我在”，北京第二实验小学第二十届青年教师“凌空杯”教学基本功大赛决赛暨科研月的活动，引发了大家对“课堂教学的根”的探寻，在活动总结中，华应龙副校长就这个问题进行了这样的阐述：

> 大家见过这样的课堂吗？
> 课堂热闹了，学科味儿淡了。
> 综合性有了，学科性丢了。
> 学生真动起来了，教师却溜走了。

教师激情燃烧，学生烟都不冒。

教学内容“胖”了，教学环节“碎”了。

教学形式“花”了，能力训练“浮”了。

从以上这些现象中，我们发现了“问题”——称之为“无根的课堂”，如何利用好这些“问题资源”来找到不断提高课堂教学效率的有效途径？向问题学习使我们有了如下思考。

（1）根的价值

根深才能叶茂，本固方能枝壮。

“君子务本，本生而道生。”[《论语·学而》]

“为学须有本原，须从本原上用力。”[《传习录》（卷上）]

（2）课堂的根是什么？

学生的发展：学生主体参与——互动的、有生命力的课堂。

学科的本质：学科的本质是一切教学法的根。语文学科的本质：最基础的学科，语言具有工具性、人文性。

教师的个性：大江东去的豪放，小桥流水的婉约——“百花争艳才是春”。

未知数的值：“学习就是追求无知。”从语文学习的角度讲，学语言就是为了更好地用语言表达。

（3）怎样把根留住？

学生的发展：水本无华，相荡而生涟漪；石本无火，相击乃生灵光。

学科的本质：装满一桶水，高观点下钻研教材——语文教师自身的语文素养需要不断积淀；深钻，更要浅出，研读文本，教为学服务。

教师的个性：前进，进，评价——教师要勇敢地“退”出来（更新观念）不容易，退出来后如何再“进”更难！它需要教师具有深厚的教学功底，不断锤炼扎实的“内功”。

（4）做最好的自我——追求的目标

未知数的值：呵护好奇心，让学生自己提出问题。从语文学习的角度看，就是激活学生对语言文字的兴趣，激发学生自觉运用语言更好地表达情感的意识及能力。学生能透过文字，感悟其中蕴含的丰富内容，是我们所期待的。

综上所述，有根的课堂教学一定是学生主体参与的课堂，是有生命活力的课堂，一定是具有“生本、对话、求真、累加”的课堂文化。在打造课堂文化的过程中，探寻课堂教学的根促使我们在实践层面不断深入地研讨课堂教学的学习过程，最终实现切实提高课堂学习效率的目的。

2. 重视过程——在打造课堂文化的过程中落实三维目标

在深化语文教学改革的教学实践研究中，我们初步提炼、概括出了北京第二实验小学的课堂文化——“生本、对话、求真、累加”。

生本：以学论教，是北京第二实验小学课堂文化的根本。

对话：课中研讨成为北京第二实验小学课堂教学的主体，包括学生与学生的对话、学生与老师的对话、学生与教材的对话、学生与环境的对话。

求真：科学求真的过程，真实的课堂教学状态，一种探究精神。

累加：教学的效果是以正确的教学方向为基础，在时间累积的基础上逐渐显现出来的。

在实施打造课堂文化的过程中，通过深入研读新课标，对于“三维目标”的制定与实施我们有了如下认识。

（1）过程目标一个都不能少

在实施层面上，过程目标最重要。分析三维目标之间的关系，我们认识到：理解知识与掌握技能，需要在过程中落实；积极的情感态度和正确的价值观，需要在过程中孕育。抓住过程、优化过程是全面落实三维目标的关键。

过程哲学家怀特海认为，过程是事物各个因素在时间上和空间上构成的联合体进行的内在的、复合的运动。过程是事物变化与发展并走向目的的必经环节和途径，离开了过程，价值延伸、价值拓展及事物发展目标的实现都只能是空谈。

其实，应试教育也有过程，但其过程是全预设的，是本质先定、一切既成的，教育实施就只能是预设程序的按部就班地展开，从而，过程演变成了丧失“生成”意义的流程。流程不是过程，流程不具有充分的发展性，没有意义拓展和价值衍生。

新课程下的教育过程充满着变数，充满着无法预知的“附加价值”和有意义的“衍生物”，未来的不可预知性就意味着过程的创造性，这正是过程的魅力、意义和发展性之所在。只有认识并实现教育活动的过程属性，学生的创造能力、个性发展才能实现，教育活动才有空间和可能成为一种“艺术”。

当教师课前精心的“预设”为学生课上精彩的“生成”服务，在这样的学习过程中达成“三维目标”时，课堂的效率才得以体现。

（2）确立过程目标、研读教材，解读学生

1）研读教材。把握北京师范大学版（简称北师大版）教材的特点，校本研究、组本培训相结合，初步形成了具有学校教学特色的教师用校本教材——一次

备课的教学设计。其中，共同确定出的每节课的教学目标是集体的智慧，是提高课堂教学效率的基础。

2）解读学生。分析学情，站在本班学生的视角思考该如何学。针对教材，学生运用已有的知识与技能能了解多少？课堂上学生需要习得什么？哪些是新授？哪些需要巩固提升？哪些适合练习运用？这个过程就是教师的“二次备课”，通过精心预设，使教学目标得以落实。

“教是因为需要教。”知识与技能目标掌握了，就在过程目标上做文章。郑萱副校长倡导教师课堂上一定要安排“停一停，回头望一望”的思考过程，目的是引领学生在回味重点学习环节是怎么学习的过程中，一点点习得阅读语言的基本方法，最终养成良好的阅读习惯，提高阅读能力。

（3）实施过程目标：勇敢地退，适时地进

常言道：“退一步海阔天空。”目标的落实，需要依据学生的实际状态有进有退。语文课上老师进的时机，是学生个性化的阅读理解交流产生的碰撞生成了新认识、表达中呈现的亮点需要转化成学习的新资源，以及在遇到不能独立解决的问题，或认识确实产生偏差、出现错误的时候及时点拨。“成功失败都是收获，酸甜苦辣都有营养。”学生在互动交流中寻找、发现学习语言的知识、技能与方法，与学生自己的阅读经验、感悟相连，有感而发的表达才是有意义的，这样的表达是根深蒂固的，是具有极强的迁移能力的。

教育过程的展开，不是以单一谋求某种“功利结果”为目的的，联系具体的教育内容和教学情境，时刻关注知识与技能、过程与方法、情感态度与价值观目标的整合，超越功利的知识目标取向，注重在“真理”和“幸福”之间谋求平衡。知识是重要的，但绝对不是唯一重要的，学生的发展不是仅仅通过知识的量的累积来实现的。“教也者，长善而救其失者也。”共同合作，共时交往，动态创生，才是真正的“生本、对话、求真”。目标的落实，需要依据学生的实际状态有进有退。“累加”文化的建设，在进退之间得以实现。

关于课堂上教师“退”与“进”的研究，教师们已经总结出一些行之有效的操作方法。面对灵动的课堂，能够自如地运用这些方法是教师们的追求，教学艺术永无止境。

（4）评价过程目标：2∶1∶1∶1∶5

杜威说，“教育即生长”。评价不是目标，而是教育。评价导向，旷日持久，形成习惯，是为“累加”，亦是“生长”。这种生长包含了学生在知识与技能、经验或体验、情感态度与价值观等方面的不断丰富、完善和成熟。我们加强了对语文学习过程的评价，包括课堂上学生参与学习活动的兴趣、程度、自信心、合作交流的意识，以及个性化阅读与表达的能力，关注学生语言能力的发展。

语言的学习需要经历这样的过程：对语言感兴趣——爱上语言——爱学语言——会学语言——学会表达——爱上表达。语文学习——母语学习的特殊性，决定了学生在语文学习中，是带着在开放的生活大舞台习得的初步感悟，走进教师依据教材文本而精心设计的班级小课堂，不断习得在正确地理解、品味文本中积累语言、运用语言的技能方法，再带着课堂所得回到丰富多彩的、各具特色的生活空间中实践、运用。在这样循环往复的过程中，他们的语言得到发展，他们的情感得到滋养，他们的交流表达能力不断提升。其中，课堂学习的时间是很有限的，但对促进学生成长发挥的作用应该是无限的。因此，对语言的感悟一定不能停留在对内容的理解上，而要引领学生力透纸背，感悟这样表达的语言的丰富内涵，感悟语言一定要在“求同存异”中彰显个性化的理解与表达。

综上所述，我们倡导语文课堂教学要力求平实、扎实、厚实，在一课一得中夯实基础，“累加”出学生学习语言、运用语言的质与量，为学生未来的发展服务。

3. 探究方法——提高课堂学习效率，师生都要学会倾听

课堂学习效率的高低取决于在有限的时间里完成学习任务，达成教学目标的质与量。课堂教学时间是固定的，如何有效地利用好它是我们共同关注的。要想减少不必要的浪费，首先就得明白宝贵的课堂学习时间是怎样悄然流逝的。

回想前面提到的“无根的课堂”，其中就触及这一点。学生一心想表达却忘记了倾听是更好地表达的基础；老师做到“勇敢地退”，却忘记了退出来最重要的是倾听学生的交流，而不是简单地把时间留给学生。

倾听是一种学习能力，是重要的学习方法，听人讲话要入耳，更要入心。听者不仅能听明白其中的意思，还能边听边思考，在思考中做出判断：与自己的想法是否一样，表达的意思是否正确、完整，表达的角度是否全面等，这是一个快速的、复杂的思维过程。

能否学会倾听，取决于师生是否在课堂学习中产生了真正的需要，是否意识到倾听是提高课堂教学效率的重要保证。倾听是表达的基础，没有倾听的课堂，无法形成有效交流的平台，更不会生成真正的思维碰撞。我们构建的学生主体参与的、互动交流的课堂，必然要求师生都要学会倾听。

北京第二实验小学在构建学生主体参与的、互动学习的课堂的起步阶段就明确提出，课堂上学生要做到三会：会倾听、会交流、会学习。对于小学生，尤其是低年级的学生，渴望表达是他们的天性，他们往往一心想表达自己的想法，而不理会他人在说什么。因此，学会倾听不是件简单、容易的事，从能听、会听到学会倾听需要经历循序渐进的训练过程。例如，听人讲话要看着讲话者，要安静地听，边听边思，等别人讲完再开口等，这些都是需要教师悉心培养与指导、自己坚持训练才能形成的习惯与能力。学会倾听，课堂才能真正呈现出“活而不散，活而不乱”的氛围。在如何训练学生学会倾听这方面，北京第二实验小学教师们成功的经验已经得到充分交流，在学生层面也得到落实。

教师如何学会倾听是件更不容易的事情。教师的倾听是“退”出来之后要完成的最重要的“功课”，是为有效的“进”寻找适合的介入点，需要教师在实践中不断探索。对于如何倾听，虽然可以寻找到一些带有规律性的策略与方法，但在灵动的课堂上还有太多不可预测的因素，因而更难以驾驭。这就需要教师不断提升专业精神、专业能力，即锤炼教学基本功，更加自觉地提高驾驭课堂的能力。

四、学校有优秀教师成长的沃土

在研究中成长是教师的工作状态，也正是在脚踏实地的研究中，北京第二实验小学培养出一支优秀的语文教师队伍，他们在各级各类语文课堂教学赛事中脱颖而出，荣获一等奖，也写就了一份份鲜活的课例。

北京第二实验小学如今在职的语文特级教师有 1 位，还有 30 多位市区语文教学带头人、骨干教师。

新近毕业的大学本科生、研究生大都是怀着“二小情结”走进北京第二实验小学的。听完这些年轻教师的课，您会不由得想起李商隐的“雏凤清于老凤声”，以及荀子的“青出于蓝而胜于蓝”。当然，您也会想起郑板桥的“新竹高于旧竹枝，全凭老干为扶持。下年再有新生者，十丈龙孙绕凤池”。

是啊，年纪轻轻，芸芸众师，技何至此乎？笔者认为可以借用《六祖坛经》中的话来回答，那就是“妙旨因师晓”。他们在北京第二实验小学都有很好的师傅。

五、学校有一系列交流研究平台

北京第二实验小学每年都有“凌空杯”教学大赛，每学期都有专题研究月，每周都有学校行政人员全部参与的“调研课”，每天都有老师自主交流的“挂牌课”。

北京第二实验小学教育集团每年都有“大爱杯”教学大赛。北京市西城区每年不是组织“西城杯”就是组织“金秋杯”教学比赛……国家教育行政学院、教育部小学校长培训中心、北京师范大学的一系列国培项目常常需要北京第二实验小学拿出接待课、研究课。

《学记》中说：“独学而无友，则孤陋而寡闻。”名师和好课都是在沃土中长出来的。

北京第二实验小学有这样一系列的优质语文课，怎能不整理出来分享呢？于是，就有了您手上的这本书——《徜徉在语言文字间：北京第二实验小学语文案例集》。

马丽英

2016 年 9 月 1 日

前言

小学语文泰斗崔峦先生曾在参加北京第二实验小学语文教学研讨活动后激动地讲，他在北京第二实验小学听到了真正的语文课，语文教学就得这样，学生学得兴趣盎然，教师教得扎实自然……

“每次来到北京第二实验小学听课，都能带给我惊喜，都能让我感受到在语文课堂教学中新的探索，带给我有价值的思考……”这是北京市基础教育研究院小学语文教研室张立军主任的有感而发。

这个学期来到北京第二实验小学，有幸听了几十节语文课，从进组听指导教师的常态课，到观摩“西城杯”参赛课、区学带履职课、新入职教师的出师课及青年教师“凌空杯”决赛，我深刻地体验到课堂上北京第二实验小学的学生为什么优于其他学校的学生，因为北京第二实验小学语文教师团队兢兢业业、扎扎实实的常态教研的质量高。我用七个“真”来概括：真教研、真研讨、真付出、真探究、真互动、真评价和真引领。全程参与中，我也真的有收获、有提升，更有感动、有羡慕……这是来校代培学习教师的真情表达。

北京第二实验小学的语文课堂的魅力何在？它每个学期都会吸引来自全国各地的教师前来参观学习，留下好评与感慨……阅读本书，您一定能寻找到答案。

本书共收集 43 篇小学语文课堂教学设计或课堂实录（其中 30 篇为纸质版，13 篇可通过扫描二维码阅读），涵盖了小学一至六年级语文教材的教学内容。入选篇目是从近年来北京第二实验小学教师们在各级教学比赛中荣获一等奖的课例、承担上级交给的观摩展示与研究课课例中推选出的。课例从不同侧面展现了北京第二实验小学语文教师践行学校“以学论教”的教学理念，探索课堂教学的“三段式”，打造“生本、对话、求真、累加”的课堂文化；课例遵循“因需而教，学以致用”的教学规律，结合学生认知特点，将“生活处处皆识字”“阅读教学一带多”“在体验中学表达”等实践研究的成果呈现其中。课例反映出教师从多种途径激发学生爱上语文课、爱上语言文字、爱上阅读与表达。课例中流淌着师生在阅读吟诵中，与人物、与作者、与时代对话，赏析汉字，品味语言，表达真情……师生在感受学习与分享的快乐，在语言文字中徜徉成长。

编辑出版本书，是为了将近年来北京第二实验小学语文教师团队智慧在总结梳理的基础上更好地传承与发展。因为每份教学案例中都凝聚着执教教师的心血，更凝聚了所在年级语文教研组的共同研究思考的成果，每点新的设计背后，看似简单，其实都是教研团队集思广益，经过多次尝试，在实践反思中取得的突破。这些课例对引领小学语文教学改革发挥了积极的作用。

教学案例不仅记录教学设计或教学实录，更有对主要教学环节设计意图的说明，还记录了课后研讨交流与反思，为探索小学语文课堂教学的改革与创新提供真实的研究案例。它能使读者从入选的课堂教学设计或课堂教学实录中感受到小学语文课堂教学的魅力，了解教师如何以教材为例子，采用多种途径教给学生学习语文的基本方法，形成基本技能，养成良好的学习习惯，提升语文的综合素养，并从课后的反思中感受到北京第二实验小学语文教师在用心研究中不断思考，不断完善的探究精神。

本书中的教学案例均出自北京第二实验小学语文教师团队，其中既有从教多年教学经验丰富的优秀市区学科带头人和骨干教师，如冯勉、段川燕、庞军、张建、宿慧、梁学英、陆宇平、杨永敏、张蕾、马佳、李爱丽、徐东敏、郭霄、李杰、张桐、田晓茜、曹岚，又有年轻有为的教坛新兵，如张微、高妍、崔宁、韩燕、赵丹、张旸、孙凯、于兆博、郑璐、沈家源。对小学语文教学研究的痴迷，将大家凝聚在一起，为此大家不惜投入大量的时间与精力。我们乐在其中，也将继续行走在路上，和北京第二实验小学语文教师团队一起在小学语文教学改革探索中再研究、再实践、再总结……

马丽英

2016年9月1日

目录

Contents

一、二年级

三、四年级

五、六年级

一、二年级

延伸阅读

延伸阅读请扫码

《我家住在大海边》课堂实录

庞　军

课前慎思

《我家住在大海边》是北师大版教材一年级上册的一首小短诗，读起来通俗易懂、朗朗上口，适合通过朗读、想象，感悟大海的美丽和渔村生活的愉悦，同时体会诗歌的韵律美。诗中所描绘出的海边渔村的美丽景色和“老爷爷讲故事”的情景意境优美，情景交融，极易引发学生的阅读兴趣。通过本课教学，学生应在教师的指导下，学习正确、流利地朗读课文，进行体验性阅读。让学生展开想象，获得初步的情感体验，感受诗歌的音韵之美，激发学生热爱大海、热爱自然的情感。

教学目标

1）培养学生听、读、识字的能力，使学生认识“住、亮、湾”等15个汉字。认识一个新笔画“提”和一个新偏旁“单人旁”，会写“打”“住”“位”3个字。

2）能正确、流利地朗读课文。

3）借助想象，引导学生感受大海的美丽景色和海边生活的美好。

教学重点、难点

重点：认识生字，朗读课文。

难点：展开想象，初步感知课文内容。

课中笃行

（一）激趣导入，揭示课题

师：（手举丁丁图）这是谁呀？

生齐答：丁丁。

师：对，这是我们的好朋友丁丁。（贴丁丁图）丁丁的家就住在大海边，这节课我们就要到他的家乡看一看。

师：你们听，听到了什么？（播放课件：海浪声音。）

生1：我听到了大海的声音。

生2：我听到了大海哗哗流水的声音。

师：这是海浪的声音。伴随着海浪声，还有一首优美的歌谣呢。

（师范读课文。）

师：这首动听的歌谣的名字叫什么？

生：《我家住在大海边》。

师指“住”字问：这个字你认识吗？

生：住。

师：你怎么记住它？

生：我用加一加的方法记住它。单人旁加上“主”就是“住”。

师：什么住？组个词。

生：居住的住。

师：他的方法特别巧妙，他给自己认识的字加上一个偏旁就变成了一个新字，这是一个识字的好方法。这个字读什么？

生：住。

师：课题有些长，谁能把它读好？

生：《我家住在大海边》。

师：这首动听的歌谣就藏在我们语文书的27页，轻轻打开语文书27页，找到它。

（二）初读课文，整体感知

师：请你自己读读课文，遇到不认识的字，想办法解决，然后再数一数这首小歌谣一共有几句话。（学生自读课文。）

师：请你和同桌分别读一遍课文，互相听听还有没有不认识或者读不准的字音。（同桌互读课文。）

师：你们一起读书，解决了不认识的字，真好！这首小歌谣一共有几句话呀？

生：3句。

师：我请3名同学分别来读读。其他同学摆好姿势，指读。

（指名 3 名学生分句子读课文。）

师：读得真正确。谁能完整地读一读这首小歌谣？

（指名 1 名学生朗读课文。）

师：我们跟随着她的朗读，仿佛也来到了辽阔的大海边。

师：快看，这就是丁丁的家乡。（播放课件：配乐播放大海图片。）

师：多么辽阔的大海呀！放眼望去，一片蔚蓝，分不清哪里是天，哪里是海，海天一色，太壮观了！真是——（播放课件："天蓝蓝，海蓝蓝，我家住在大海边。"）

生：天蓝蓝，海蓝蓝，我家住在大海边。

师：我们仿佛就站在海边，你应该怎样读好这句话？

（指名 2 名学生读第 1 句话。）

师：我仿佛看见了那一望无际的大海。

（师生齐读第 1 句话。）

师：所有男同学来响亮地读读这句话。

（男生齐读第 1 句话。）

师：女孩子们，用你们好听的声音读读这句话。

（女生齐读第 1 句话。）

师：真好听啊！

师：在这美丽的海边，都有什么呢？请你自己读读第 2 句和第 3 句话，快找一找。

（生自由读第 2 句和第 3 句话。）

设计意图 教学伊始，首先给学生充分自主学习、探究的时间，通过听读课文、自读课文、指名读课文，帮助学生初步掌握生字的正确读音，初步认识字形，使识字与感知课文内容有机地结合起来，并在读文的过程中引导学生运用学过的识字方法学习不认识的字。

（三）随文识字，朗读感悟

师：在这美丽的大海边有什么呀？谁找到了？（指名 1 名学生说。）

生：海边有个月亮湾，湾里有条打鱼船。

师：你是把这两句话读给大家听了，那你能从中找一找海边有什么吗？

生：我在这两句话中发现了海边有一条打鱼船，打鱼船上有一位老爷爷，老爷爷的故事说不完。

师：海边还有什么呢？

生：海边还有一个月亮湾。

师：海边有——

生齐说：月亮湾、打鱼船、老爷爷。

（师出示词卡“月亮 wān”“打鱼船”“老爷爷”，一起认读后贴在黑板上。）

师：孩子们快看，这个音节你认识吗？

生：wān。

师：老师这里可有两个“wān”，快看看选哪个。谁到前面来把它送回家去？

（师手举两张字卡“湾”“弯”。一名学生上前从老师手中选择“湾”字贴到词卡中。）

师：你跟大家说说，为什么要选这个“湾”。

生：因为这个带“三点水”的“湾”是跟水有关系的，所以我就选这个“湾”。

师：选得真正确。

师：看，这就是月亮湾。（播放课件：月亮湾图片。）

师：你们看，海水冲击着海岸，把海岸冲得像什么呀？

生：弯弯的月儿。

师：我们把这样的地方叫作“湾”。这是月亮湾，“湾”是靠近水边的地方，所以这个“湾”一定要有“三点水”旁。

（播放课件：出示词语“月亮湾”。）

师：我们读读这个词。

师手举“弯”字：那这个“弯”，你还记得是什么“弯”吗？

生：“弯弯的月儿”的“弯”。

（播放课件：出示词语“弯弯的月儿”。）

师：快看，在这儿呢。读读。

生：弯弯的月儿。

师：这是哪课中的生字朋友？

生：《小小的船》。

师：对了，它的家在《小小的船》这课里，我们快把它送回语文书这个家里。（师把“弯”字卡片放到语文书中。）

师：再读这个词。

生：月亮湾。

设计意图 此环节以课文中的句子为具体语境，带领学生随文识字。为了力争做到“注重教给识字方法，力求识用结合”，在随文识字的过程中，渗透了一些识字方法。例如，认识“月亮湾”的“湾”字时，引导学生知道这个字的偏旁“三点水”组成的字与水有关，再通过看图直观形象地感受什么是“月亮湾”，初步渗透汉字知识，把汉字知识很好地融入学习中，培养学生热爱语言文字的情感。

师：课文中说了，在湾里还有一条——

生：打鱼船。

师：(指词语“一条”)这个词读——

生：yī tiáo。

师：船上还有一位——

生：老爷爷。

师：(指词语“一位”)这个词读——

生：yī wèi。

(师贴词卡“一条”“一位”。)

师：看黑板，一起读一读。

生：一条打鱼船、一位老爷爷。

(师展开字卡变成“一条(　　)”。)

师：这个你会说吗?

生 1：一条鱼。

生 2：一条虾。

师：应该是一只虾。

生 3：一条蛇。

师：到冬天了，我们的脖子上围了——

生：一条围巾。

师：你们再看看，今天庞老师脖子上戴了——

生：一条项链。

师：课文中说的是什么?

生：一条打鱼船。

[师展开字卡变成“一位(　　)”。]

师：这个你会说吗?

生 1：一位人。

师：你看看课文，说的是——

生：一位老爷爷。

师：课文中说的是一位老爷爷，我们还可以说——

生 2：一位老师。

师：你们看看，现在在我们这个教室里听课的有——

生 3：一位漂亮的老师。

师：我们准确地使用这些数量词可以让我们的表达更加清楚。再读。

（师指着黑板上的词卡和生字带领学生再次认读。）

生：一条打鱼船、一位老爷爷。

师：（指“条”字）这个字读——

生：tiáo。

师：（指“位”字）这个字读——

生：wèi。

师：真棒！我们刚才说了，在美丽的大海边有——

生：月亮湾。

师：有——

生：打鱼船。

师：有——

生：老爷爷。

师：这位老爷爷正坐在船上给丁丁讲故事呢！他的故事——

（师手举词卡“说不完”，带领学生认读。）

生：说不完。

师：这个词语读——

（师手举词卡“故事”，带领学生认读。）

生：故事。

师：这个词语可要读得好听点儿。它最后这个字要读轻声。听老师读。

（师范读词语，学生跟读。）

师：一起读读第 3 句话。

生：船上有位老爷爷，他的故事说不完。

（生举起小问号质疑。）

生提问 1：为什么说“他的故事说不完”？

生 1：因为老爷爷年纪很大了，他知道很多故事，所以说也说不完。

生 2：老爷爷在海边生活了一辈子，他有很多经历要讲给丁丁听，所以就说不完了。

生提问 2：我想知道老爷爷在给丁丁讲什么故事呢？

生 1：老爷爷会给丁丁讲大海的故事。

师：说得具体点儿。

生 1：会讲大海里的海洋生物。

师：把话说完整，老爷爷看到了——

生 1：老爷爷看到了海底的海洋生物，他会给丁丁讲海洋生物的故事。

生 2：老爷爷会给丁丁讲打鱼的故事。

师：你从哪儿看出来的？

生 2：因为老爷爷手指着打鱼船。

师：你们快看插图。这个同学特别会学习，他看了课文中的插图，看见船上的老爷爷手指着远方的打鱼船，就知道那一定跟老爷爷的经历有关系，所以他给丁丁讲的是打鱼的故事。这个同学真会学习，看插图去想象是我们理解课文的一种好方法。

生 3：这位老爷爷还会讲海底下特别神奇的事情。

生 4：老爷爷在讲为什么海底下有盐。

生 5：老爷爷还会给丁丁讲关于月亮湾的故事。

师：说得真好。他们就住在月亮湾，他会给丁丁讲关于月亮湾的传说。

师：在这一望无际的大海边，丁丁和爷爷坐在船上，老爷爷给丁丁讲起了自己出海捕鱼的经历，自己看见的那些大海中的各种各样的宝贝，丁丁听得入了迷，他不禁唱起了那首动听的歌谣。

（生齐读课文。）

师：在这宁静迷人的夜晚，老爷爷坐在船上，给丁丁讲起了月亮湾的美丽传说，还给丁丁诉说着自己生活在海边的幸福。丁丁觉得自己的家乡真美呀！他动情地唱起了那首动听的歌谣。

（生齐读课文。）

（四）巩固识字，写字指导

师：同桌两个同学互相检查一下字条里的生字，如果他都认识了，你就夸夸他；如果他还有不认识的字，你就教教他。开始吧。

（同桌互查生字。）

师：老师也想考考你们，有信心吗？“我的火车快快开，谁来开？”

生：哪组精神哪组开！

（一组学生开火车认读生字卡片。）

师：这个字念——（播放课件：打。）

生：dǎ。

师：你怎么记住它？

生 1：我用笔画法记住它。请大家跟我写——

（生带领其他学生书写“打”的笔顺笔画。）

师：还有其他方法吗？

生 2：我用加一加的方法来记住“打”。一个提手旁加一个“丁”就念“打”。请大家跟我一起说。

师：她特别会学习。我们刚才在学习“住”的时候用了加一加的方法，她现在就把这种方法用在了学习“打”上，真好！这就是会学习的孩子。这个字念什么？

生：dǎ。

师：你能组个词语吗？

生 1：打鱼。

生 2：打哈欠。

师：对呀，我们困了会打哈欠。

生：拍打。

师：前两天，我们为了预防流感，接种了疫苗，这叫什么？

生：打针。

师：妈妈在电脑前面——

生：打字。

师：早晨，老师到水房——

生：打水。

师：有了事情，我们还可以——

生：打电话。

师：只要你留心地去学习，在生活中可以积累很多词语。

师：我听到了有同学说“打人”“打架”，可以组成这样的词，但是这样的词不太好听，同学之间要团结友爱。这个字读什么？

生：dǎ。

师：这个字的左边是一个新偏旁，它叫提手旁。一笔横，二笔竖钩，三笔提。

（师板书范写“提手旁”。）

师：在这个偏旁里还有一个新笔画呢！就是这一笔“提”。伸出小手指，跟老师书空：先顿笔，后出尖，小火箭冲上天。这就是“提”。再写提手旁，书空：横，竖钩，提，提手旁。

（生跟老师一起书空“提”“提手旁”。）

师：那请你观察这个字，我们在写的时候，它有什么特点？

生：“打”这个字写的时候要左高右低。

师：她真会观察。你们看，左边的提手旁就像一位大哥哥，他长得高；右边的丁这个字像一位小弟弟，他有点儿矮，这个弟弟刚刚长到哥哥的肩膀这儿，你要这么去安排，这个字就漂亮了。看老师在黑板上写：左边一个提手旁，他是一位大哥哥，要写得高一些，注意“提”；右边的“丁”是小弟弟，刚好长到哥哥的肩膀这儿，要矮一点儿。

（师板书范写“打”字。）

师：别忘了我们还要把拼音写上。拼一下。

生：dǎ。

师：会写了吗？轻轻打开本。

生：拿出铅笔，摆好姿势。

师：姿势已经摆好了。写字做到三个一——

生：一拳、一尺和一寸。

师：先描后写。

（生独立在生字本上书写“打”字。）

师：书放本上面，写完一个后要对照范字检查自己写得好不好、对不对。

（请一名学生上前展示生字，其他同学评价。）

生：书本一条线，小笔放中间。

生1：谁来给我评价？

生2：你这个字写对了，你把“打”字写在了田字格的中间位置。我再给你提个小小的建议，“提”不能跟“横”一样，要是你改了这一点就更好了。

师：“提”的这一笔起笔有点儿短了，应该稍微再往左一点儿。在这个位置提上去。

（师用红笔改写“打”的“提”。）

生 3：你写得很好。你的优点是把“打”字写在了田字格的中间位置。左边的提手旁写得高，她做到了。

生 4：你写得很好。首先你写对了。但是“打”字的提手旁的“提”像对钩一样。

师：这笔“提”起笔时，顿笔顿得有点儿重了。谢谢同学们给你提的意见，我相信听了同学们的意见，你会写得越来越好。再写一遍。

（生独立在生字本上再次书写“打”字。）

师：要把字越写越漂亮。我看见有些同学的拼音也写得特别好看。拼音要在拼音格里写饱满，写端正。现在轻轻放下笔，同桌两个同学互相评评你写的这个字，是不是也写对了，也写好了。

（生互相评价“打”字。）

师：听了同桌的建议，再写一个“打”，然后放笔。

（生独立在生字本上第三次书写“打”字。）

师：写完立刻坐好，用你的姿势告诉老师：我已经写完了。

师：这两个字还认识吗？

（播放课件：住、位。）

生：住、位。

师：孩子们看看，这两个左右结构的字在田字格里写的时候有什么共同的特点？

生 1：在田字格里，单人旁写的时候要短一点儿。

师：还有呢？是短一点儿吗？

生 2：是小一点儿。

生 3：是左窄右宽。

师：对了，准确地说是要左窄右宽。这两个字在田字格里要写得左窄右宽。单人旁组成的字，我们写的时候都要注意这个特点，左边是窄的，右边是宽的。

师：好，现在看这个“住”字。小眼睛看黑板，先写上拼音，跟老师一起说。

生：zhù。

（师板书范写“住”字。）

师：单人旁写在左半格，它是窄的，快看，撇，竖，收笔。右边的“主”稍微宽一些，点在这儿起笔，一笔横，二笔横要短，三笔竖，最后一笔是最长的横。孩子们，这个字当中有三条横了，我们就要注意——

生：三横等距不等长。

师：相信你们一定能写好。拿出铅笔——

生：摆好姿势。

师：先描后写。

（生独立在生字本上书写“住”字。）

师：写两遍，一遍比一遍写得好。

师：好，现在放笔，把笔轻轻地收进铅笔盒，看谁最快。同桌两个同学交换一下作业本，夸一夸别人写得好的地方，再给他提一个小建议。

（生互相评价“住”字。）

设计意图 写字教学不是让学生机械抄写，而是一个指导学生主动学习、观察发现、认真实践的过程。写字要保证时间，要落实过程。观察时要引导学生整体观察字形，如“打”这个字中有新笔画、新偏旁，要重点学习；把“住、位”放在一起学习，是引导学生掌握有规律的东西，并且指导其中一个字，如果有时间，另外一个字可以让学生自主书写。

（五）总结

师：这节语文课上，我们跟着丁丁来到了他的家乡，我们读了一首动听的小歌谣，认识了很多生字，而且还借助插图展开想象，进一步走进了这首小歌谣当中，收获多大呀！如果你还想对大海有更多、更深的了解，回家可以问问爸爸妈妈，也可以看看课外书。

课后明辨

北京实验第二小学的课堂文化是“生本、对话、求真、累加”，课堂强调“退与进”，强调培养学生的质疑问难习惯，强调“对话”。例如，学习“月亮湾”时，在对比观察的过程中，老师做好充分的预设，由学生自由选择，让学生通过直观的形象感受月亮湾的美，在随文识字中了解“湾”字的意思。把学生朴素的对于汉字字义的认识，提炼为具有普遍性的识字规律。

再如，当学生针对小诗的第三句话提出自己的小问号后，教师把课堂交给了学生，在生生对话中，教师勇敢地退，以学生为本，让学生成为学习的主体。同时教师也要适时地进，对一年级学生而言，要通过教师的评价，鼓励他们敢于提问，能够表达自己的真实想法，读出自己的真实感受。其中，学习诗歌的方法也在潜移默化地渗透，在课堂上实现在学法、情感、知识等多方面的累加。

《冬天是个魔术师》教学设计

段川燕

课前慎思

《全日制义务教育语文课程标准》对第一学段（1～2 年级）识字与写字、阅读的要求：喜欢学习汉字，有主动识字的愿望，初步感受汉字的形体美；喜欢阅读，感受阅读的乐趣。阅读教学是学生、教师和文本三者对话的过程。通过教文本、教师和学生的相互对话，引导学生联系生活实际，向往美好的情境，关心自然和生命，对感兴趣的人物和事件有自己的感受和想法，并乐于与人交流。

结合教材特点，创设情境，以读助讲，以疑促读；在读中整体感知，有所感悟，有所积累；最后回馈到热爱大自然，受到情感的熏陶。

本篇课文是北师大版教材一年级上册第 15 单元“冬天”这一主题中的一篇充满童趣的散文，文质兼美。它以拟人的手法，把冬天这个魔术师吹得动物冬眠、大地变白、湖面结冰、人都“变胖”等，描写得妙趣横生。本文各段的结构特点相同，文本以“趣”贯穿始终，魔术师“呼”地一吹，显出冬天的本领大。教学中，依据书后思考题“冬天这个魔术师能变什么魔术”，教师围绕“读中感悟”这条主线来展开教学，让学生感受冬天的神奇，学习描写冬天的语言，掌握生字。

经过两个多月的培养和训练，学习本单元时，学生已经掌握了一些识字方法，如借助“基本笔画”和“独体字”加、减、换、合等，学生具备了初步的识字能力，但是生字书写速度比较慢，执笔姿势需要经常提醒。经过训练，学生在阅读中能积累与学习内容有关的词语，乐于阅读。

教学目标

1）通过想象画面、朗读、结合自己的生活体验等方法，体会冬天这个神奇魔术师给大自然带来的变化。

2）复习巩固生字词，指导学生在田字格中正确书写“他”“地”和“本”。

3）能正确、流利、有感情地朗读课文。

4）结合阅读拓展训练，丰富语言积累。

教学重点、难点

1）复习巩固生字词，指导书写。

2）正确、流利、有感情地朗读课文，体会冬天这个神奇魔术师给大自然带来的变化。

3）为学生在“观察—想象—表达”的过程中，搭设平台。

课中笃行

（一）激趣导入，揭示课题

1）春节联欢晚会上，有一位魔术师让我们记住了他，那就是刘谦。魔术给我们的印象是什么？（意想不到、不可思议、惊喜……）

2）大自然才是一个大魔术师。他的变幻莫测、不可思议和为人类带来的了不起的惊喜是一般魔术师望尘莫及的！就像我们要学习的课文一样，齐读课题。

设计意图 创设情境，让学生带着好奇心进入文本。

（二）赏析汉字，指导书写

1. 巩固字词，识记汉字

开火车读词语：

冻、变、他们、那些、围巾、冬天、棉衣、跑出来、“呼”地一吹、本领真大

2. 赏析汉字，指导书写

师：汉字的一笔一画、一个结构都体现了中国文化。我们先来赏析汉字。

1）识写“地”和“他”，你发现了什么？

指导“地”字：多音字，记字形。

出示幻灯片：读一读，你发现了什么？

他“呼”地一吹，满天飘起了雪花，一会儿大地就变白了。

指导书写：整体观察结构特点，用结构框展示；教师边范写边讲述要领；学生在田字格中书写，教师巡视，提示书写和执笔姿势。

学写“他”字：鉴赏“地”学写“他”；提供标准，评价学生书写作品。

2）识写“本”，你发现了什么？

指导“本”字，感受汉字的形体美，渗透人文思想。

记字：“本”是独体字，木字加一横。“本”字中间的竖很长，撇和捺写舒展，讲究彼此之间的支撑美感。

学生写“本”字，互相评价。

设计意图 赏析是培养审美情趣的落脚点之一。识字教学不仅要完成识字任务，而且要教给孩子用欣赏、赞美的眼光评析汉字，从中汲取文化元素，寓赏析于识字训练之中，为写字奠定基础。从小用欣赏的眼光看待汉字，低年级是最佳培养期。

（三）入情入境，朗读感悟

1. 整体感悟

1）边读边想：冬天这个魔术师能变什么魔术？为什么说“冬天的本领真大呀”？（师随机板书。）

2）课文里说魔术师一吹，大自然就有变化，可又说：“冬天的本领真大呀！”为什么呢？（引出细读课文。）

2. 朗读感悟

设计意图 从第一自然段学方法，第二至四自然段进行阅读实践。

1）第一自然段学方法。

教师描述，创设情境。

师：冬天来了，他“呼”地一吹，什么不见了？［（音频）播放风声录音。］

范读引领，读中想象。

指名读，小青蛙呢？小刺猬呢？小熊呢？小蛇呢？你们都到哪儿去了？

预设：去冬眠了……

2）第二至四自然段进行阅读实践。

举例：利用生活经验，积累语言。教师点拨。

师：我们一起再看看冬天这位魔术师的杰作。

看图片，鼓励学生展开想象：你看到了什么？还看到了什么？

预设 1：我看到了一片一片的雪花落在我的肩上；我看到了房顶一会儿就变白了；我看到了雪落在树枝上，压弯了腰；我看到了每片雪花的样子不一样……

教师再现情景渲染，引导想象，积累生活经验：大家说得太好了！这个魔术师“呼”地一吹，大雪就覆盖了城市、森林、山川，大地像铺上了一块白白的、软软的地毯……这样美的画面，引导学生绘声绘色地读书，教师进行评价。

预设 2：冬天这个魔术师把湖面变成了大玻璃。

教师点拨：他“呼地一吹”，大镜子镶嵌着秋天的落叶，冰底下的小鱼还在游动……

感情渲染：原来湖水也被施了魔术，各种颜色的叶子被冻在了冰层里，冬天这个魔术师瞬间把秋天的美景留在了冰里，多像一幅美丽的水晶画呀！

预设 3：冬天这个魔术师把人们都变胖了。

教师点拨：想象人们的变化，“围巾、棉衣、手套……”就像有生命一样，都跑出来了；一层一层穿上去，一件一件戴上来，多像可爱的洋葱头。

设计意图 课文二至四自然段结构相同，所以，采取“自读课文—合作学习—感悟内容—有感情地朗读课文”的方法，激发学生自主参与的热情。此环节中力图体现“对话”的理念，教师有时“退”，用心倾听，把握课堂生成的教学资源；当学生想不到时，适时“进”，设计时蹲下来看学生的学习状况，站起来引领学生在读中感悟冬天这个魔术师的魅力。

3. 展开想象，拓展思维

冬天这个魔术师的本领真大呀！其实，冬天的本领还远远不止这些，他又为我们变出了什么？用“冬天是个魔术师，他‘呼’地一吹，________”练习说话。

（四）总结全文，拓展延伸

1. 总结文本

1）小结板书：用自己的办法，解答最初的问题。

“冬天的本领到底有多大？冬天这个魔术师能变什么魔术？”

“冬天的本领真大呀！”

2）学生发自内心地感叹，美美地读一遍。

2. 跳出文本

冬天没手没脚怎么变魔术？其实，课文里展现的这些魔术就是冬天里再普通不过的自然现象，是文章的作者通过观察与想象，再用优美的文字加以表达才使我们看到了自然现象的神奇与伟大。

通过今天的学习，说说：冬天的________真________呀!

（五）拓展阅读，当堂检测

1）推荐《雪地里的小画家》，作为实践的“引子”。

2）推荐《阅读文库》中《雪的温度》《冬娃》和《小雪花》。任选一篇，边读边想象美丽的画面，有形象、有色彩、有声音……

设计意图 “一篇带多篇”激活学生的思维，使学生加深对课文内容的体会，积累语言。

（六）课后延伸，展示收获

1）继续朗读描写冬天的文章。

2）结合阅读，画一画你想象中的冬天。

板书设计

15 冬天	
	动物
	大地
冬天是个魔术师“呼”地一吹	湖面
	人们
	本领真大

课后明辨

1）重读书。本节课让学生充分地读，有整体感知、有所感悟，培养语感、受到美的熏陶。通过“范读”“自由读”和“评读”等多种形式朗读课文，让学生在阅读中了解课文，感受冬天的神奇。以“一篇带多篇”阅读拓展，丰富对《冬天是个魔术师》一文的了解。

2）想象中体验，读说结合。“鉴赏汉字”和“一篇带多篇”的设计，以“教、扶、放”的形式，呈现语文老师的责任；以分类阅读的学习方式，让学生感受语言的魅力，产生积累的欲望。例如，通过今天的学习，说说：冬天的________真______呀！画一画你想象中的冬天。这是作业，也是一种阅读检测。

《竹乡之歌》课堂实录

张　旸

课前慎思

《竹乡之歌》是北师大版教材一年级下册第十单元中的一首诗歌。本单元以“丁丁冬冬学识字”为主题，根据汉字表意的特点，编排了 3 页识字教学内容，分别学习带有木字旁、草字头和竹字头的字共 31 个。本单元学习的着眼点不是认识了多少汉字，而是对汉字构字系统的初步认识和运用，接受汉字文化的熏陶，培养学生独立识字的能力。学生发现和掌握了某种偏旁的含义，就可以由此及彼，类推许多汉字，自己学会一系列生字。

《竹乡之歌》是一首优美的儿童诗，作为本单元唯一一篇课文，作者用许多带有竹字头的字贯穿始终，让学生在学习诗歌的同时，感受汉字的构字规律。此外，作者将竹乡的美景和恬静的生活跃然纸上，通过学习，丰富了学生的民族知识，在朗读诗歌中培养学生欣赏大自然美景的情趣。

教学目标

1）积累常用偏旁竹字头，通过带竹字头的字体会汉字表意的特点。在识字中引导学生体会汉字构字的规律，激发学生热爱汉字的情感。

2）正确认读“篱、笆、墙、巧、筐、傍、晚、筒、最”9 个字。能在田字格中书写“笛、爸、香”3 个字。能按笔顺写字，写得正确、端正。

3）正确、流利、有感情地朗读课文。感受竹乡的美丽，初步了解傣族文化，培养学生欣赏大自然美景的情趣。

课中笃行

（一）谈话激趣，导入新课

师：前面的学习中，我们游览过秀丽的水乡，欣赏过迷人的小山村，今天老师要带你们走进美丽的竹乡看看，聆听一首动人的竹乡之歌。

师：伸出小手，和我一起写课题。“竹”是一个四会字，看我怎样写好它。竹字就像双胞胎，左边稍低右稍高。撇横相连像竹叶，两根竹竿有不同。

师：齐读课题——竹乡之歌。

（二）初读课文，集中识字

师：轻轻打开书第 85 页，听老师读课文，注意听准每个字的音。

师：请你们试着自己读读吧，如果遇到不认识的字，用小铅笔圈出来，然后用你喜欢的方式解决。（学生自读课文。）

师：有不认识的字吗？

生：我不认识“篱笆”的“笆”，我是通过生字条里的拼音认识的。

师：你看，借助拼音可以帮我们识字，真好！

生：我不认识“花围墙”的“墙”，我是通过听别人读课文知道的。

师：倾听别人，也是一种好的方法。

师：请同桌两个人做你指我读的游戏。

师：生字你们都认识了，请你再来读读小诗，看看你有什么发现？

生 1：我发现这里边很多字都带竹字头，和竹子有关。

生 2：我发现这首小诗是介绍竹乡美景的。

师：你们都是善于发现的孩子。有的同学是从诗歌内容中发现，有的同学是从汉字中发现，刚才 × × 同学告诉我们小诗里藏着很多带有竹字头的字，都有哪些呢？请你自己赶快找一找，读一读吧！

（学生一边汇报，老师一边贴词卡）篱笆 风筝 箩筐 竹筒饭 笛声

生 1：我找到了“箩筐”两个字，“篱笆”两个字，还有“笛”字，都有竹字头。

生 2：竹楼。

师：这个词有带有竹字头的字吗？但它有一个竹字。孩子你可要看清了哦！

生 3：笔。

生 4：箩筐。

生5：风筝的“筝”。

生6：竹筒饭的“筒”。

生7：笛子的“笛”

师：自己看看这些词，小声读一读。

师：我们再来读读这个词。

生：篱笆、风筝。

生1：我发现这两个词后边的字都读轻声。

师：真好，我们再来读读。

生：篱笆、风筝。

师：这些词语，你有没有什么小问号啊？

生1：什么是箩筐？

生2：箩筐就是指用竹子编出来的筐，里边可以装很多东西。

箩筐

师：你是怎么知道的啊？

生2：我是通过阅读课外书知道的。

师：阅读课外书真的可以让我们增长很多知识。孩子们你们看，这就是箩筐，用竹子编成的筐。一起读读这个词。

篱笆

生齐：箩筐。

生3：什么是篱笆？

生4：篱笆就像小墙，把院子围起来，防止别人随便闯入院子，或者牛羊跑出院子。

生3：三人行，必有我师焉，谢谢你解答我的小问号。

师：我表扬解答的同学，你一定是从刚才的“精彩两分钟”吸取到了新的知识。我也要表扬××同学能用我们平时积累的国学语句对同学表示感谢。

师：你们看，用竹子围城的小栅栏就是篱笆。男生读读这个词。

男生齐：篱笆。

生5：我还有个小问号，什么是竹筒饭？

生6：竹筒饭是先把新鲜的竹子砍下来，把竹子劈成两半，把里边掏空，把它放进蒸炉里蒸一蒸，再把米饭放进去，蒸一蒸，就做成

竹筒饭

竹筒饭了。

生5：谢谢你帮我解答小问号。

师：你们看，就像同学刚才介绍的那样，把大米放到竹筒里蒸熟，就是竹筒饭，女生一起读读这个词。

女生齐：竹筒饭。

师：我们一起再来读读黑板上的词语。词语你们都认识了，生字从里面跳出来，看你还能不能读准它的音。自己先试着读读。

师：找一组同学开火车。生字：篱、笆、筝、箩、筐、筒、笛。

生：lí、bā、zhēng、luó、kuāng、tǒng、dí。

师：表扬这列小火车，声音真洪亮。

师：仔细观察，看你有什么发现。

生1：它们都带有竹字头，都跟竹子有关。

生2：我发现它们全都是上下结构的。

生3：我发现只有笛不是形声字，其他的都是形声字。

师：你们真会观察。孩子们，带有竹字头的字大部分都和竹子有关。你们看，在汉字当中，一部分偏旁帮助我们了解字的意思，一部分偏旁帮我们读准字的音，这样的字叫形声字。

师：我们看，这个字念“笛”，是我们需要掌握的四会字。我请一个小老师带我们一起学一学。

生1：dí，我采用加一加的方法记住它。竹字头加一个绿油油的油就念笛。谁还有别的方法。

生2：我采用换一换的方法记住它。把“筒”字下面的同换成绿油油的油就念笛。

师：我有一个小质疑了，绿油油的油看老师怎么写，是带有三点水的油，笛字底下的由是“自由”的“由”。

生1：小雨沙沙沙，笛字要开花。笛子、笛声、长笛。

师：你们看，这是我们上节课学过的一个带有草字头的字——苗，你有什么方法区分这两个字呢？

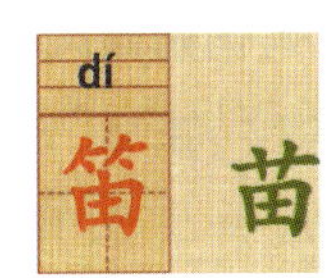

生：把苗的草字头换成竹字头，把笛的竹字头换成草字头。

师：把上面的偏旁交换，还有吗？

生：苗字下面是田，笛字下面是由。

师：是啊，田里长出的小植物就是苗，声由竹出就念笛。我们可以利用偏旁去区分形近字呢！

师：你还认识哪些带有竹字头的字？

生：第、篮。

师：摇篮是竹子做的，所以带有竹字头。看来你们在生活中积累的生字可真不少！

（三）细读课文，随文识字

师：字我们都会认了，回到小诗里，你还能读准吗？请你再来读读小诗，边读边想：你仿佛看到了什么？听到了什么？闻到了什么？开始吧！

师：我们先来说说，你看到了什么？

生1：我仿佛看到了我在高高的竹楼上。

生2：我好像看到了妈妈正在拿着彩笔给小朋友画风筝，而爸爸正在编箩筐给家里人装东西用。

师：真好，边读边想象，你就能看到画面。

师：有什么不明白的吗？

生1：什么是花围墙？

生2：围墙上长满了各种各样的花，我觉得就是花围墙。

师：你们看！掩映在竹林中那座美丽别致的竹楼就是我的家。这个词读——zhú lóu。青色的竹子整齐排列，围成了一面篱笆墙，上边还开满了五颜六色的小花，这就叫青竹篱笆花围墙。竹乡的景色多美啊！让我们美美地读读吧！

生：我家住在竹楼上，青竹篱笆花围墙。

师：“宁可食无肉，不可居无竹”，幸福的竹乡人就生活在这片竹海之中。

师：还有小问号吗？

生1：我从第三句找到，妈妈彩笔画风筝。我玩的风筝都是布做的，为什么妈妈是画风筝呢？

生2：我的理解是妈妈是画了一个风筝，不是真的做了一个风筝。

生3：风筝就是拿竹子，把中间部分切下来之后，拿火烧一下再弯，在上面盖上一层纸，最后用毛笔画上去。

师：你是怎么知道的呀？

生3：我是通过读课外书。

师：也是通过读课外书获取知识，看来读课外书能让我们了解不少东西呢！

生 4：我给你补充，纸还不能太薄，不然风一吹就容易漏了。

师：哦，看来选纸也有讲究呢！

师：看，这就是爸爸编的箩筐，有大的、有小的、有长的、有扁的，各种各样。妈妈呢，她用细细的竹条弯成了各种各样的形状，糊上纸，再用毛笔蘸上颜料，做成五彩斑斓的风筝。普普通通的竹子变成了一件件精美的艺术品，他们可真是——心灵手巧啊！再来读读这个词。

生：心灵手巧。

师：再来读读这句诗，夸夸他们吧！

生：妈妈彩笔画风筝，爸爸巧手编箩筐。

师：我们看到了美丽的竹楼，巧手的竹乡人，你还听到什么了？闻到什么了？

生：我听到了山间的竹乡人在吹笛子。

生：我仿佛闻到了竹筒饭的香味。

师：你们听！（播放笛声音乐）这就是笛声。你能用一个词语形容这笛声吗？

生 1：优美的笛声。

生 2：我觉得这笛声很动听。

师：动听的笛声响起，爸爸妈妈收工回家了，傣族的小朋友也放学了。不一会儿，家家户户飘起了袅袅炊烟，竹筒饭的香味弥漫在了空气中，你闻到这香味了吗？给我们读读。

生 1：傍晚山间笛声起，竹筒饭熟正飘香。

师：听了你的朗读，我真的闻到了清香的气味。

生 2：傍晚山间笛声起，竹筒饭熟正飘香。

师：这饭香、竹香可真是好闻啊！

师：我们一起读读！

生：傍晚山间笛声起，竹筒饭熟正飘香。

师：我听到一个字，竹筒饭——熟（shú），这个字是个多音字，念 shóu，也念 shú，但我们作为书面语言的时候，要读 shú。我们再来读读这句话。

师：看来傣族人的生活离不开竹子，他们住在（指黑板）——竹楼，放着——风筝，用着——箩筐，吹着——竹笛，吃着——竹筒饭，难怪大家都说——

生：傣家儿女最爱竹，竹乡美名传四方。

师：你们一边读诗，一边想象，感受到了竹乡人的美好生活，让我们想象着画面，再来读读全诗吧！（学生读。）

师：你们把小诗读得这么美，让老师情不自禁地写了一首小诗，还用上了我们今天学的几个字呢！快读读！

生齐读：小竹楼，青篱笆。
五彩风筝天上挂。
竹箩筐，竹筒饭。
笛声动听传四方。

竹乡之歌

小竹楼，青篱笆，
五彩风筝天上挂。
竹箩筐，竹筒饭，
笛声动听传四方。

（四）渗透方法，指导写字

师：这就是我们这节课需要掌握的四会字。先自己读一读。

生：竹、爸、笛、起、饭、香、传。

zhú	bà	dí	qǐ	fàn	xiāng	chuán
竹	爸	笛	起	饭	香	传

师：很多同学在前参中，已经自学了生字，现在我想请四个人一小组交流交流你的记字好方法。

师：谁来汇报？

生1：今天由我们小组来汇报“爸”。我采用换一换的方法记住爸，爷下面的横折钩、竖，换成巴就念爸。

生2：我采用形声字的方法记住“爸”，下面的巴代表它的读音，上面的父字头代表它的意思。

生3：我采用加一加的方法记住“爸”，父字头加巴就念爸。

生4：我采用换一换的方法记住它：把手的把，把提手旁换成父字头就念爸。

师：一个字，他们小组用了那么多方法识记，快把掌声送给他们。

刚才张老师发现还有小组用了分类记忆法。这样不仅方便我们记忆，还对我们的书写有帮助呢！刚才我们学了爸字，它是上下结构的字。上下结构的字，还有笛和香。左右结构的字有“竹、饭、传”，还有一个半包围结构的字“起”。这节课，我们先来学习把上下结构的字写好。

师：仔细观察这三个字，有什么发现？（课件呈现：爸、香、笛。）

生1：它们都是上下结构的字。

生2：它们都是上宽下窄。

师：爸和香是上宽下窄，笛字上下差不多一样宽。

师：哪两个笔画最重要？

生：撇、捺，要写舒展。

师：请你看老师写一个爸字。上边一个父字头，撇点相背要分开，撇捺舒展别下垂，巴字写小藏里边。

师：再看老师写一个笛字。上面的竹字头写得扁扁的，下面的由字，竖向内收，横折向内收，中间小横左右不靠，竖要出头，小横封口。上下宽窄差不多。

师：请你试着把爸、香、笛三个字打好字头。

（学生写字。）

师：放笔坐正，评一评。

生：首先这个字很正确，做到了“爸”和“香”上盖下。我给你提个小建议，香字的撇和横间距有些大。

师：表扬子扬的生字本干干净净，而且注意了老师提示的小重点。也表扬评价的同学仔细观察，善于发现别人的优点，也能提出小不足。请你取长补短，再写一遍。写完了相互评一评。

（五）总结规律，拓展阅读

师：这个单元，我们和丁丁、冬冬一起借助偏旁，认识了很多汉字。还借助这些偏旁理解汉字的意思呢！老师还给你们带来了一首小韵文呢，我们一起读读。

qīng tíng　zhǎn chì　hú dié　mí cáng
蜻蜓半空展翅飞，蝴蝶花间捉迷藏。
qiū yǐn　gōngdiàn　mǎ yǐ　yùn liáng
蚯蚓土里造宫殿，蚂蚁地上运食粮。
kē dǒu　zhī zhū　jiéwǎng
蝌蚪池中游得欢，蜘蛛房前结网忙。

师：你发现什么了？

生：我发现这首小诗歌中有很多带有虫字旁的字。

师：是啊，因为这些字都跟虫有关，所以带有虫字旁。

师：我们再来一起读读这些词。

师：这节课，我们一起学习了一首小诗——竹乡之歌，还借助一个偏旁——竹字头，认识了好多生字呢。只要在生活中留心观察，就能借助偏旁认识更多的字呢！

爱提问、爱发现是孩子的天性。在本节课的教学中，教师引导学生进行了三次“发现”。让孩子们在发现中学习，构建多彩有趣的课堂。

1. 创设问题情境，激发“发现”兴趣

古人云：“学贵有疑，小疑则小进，大疑则大进。”在教学中鼓励学生大胆质疑，能有效激发学生的求知欲望，调动学生参与的积极性，从而有效提高教学效率，培养学生的探索和创新精神。由于课文的环境离学生生活实际较远，文中很多词句学生都不理解，比如，学生提出了小问号：“我玩的风筝都是用布做的，为什么课文里说妈妈彩笔画风筝呢？”马上有同学解答：“我和妈妈一起做过风筝，传统的风筝是用竹条做成各种形状的骨架，糊上纸，再用毛笔蘸着颜料画上图案。”还有同学问道：“什么叫花围墙？”学生通过自己在课外书中看到的知识解答。在生生互动的过程中，他们通过阅读文本，发现了问题，也联系实际生活、拓展课外阅读资料，解决了问题，在发现中找到了学习的乐趣。这种乐趣也会促使他们在课堂外去留心观察、细心思考，为以后的课堂学习做储备，形成一个良性循环。

2. 教师评价反馈，提炼“发现”方法

教育的过程是教育者和受教育者相互倾听和应答的过程。在我们的课堂中，教师说的越少，学生自己发现的就越多，信息就会越丰富。探究发现学习强调学生的主动性，但并不忽视教师的指导，应该特别强调教师适时的、必要的、有效的指导。比如，学生初读课文后，我让他们先来说说：“你有什么发现？”学生说道：“我发现这里边很多字都带竹字头，和竹子有关。”“我发现这首小诗是介绍竹乡美景的。”“我发现竹乡的人都住在竹楼上。”老师在此总结：“你们都是善于发现的孩子。有的同学是从诗歌内容中发现，有的同学是从汉字中发现。”这个开放性的问题，并不限定学生的思维和发现的落脚点，让他们畅所欲言后再由老师通过反馈和评价总结出发现的方法，既可以从文章内容中来，也可以对汉字特点进行归纳。教学本课生字时，再次让学生仔细观察，自主发现，并在小组中交流。学生说：“它们都带有竹字头，都跟竹子有关。”“我发现它们全都是上下结构的。”老师总结道：“你们真会观察。孩子们，带有竹字头的字大部分都和竹子有关。你们看，在汉字当中，一部分偏旁帮助我们了解字的意思，一部分偏旁帮我们读准字的音，这样的字叫形声字。”通过自学和合作学习，激励学生主动参与。老师又借助学生的发现，渗透了形声字声旁表音、形旁表意的特点。

3. 发挥主体作用，感受“发现”的乐趣

学生是课堂教学的另一主体，能在学习中将自己习得的本领加以运用，将会让他们更能感受到学习的乐趣。通过一个学期的训练，一年级下学期的学生已经基本掌握了自学生字的方法，所以在识字环节，老师尝试放手，给他们更多的机会自主学习、自主探究，感受“发现”的乐趣。根据学生发现的重点，老师进行范写，再让学生自己练习，很好地突破了教学难点，也让学生从这个过程中有了成就感，感受到了自主发现的乐趣，真正突出了学生在课堂中的主体地位，使学生成为语文学习的发现者。

《特别的作业》教学设计

孙 凯

课前慎思

《特别的作业》是北师大版教材一年级下册的一篇课文，通过小丽和同学们带来的不同的作业告诉我们，任何花草树木都是有生命的，应该自觉爱护花草树木。

识字、写字是低年级教学的重中之重。但重点不仅是孩子在课堂上学会了几个字，更在于孩子掌握了识字、写字的方法。经过了一个多学期的学习，学生已经初步掌握了一些识字方法，如听读、借助拼音认读、借助偏旁部首识字等，但运用起来还不熟练。所以在教学本课时，通过《特别的作业》感受春天的美景，懂得要爱护花草树木的同时，还要进行词语积累，通过归类学习的方法，继续培养学生主动识字的能力，初步感受汉字的形体美。

教学目标

1）通过多种形式的朗读，展开想象，了解课文内容，让学生懂得要爱护花草树木，保护环境。

2）在语言环境下认识“怪、代、表、院、评、作、业、昨、今、玉、兰、护让”13个字，继续培养学生识字的能力。会写“作、业、昨、今、玉、兰、护、让”8个字，初步感受汉字的形体美。

3）积累“红红的桃花”“嫩嫩的桑叶”“细细的柳枝”等词语。

4）正确、流利地朗读课文，练习读好对话。

教学重点、难点

1）继续培养学生识字的能力。会写“业、玉、兰”3个字，初步感受汉字的形体美。

2）通过多种形式的朗读，展开想象，了解课文内容，让学生懂得要爱护花草树木，保护环境。

课中笃行

（一）课题质疑，导入新课

1）齐读课题《特别的作业》。“特别”是什么意思呢，你能给它换个词吗？

2）读完课题你有什么问题吗？

设计意图 引发学生对课题的思考，激发学生阅读的兴趣，让老师清楚地了解学生的疑点。

（二）初读课文，整体感知

1）学生自读课文。借助拼音把字音读准确，读不好的句子可以反复读一读。

2）同桌合作读课文。听听字音读准确了吗。想一想，读后你知道了什么？（生生互动。）

预设：

内容：①作业是找春天，把春天带到学校来；

②小朋友们带来了桃花、桑叶和柳枝；

③小丽的作业是画了一幅玉兰花，她的作业是最好的。

体会：爱护花草树木。

……

评价角度：提取信息，解决问题，有自己的体会。

设计意图 教师给予学生自主读文的时间，通过自读课文和合作读文，帮助学生初步掌握生字的正确读音。学生整体感知课文，从词语、课文内容、蕴含的道理等角度提取信息，解决自己提出的问题。

（三）师生、生生互动，细读课文

1. 学习第一自然段

1）自己读一读，这项特别的作业是：到大自然中找春天，把春天带到学校。（板书：找、带。）

2）再读，学习“作”和“昨”，你发现了什么？

预设：

①这两个字都是左右结构，左窄右宽。

②这两个字右边是一样的，偏旁不一样。

③“作”是单人旁；“昨”是日字旁，日字旁和时间有关。

评价要点：偏旁可以帮助我们了解字义，记住字形。

设计意图 通过“昨”“作”的对比学习，鼓励学生自主发现，教师总结提炼识字方法。

2. 学习第二自然段

过渡：同学们带来了什么作业呢？

1）学生自读课文。

预设：

①小朋友们带来的作业是红红的桃花、嫩嫩的桑叶、细细的柳枝。

②小丽带来的作业是一幅画。

2）积累词语：

①读一读同学们带来的作业（贴词卡：桃花、桑叶、柳枝）。书中用这些词语描写他们带来的作业，读一读（词卡：红红的、嫩嫩的、细细的）。

②你能把它们送到相应的作业旁边吗？带着我们读一读。

③生生互动，交流感受。

④小朋友们还能带来什么？ 同学们带来了这么多作业，所以课文中用了……（省略号）。

用“有的……有的……有的……”这样的句式，把同学们带来的作业说清楚了，句子更连贯了。

设计意图 品味词语，结合生活实际，积累与春天相关的词语，并在“有的……有的……有的……”的句式中实践运用。体会春天的美丽景色，培养对大自然的喜爱之情。

3. 学习3～7自然段

1）师生合作朗读对话：对比同学和小丽的作业，你有什么问题吗？

①分角色朗读。

②指导朗读对话。读好长句及词语“奇怪”。

2）老师让同学们自己评作业，谁的作业最好？为什么？（互动交流。）

预设：

小丽爱护大自然；

小丽的画可以永久保留下来；

小丽的作业和大家都不一样，有创意；

……

朗读第 7 自然段，揭示单元主题。

3）再读读课题，为什么说是特别的作业呢？

4）你想用什么方式把春天带到学校呢？

预设：绘本、观察日记（我手写我心）、照片、图画……

设计意图 指导朗读对话，在互动交流中解决教学难点，让学生懂得要爱护花草树木，保护环境。

（四）发现规律，指导书写

1. 出示词语：奇怪、代表、院子、作业、昨天、今天、爱护、评比、让开、玉兰花

1）自读词语。

2）带读词语。

2. 出示生字：怪、代、表、院、评、作、业、昨、今、玉、兰、护、让

1）借助书中拼音自读生字。

2）齐读生字。

3）自学生字，归类记字。

3. 出示：作、业、昨、今、玉、兰、护、让

1）学生利用已有的识字方法自学四会字。“读字音、记字形、字开花、分分类、写一写。”

2）小组交流后，集体反馈。

3）交流分类方法。

预设：

第一类：“昨、作、护、让”是左右结构的字。

第二类：“兰、玉”都有三个横。

第三类：“兰、业、玉”最下面一笔都是横。

……

4. 分类指导书写：业　玉　兰

1）观察田字格中的范字，你有什么发现？

预设：

①三个字最下面都是横；

②玉和兰，都有三横，三横相遇，中横必短，三横距离相同。

2）老师范写“业”。

3）学生练习书写。

4）全班评字。

5）完成书写。

设计意图 通过自学、合作学习，交流识字方法，激励学生主动参与。引导学生自主发现汉字特点，初步感知汉字的形体美，完成教学重点。此环节是一个指导学生观察实践、主动学习的过程。

板书设计

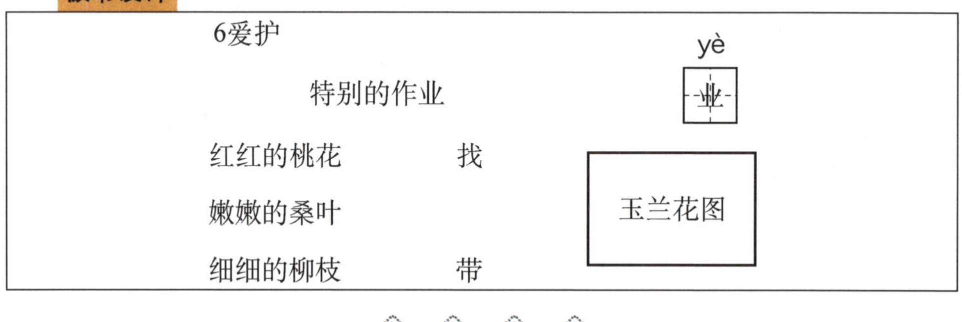

参加第十二届“西城杯”比赛让我受益良多。从2016年3月7日抽签开始，至3月17日正式上课为止，整整10天的连续奋战，我始终保持着一种紧张甚至是紧迫的状态。然而，在这种状态下，我感受到的却并不是山峦在背，喘不过气；恰恰相反，我时时感受到的是醍醐灌顶，似有所悟。

看似漫长的一场“战役”尘埃已定，也终于有时间静下心来细细品一品倏忽而至又有些琢磨不透的感悟了。

从李校长的动员开始，每一个踏上“征程”的老师都明确了前进的方向，充满无畏的勇气，“无关胜负，成长为先”。到马校长带领老师们现场抽签，指导准备，反复听课，答疑解惑，提出意见和建议……因为这样的引领，准备期的心态始终积极向上，充满希望！

10天时间，五次试讲，六易教案，每一天、每一讲、每一稿凝聚的都是全组老师的智慧和心血。选课刚刚确定，全组老师就开始了“极速运转”，钻研教材，总结经验，积极思考……第一次组会时，老师们就开始源源不断地贡献智慧，从情感态度到环节设计，从咬文嚼字到亮点创意，高效的碰撞使得目标的确定和思路的形成水到渠成。

之后就是一次次听试讲，进行调整和修改。无论是何时试讲，何处试讲，几乎所有语文组的老师节节必到。尤其是宿慧主任全程陪伴，每次试讲之后，都会帮助我从学生到老师，从教案到课件进行全方位的指导，每次交流和修改一坐至少两节课，粗略计算，10 天时间中宿主任仅用在帮我备课的时间至少超过 20 小时。最让我受益的不仅是对教材、教法的学习和理解，还有手把手教我如何扎实、有效地培养学生良好的学习习惯。必须倾听学生的每一次发言，不能敷衍，更不能放过。最好的资源来自学生，无论是正确的、错误的、精彩的、重复的……只要能够关注到并巧妙地运用好都会产生意想不到的效果，来自学生、归于学生也会让学生更投入其中、乐在其中。一堂课就像是一次奇妙的旅行，有时快，有时慢，有时还需要停下来，才能欣赏到最美的景色。课堂的节奏并非只有一味向前或缓步慢行，当遇到关键知识点或是可利用的课堂资源时，应该学会原地踏步，挖深一些，砸实一些，真正把知识留给学生，而不是留给教案、留在纸面上。庞军老师在身体不适的情况下，还坚持到学校听试讲，出谋划策，斟酌字句，修改教案。

正是因为有了老师们帮助我关注语言、关注教态、关注环节、关注呼应等，才让我对于这节课该做什么有了越来越明晰的认识，更重要的是让我明白了在课堂上为什么要这样做，备课就像是阅读书籍，也有从薄到厚再由厚到薄的过程。要想让教案融会贯通，就需要清清楚楚地了解每一个教学环节的最终目的是什么，当学生的发言和思考与教案的节奏不同时，教师必须能够及时进行调整，而不可拘泥于教案中的预设，这样才能让课堂更像课堂，而且是师生共同组建的课堂，是有生命力的课堂。同时我也更加明白细节的重要作用。于学生而言，细节是眼神、肢体动作的交流，是倾听、发言的情绪，是看书、看老师的转换……于老师而言，细节是捧起书，写好字，说清楚每一个音节，甚至是一张黑屏的使用。也许很多在课堂之外看来微不足道之处，却恰恰是课堂上的不可或缺之处，或是点睛之笔。

正是因为有了一个如此强大、无私的团队，我始终感觉到前进的不竭动力，感觉到每一步的坚定，感受到成长的幸福。

“西城杯”之旅虽然告一段落，但是对我而言却是另一个起点。学习在继续，研究在继续，思考在继续……

《上天的蚂蚁》课堂实录

宿 慧

课前慎思

《上天的蚂蚁》是北师大版教材二年级上册的一篇童话故事，故事情节通过对话展开，浅显易懂，深受学生喜爱。

在低年级童话阅读教学中，以文本为依托创设多种情境，以白胡子爷爷与巨人、白胡子爷爷与蚂蚁的对话为线索，以读代讲，指导学生比较朗读、想象情境，让学生在读中有所感悟，引导学生自由阅读，自由表达，丰富学生的感悟、体验，促进语言的积累和运用。

学无定法，贵在得法，课文无非是个例子。我们在教学过程中就是借课文这个例子，让学生读懂童话，喜欢上阅读童话。课堂上，创设想象的空间，让学生大胆想象，为课文留白处填补空间，激发学生学习兴趣，激励学生全面参与，主动学习。

教学目标

1）通过创设情境和多种形式的朗读理解课文内容，创设想象空间，体会小蚂蚁面对困难坚持不懈、脚踏实地的品质。

2）在语言环境中理解、积累“仰望”“俯下”“连连告退”“插入云霄”等词语。

3）正确、流利、有感情地朗读课文。让学生喜欢阅读童话故事。

教学重点、难点

通过创设情境和多种形式的朗读，体会小蚂蚁面对困难坚持不懈、脚踏实地的品质。

课中笃行

（一）谈话导入，揭示课题

师：上午我们初次见面，宿老师了解了你们已经初读课文，学习了生字词，这节课我们继续学习——《上天的蚂蚁》。

（生齐读课题。）

（二）初读课文，复习字词

1. 同桌自由读课文

师：轻轻打开语文书69页，同桌互相读读，每人读一个自然段，听一听字音是否读正确了，如果读对了，你就夸夸他，如果读错了，你就帮帮他。

（同桌互读课文。）

师：我看到很多同桌读后，有的击掌祝贺，有的竖起大拇指，有的微笑点头，大家在用不同的方式夸奖对方。刚才还有什么困难吗？

生：俯下身子的“俯”读错了。

师：（板书“俯”）再读一遍，俯是三声。

生：身材魁伟，应该读“kuí wěi”。

师：学习时，遇到困难，我们要互相帮助。

设计意图 教学时不走过场，扎实地落实每一个教学环节，帮助学生扫清字音障碍。

2. 复习生字、新词

师：翻词卡：抬头、自信、终于、鼓励、酸疼、充满。

自由读读，指名读。

师：看看这两个词，谁带我们读读？（出示课件：抬头仰望、俯下身子。）

师：出示课件，读读句子。

> 他抬头仰望，脖子都仰酸了，也望不到树尖。
> 老爷爷眼睛一亮，俯下身子问：“你能行吗？”

师：你能试着做做这两个动作吗？发现了什么？

生1：这两个都有动作。

生2：反义词。

师：俯是向下，仰是向上，仰和俯是一对反义词。

师：你还能读懂什么？老爷爷俯下身子找什么呢？

生：小蚂蚁。

师：树高，必须向上仰望；蚂蚁很小很小，需要俯下身子寻找。你们看，这就是小蚂蚁。再来读读这两句话。

师：做动作不仅能帮助我们理解词语的意思，还能了解句子的含义呢！

设计意图 利用动作理解词义，词语在句子中理解，让学生加深对词语的理解。

师：蚂蚁很小很小，而巨人呢？读读这两个词语。

（生读词语：身材魁伟、身强力壮。）

师：这两个词语都是形容谁的？读出来。

这篇课文讲的就是巨人和蚂蚁想上天的事，让我们再次走进这个童话故事。

（三）精读课文，师生、生生互动，理解感悟

师：请你用自己喜欢的方式读读课文吧！回顾课文写了一件怎样的故事。

师：读了课文，我们一起回顾一下。上节课初读课文，知道了有一棵通天树，从来没人爬上去过，白胡子爷爷鼓励巨人爬上去，巨人放弃了，而小蚂蚁却说自己能行，而且一步步往上爬。

师：我们先来看看这是一棵怎样的树？

（学生互动交流。）

生 1：这棵树很高。

生 2：有一棵树，很高很高，高得插入了云霄。

师：这棵树有多高？能让我们从你的朗读中听出来吗？

（生朗读课文。）

师：听了你的朗读，老师仿佛真的看到一棵通天树，它可不仅仅是一棵参天大树，它笔直的树干插入了云层中。

（教师板画。）如果用一个词表达——

生：高耸入云。

师：还有吗？继续交流。

生：树太高了，巨人抬头仰望，脖子都仰酸了，也望不到树尖。

师：你能借助巨人的动作——抬头仰望，表达树太高了。是啊，在巨人眼里这棵树高不可攀。

师：除了树高，你们还能想象一下这棵树什么样？

（老师做一个动作。）

生1：这棵树很粗。

生2：这棵树上可能还有很多果子。

生3：这棵树枝繁叶茂。

设计意图 根据低年级学生以形象思维为主的特点，运用简笔画为学生直观地展示通天树的高大，化抽象为具体，帮助学生理解句意。给予学生想象的空间，让学生爱上童话。

师：你们真了不起，这就是童话故事，给了我们想象的空间。是啊，就是这样一棵通天树，假如你看到了，你想做些什么？

生1：我想摘果子。

生2：我想爬上去，观风景。

生3：我想上天，和白云交朋友。

……

师小结：这棵通天树就像我们的老朋友，带给我们很多的快乐。巨人、小蚂蚁和你们一样，对这棵通天树也产生了浓厚的兴趣，他们是怎么说的、怎么做的呢？

师：自己默读课文，要求：不出声、不指读，用横线画出描写巨人的句子，用浪线画出描写小蚂蚁的句子。

（生默读自学。）

（生小组交流，头要凑，声要低。）

师：同桌交流可真热闹，谁愿意与大家交流，只跟同桌说了，还没与大家交流的同学闪一闪。

生1：巨人说："我爬不上去。"（停了。）

师：他从书中找到句子，巨人是怎么说的？还有吗？

生2：巨人说："不行，我爬不上去。"他连连告退。他很害怕，树太高了。

师：你们看，这个同学不仅找到句子，还把自己的感受、理解表达出来了。就是这样，继续交流。

生3：这么高的树，爬着爬着遇到危险了，怎么办，所以巨人不敢爬。

生4：巨人害怕不敢爬，小蚂蚁很有自信，相信自己能行。

生5：小蚂蚁很勇敢。

师：你从哪儿读出来的？读读你画的句子。

生：“我能爬到天上去！”一个充满自信的声音传来。

师：刚才在互动交流时，（指着学生）他是对比着巨人和小蚂蚁的不同表现来谈的，非常好！

（四）创设情境，师生表演

师：当白胡子爷爷看到身强力壮、身材魁伟的巨人，在困难面前害怕、担心时，赶紧跑来鼓励他。现在，你们当白胡子爷爷，我当巨人，你们鼓励鼓励我吧。

女生读：“试一试吧！你身强力壮，也许能爬上去！”

师：不行，树太高了，我爬不上去。谁再来鼓励鼓励我。

男生读：“试一试吧！你身强力壮，也许能爬上去！”

师：不行，从没有人尝试，我可不敢。

全班读：“试一试吧！你身强力壮，也许能爬上去！”

师：不行不行，遇到刮风下雨多危险呀！你们一次次地鼓励我，我却一次次地说“不行，不行，我爬不上去”，这就叫“连连告退”。（出示词语卡片，读。）

师：此时此刻，一个充满自信的声音传来！

生：“我能爬到天上去！”

师：我现在是白胡子老爷爷了，你们现在是蚂蚁。

师表演：老爷爷俯下身子，你在哪儿？

生：“您往地上瞧，我是一只蚂蚁。”

师当白胡子爷爷：“小蚂蚁，身强力壮的巨人都害怕、担心，你行吗？”

生当小蚂蚁：“我能行！”

师：“树那么高，你要爬很久很久，你行吗？”

生当小蚂蚁：“我能行！”

师：“要是刮风下雨，多危险呀，你能行吗？”

全班当小蚂蚁：“我能行！”

师：从你们的朗读中，我感受到了小蚂蚁对自己充满信心。我明白了，有了这份自信，小蚂蚁就能一步步地走向成功。

师小结：同学们，刚才我们在学习童话故事时，不仅依据文中的语言文字想象当时的情景，还把自己当成童话中的人物，去读、去体会。这可是学习童话的好方法呀！

师：小蚂蚁充满自信，敢于尝试，挑战。它马上付诸行动。

生：“只要我一步一步不停地爬，就一定能爬到天上！”

师：你们想象一下，小蚂蚁还会遇到什么困难，它又是怎样做的呢？

生1：如果下雨了，小蚂蚁会感到特别冷。

师：它会怎么做？

生：它会继续爬，一直坚持。

师：相信大树会送上树叶为小蚂蚁遮风挡雨。

生：小蚂蚁可能会遇到天敌要吃它，它赶紧躲进树洞。

生：小蚂蚁爬累了，可能会在树枝上休息一会儿。

师：你们的想象真丰富，多么可爱的小蚂蚁啊，在这棵通天树面前，它显得那样高大，因为它充满自信、脚踏实地、永不放弃。

设计意图 以读代讲，通过表演和教师的语言描述，创设生动有趣的情境，激发学生的学习兴趣，把学生的分享通过表演、朗读进行梳理、提炼，归纳，让学生轻松自然地喜欢阅读。

（五）分角色读课文，感受小蚂蚁意志的坚定

师：我们相信，它一定会实现自己的愿望，离成功会越来越近。让我们带着对它的祝福再次读一读全文吧！

设计意图 激发兴趣，升华情感，朗读展示。

（六）读写结合，拓展阅读

师指导：小蚂蚁的故事我们就学习到这里，你想对文中的小蚂蚁说些什么吗？文中有三个人物，你也可以对巨人或白胡子爷爷说一句话，读完这个童话，你还可以对老师、同学说一句话。任选一句写在书上。

此时此刻，我想对____说：“____________”

设计意图 通过句子练习，巩固对课文的学习，同时更是语言实践的拓展。

师：同学们，课文结尾没有告诉我们小蚂蚁爬没爬上天，你们可以尽情想象结果，你也可以成为小作家去创编童话故事。

我们今天又读了一篇童话故事，你们回忆一下还读过哪些童话故事？你有什么发现吗？

生：我读过《白雪公主》，童话很有意思。

生：我读过《安徒生童话》。

生：我读过《小红帽》。

师：中国童话知道吗？叶圣陶的第一篇童话故事《稻草人》，郑渊洁的《童话大王》，你们可以课后读一读。

生：童话都是假的。

师：童话故事是充满幻想的虚构，它是一种文学体裁。

师：童话故事引人入胜，充满奇思妙想，童话十分神奇，带给我们丰富的想象，还给我们一定的启示。让我们打开想象的翅膀尽情享受童话吧！

（生拓展阅读《小白兔和小灰兔》。）

设计意图 《全日制义务教育语文课程标准》中对第一学段的目标要求：“喜欢阅读，感受阅读的兴趣。”引导学生初步感受阅读，培养阅读兴趣，从而喜欢阅读，是阅读教学的重要任务。

读是学习语文的重要方法，是学生感悟、理解文本的桥梁。一篇文章的情感、意境真正传递给小读者，靠讲解、分析、告诉，即使学生接受了，也只是一个词语、一个句子、一个概念，而少有孩子深切的体验、情感的共鸣。这节课中，教师创设情境，通过反复吟诵、入情入境、自读自悟，在读中理解、在读中感悟、在读中体验情感、在读中掌握方法，让学生初步了解童话故事的特点。这样，学生才会喜欢，才能达到事半功倍的效果。

“丁丁冬冬学识字”课堂实录

庞　军

课前慎思

《丁丁冬冬学识字》是北师大版教材二年级上册集中识字单元，主要学习与人体有关的文字。通过本单元的学习，学生会进一步了解汉字的构造，认识运用部首识字的规律，并逐步形成独立识字的能力。

教材中安排了六个方面的内容，建议用6～8课时完成。通过研读教材，发现有关人体的生字、部首是有规律的，如果放在一起学习，更可以凸显教学的重点——运用部首识字。所以根据对教材的研磨和对学情的分析，决定把教材中的部分内容进行整合，引导学生抓住规律学习，加强对汉字结构的表意特点的了解，增加识字量，提高课堂教学的效率。

教学目标

1）通过看图识字，使学生了解、认识人体的各部分名称。

2）学习页字旁、耳字旁、目字旁、月字旁四个部首，知道“页”和“月”的本义，借助部首等方法认字22个。

3）正确书写带有肉月旁的5个汉字。

4）进一步感知汉字的演变过程，了解汉字结构的表意特点，使学生对生活中识字产生浓厚的兴趣，提高独立识字的能力。

教学重点、难点

重点：学习页字旁、耳字旁、目字旁、月字旁四个部首，知道“页”和“月”的本义，借助部首识字等方法认字22个。

难点：知道“页”和“月”的本义，了解汉字的演变。

课中笃行

（一）引入

师：同学们，《弟子规》里说“身有伤，贻亲忧”。你们知道这是什么意思吧？所以，我们要爱护、珍惜自己的身体。那你们对自己的身体有哪些认识呢？你们同桌互相看看、说说身体的各个部位。开始吧！

（生互相交流。）

师：你们说得特别好，那这些字你们认识吗？这节课我们就来学习——《丁丁冬冬学识字》。一起来学习与身体有关的字。

（二）认识身体

师：快看，这儿有一幅头部的图。头部有什么呀？

生齐读：额头、眉毛、眼睛、鼻子、嘴、头发、面颊、耳朵、牙齿。

师：谁能用一句话来介绍？

生 1：头部有额头、眉毛、眼睛、鼻子、嘴、头发、面颊、耳朵，还有牙齿。

师：她介绍得特别全面，谁再来说说？

生 2：头部有额头、眉毛、眼睛、鼻子、嘴、头发、面颊、耳朵和牙齿。

师：很好，他介绍得很有顺序。再读读这些词语，读准它们，然后同桌互相查一查，开始吧！

（同桌互读。）

师：我听到了，这个词读“é tóu”，读准它，一起读读。还有这个词，有人有困难。“面颊”，拼拼这个音节“jiá”，读读词。

（生齐读。）

师：这些词我们都认识了，你有什么问题吗？

生 1：我不知道面颊是什么？面颊在哪里呢？

生 2：面颊就是我们的脸蛋。

师：你指指，在哪里呢？来，大家都摸摸，这就是面颊。

生 1：谢谢你！

生 3：我们以前学过《流动的画》，其中有“妈妈听了点头，微笑浮上脸颊”，其实我觉得面颊和脸颊一样，都是脸的两侧。

师：她能根据旧的知识来理解新的词语，这是一种多好的学习方法啊！好，那老师可要考考你们了，哪个词语消失了就要读出来。小眼睛，看准了。

（生齐读词语。）

师：剩下这些词语还认识吗？

（生齐读。）

设计意图 通过头部部位图看图识字，认识与头部有关的生字词语，利用多种形式的活动，如“看一看”“说一说”“摸一摸”等增强学习的趣味性，调动学生的学习积极性，并且趁机进行了说话训练。

（三）学习带有“页、耳、目”的字

师：仔细看这些字，观察观察，你发现了什么？

生1：我发现“眉毛”的“眉”和“眼睛”这两个字都是带目字旁的字。“额头”的“额”和“面颊”的“颊”都是页字旁的字。“耳”是一个象形字。

师：谁还有补充？

生2：我发现第一行都是目字旁的字，第二行都是页字旁的字，第三行耳是个象形字。

师：注意！是第一行中红色的字是页字旁，第二行红色的字是目字旁，耳呢？

生3：耳是个部首字。

生4：第一行红色的字都带有页字旁，表示与脸有关；第二行红色的字都有目，表示跟眼睛有关；第三行是耳，是个部首字，表示与听有关。

师：我听出来了，他是根据部首猜出了意思。是不是这样？目部我们最熟悉，因为它与眼睛有关，用眼睛是去看。那我们就能推断出，耳部的字与听有关。是不是这样？打开语文书66页，找到带有目部和耳部的字，你来读读这些词语，读准它，如果读不准就借助下面的拼音拼一拼，然后在小组里交流交流，目部的字与什么有关？耳部的字与什么有关？开始吧。

（生读词交流，师指导。）

师：小组交流得特别热烈，请一组来汇报汇报。

生1：我们来给大家读一遍。（小组同学一齐读词。）

生1：我们发现耳字旁都与听有关。

生2：目字旁的字都与看有关。

师：他们学得特别好，不仅读准了字音，而且还了解了词语的意思，我相信其他组的同学也一样。那我们根据部首猜字义，知道了目部和耳部的意思，就认

识了许多的汉字。那么刚才有人说页部和什么有关？

生：脸，头部，跟月字旁差不多。

师：我们别着急，请出“学问猫”来给我们讲一讲。

（观看《学问猫》视频。）

师：明白了吗？特别有意思是吧？你看，不同的字能够表示同一个意思。刚才说的页和首都表示头的意思，可现在，页的意思已经发生了改变，只有页做偏旁的时候，它才与头有关。你们读读 66 页带页部的词语，看看是不是这样，读读。（生读词语后质疑。）

生 1：领子是戴在脖子上的，为什么还与头有关系呢？

生 2：领子挨着头部，所以和头有关。

生 3：这个领子就是与头有关，因为领子是挨着头的，头还包括肩膀。

师：老师来告诉你们，“领”的本意就是脖子，摸摸，是我们的头和躯干连接的部分，离着头近不近？所以它和头也有关系。你能用“领”组个词吗？

生 1：领袖。

生 2：红领巾。

生 3：领子。

生 4：领导。

生 5：领导就是一起工作的人。

生 6：领导有两个意思，一个是人在领导，另外一个是形容词，是大老板的意思。

师：这可不是形容词，这是个名词，大老板也好，领导也好，都是一个团队的带头人。而这个人就是我们俗称的“头儿”。你看这就是“领”的引申意了。汉字有意思吗？真有意思，自己再正确地读读这页所有的词。

（生读词语。）

师：能接受我的挑战吗？我的火车快快开。

生：哪组精神哪组开。

（生开火车读词语卡片。）

师：旁边这个字你见过，是“登”，右边加上目字旁就是“瞪”。

生：它是形声字。

师：真不错。这些词语你们都认识了，刚才我们了解了页、目、耳这三个部首的意思，就了解了这些词语的意思。那我们用这些方法继续学习，打开语文书 62 页，你们看看下面这幅身体图，一边看图，一边读读这些词语，把它读正确。

然后同桌做"你指我读"的游戏。

设计意图 把带有"页、耳、目"的字词放在一起，学生从对"目"这个比较熟悉的部首开始观察，有所发现，根据已掌握的规律，对自己未知的内容提出质疑，并在互动与交流中一步步进行深入探究。学生最终在认识了新部首的同时，还了解了部首的意思，抓住了汉字的规律。

（四）学习带有"月"的字

师：这些词语你都认识了，你发现了什么？

生 1：我发现了大部分字都有月字旁。

生 2：我给他补充，每个词语都有一个字带月字旁。

师：那"胳膊"呢？

生 2：是大多数字都带有月字旁。

生 3：我发现这些字好多都带有月字旁，并且这些字大多数都是形声字，如"腰""肚""背""胳""膊"。

师：你能用形声字的方法记记它吗？找一个字说说。

生 3：我用"肚"字来举例，"肚"是一个左形右声的形声字，左边的月字旁表示它的字义，与身体部位有关系，右边的"土"表示它的字音，合起来就念"肚"。

师：你说得特别完整，也用这些方法来记记其他生字，开始吧！

师：利用形声字形旁表义、声旁表音的特点，我们就记住了这些字，除了这些字以外，你在生活中、前参中，还认识了哪些带有月字旁的字？拿出你的词卡来和同桌交流交流。

（生交流。）

师：刚才老师挑出来几个，你们认识吗？

（生齐读。）

师：这三个字也带有月字旁，你发现了什么？

生 1："日期"的"期"和"朝霞"的"朝"都带有月字旁，为什么和身体部位没有关系呢？

生 2：是大部分月字旁与身体部位有关，"朝"我觉得左边是太阳的意思，右边是月。

师：别着急，为了解决这个小疑问，我们引出一段资料。

（资料：在汉字当中，有月的字大部分与肉有关系，肉和月亮的含义毫不相干。但早期象形字形近。月亮的象形字是新月当中加上一点，后来演变成现在的月字。肉的象形字很像现在的月字，作为部首偏旁也写作月，结果月字部和肉字部只好混在一起了。现在月字旁97%以上是肉字的意思。)

师：你们真棒，挑出的这几个字都和月亮有关系，有意思吗？看来当我们不了解一个汉字意思的时候，我们可以去了解它的汉字文化，从汉字的演变当中去了解它的本义。生活中处处皆识字，同样，在阅读当中，我们也可以学习、认识、巩固很多生字。不信你们来看这个单元，第63～66页，你自己读一读，找一找，把这个单元所有带有月字旁的字都找出来，试试吧，用小铅笔圈一圈。

(生默读。)

师：来，我们一起看实投，63页《丁丁打针》这一课圈出了什么？

生：不舒服的服、心肺的肺、红着脸的脸、肩膀、腰、屁股的股、皮肤的肤、肌肉的肌、肥胖、胆小的胆、脂肪、膝盖的膝、胃口的胃、肝脏、挺胸的胸、脱离的脱。

师：第66页，四字词语中也有带月字旁的字。

生：膀大腰圆的膀和腰、闻风丧胆的胆。

师：刚才我们挑的这些都是带有月字旁的字，看来在识字单元，各课之间都是有联系的，这些带有月字旁的字都与人的身体有关系。

设计意图 学生在抓住了形声字部首表义的特点后，自己尝试着运用这一规律去生活中认识更多的生字，继而产生了新的“小问号”。老师在这里及时了解到学生的学习需求，引入课外资料，使学生不仅知道了汉字的意思，还了解了汉字文化。

(五)复习词语

师：看，这些都是带有月字旁的字。在这里，紫色的这些字是今天刚跟我们见面的，不认识没关系，今后在学习中我们还可以再认识，你们借助拼音自己读读。

(生自由读词语。)

师：蓝色的字是这节课要认识的了，你们同桌之间自己考考。

师：我来考考行吗？指哪个读哪个。

(生抢读词语。)

师：红色的字是这节课要求会写的，读读吧。

(生齐读词语。)

师：你发现了什么？同桌互相交流。

（生交流。）

师：谁能够当小老师，来交流一下你的发现。

小老师：大家好，今天由我当小老师，请大家跟我读。

（生跟读。）

小老师：读了这些字，你有什么发现？

生 1：我发现它们都是有月字旁的字。

生 2：我发现它们都带月。

生 3：它们都跟身体有关。

生 4：前面四个字都是左右结构，最后一个字是上下结构。

生 5：我发现“肥”和“胖”都是形声字。

师：“肥”不是形声字，是个会意字。

生 5：我来带大家记记“肚”字，“肚”是一个左形右声的形声字，左边的月字旁表示与身体有关，右边的“土”和发音有关，合起来就念“肚”。

师：他又带我们复习了形声字的特点。

小老师：你们是怎样记住这些字的？

生 1：我是用加一加的方法记住这些字的，月字旁加上“土”等于“肚”，月字旁加上“巴”等于“肥”。

师：除了加一加的方法呢？

生 2：“肚”字把“土”换成“佥”就念“脸”。

生 3：“检查”的“检”把木字旁换成“月”，就念“脸”。

小老师：你说得真好。这些字我就讲到这里，谢谢大家。

（六）指导写字

师：感谢小老师带我们一起观察这些需要写的字，其中“脸”和“背”比较难写，我们一起来看看“脸”这个字。

（师示范书写“脸”字。）

师：“脸”是个左右结构的字，左边的月字旁要写得瘦一点，“佥”要写得宽一点、胖一点，中间这条横可别丢了。整个字要写得左窄右宽。我们还要注意其他这四个左右结构的字，同样要写得左窄右宽。

（师示范书写“背”字。）

师：而“背”这个字，要上宽下窄。左右结构的字我们写得最多了，相信你们能写好，我们来看看“背”这个上下结构的字，上面的“北”要写得宽一点、扁一点，还要注意笔顺，下面的月字旁可要注意，第一笔是竖，可别写错了。这个字就念“bèi”。打开生字本，把这几个字写一遍。

生：书本铅笔盒一条线，写字三个一记心间。

（学生书写“背”字，老师巡视指导，选择一位学生写的字进行评价。）

师：谁来给他评一评？

生 1：这个同学写得工整漂亮，做到了老师说的左窄右宽，“背”也是上宽下窄，“脸”字我给你提个建议，“佥”下面的横写得太弯了，写得再直一点就更好了。

师：真好，特别会观察，请你们取长补短，把生字写完。

（七）总结

师：这节课上，我们认识了自己的身体，学习了新的部首，还了解了部首的意思，抓住了汉字规律。根据这些规律和形声字的特点，去一组一组地认识了好多的字。那学会了这个本领，我们今后就可以认识更多的字了。

本节课把教材中有联系的内容整合在一起，缩减了课时，增加了识字量，加大了课堂密度，提高了教学效率，体现了在识字方面的“一带多”。教学目标的达成，是抓住了教材的特点，在识记了大量生字的同时，学生掌握了方法，找到了规律，为他将来的自主学习——生活中识字创造了可能，同时也进一步激发了学生学习、探究汉字文化的兴趣。

这样的安排不是简单地压缩教学时间，而是要利用这个时间做大量的阅读，识字是为了阅读，阅读又可以巩固识字，这样的过程让学生习得了识字方法，养成自主识字的习惯。

《南辕北辙》第一课时教学设计

韩 燕

课前慎思

《南辕北辙》是北师大版教材二年级下册的一篇寓言故事，这个故事出自《战国策·魏策》，是魏国的谋臣季梁用这样一个小故事劝魏王以大业为重，放弃伐赵，故事广为流传。这是一篇叙述生动，对话性、形象性强，寓意深刻的寓言故事，为学生阐明了一些道理：无论做什么事，必须先把方向搞正确；方向对了，条件越好，效果越大，方向错了，适得其反；自己错了，不听朋友的忠告，只能错上加错。

经过一年多的学习与培养，学生已经掌握了一些学习语文的方法，养成了良好的学习习惯，初步具备了独立、自主、探究式学习的能力。识字、写字是低年级的教学重点，因此，本课以学生为主体进行自主识字，在小组学习的基础上进行全班交流，帮助学生进一步寻找汉字规律，感受汉字文化，提升识字能力。学生初步具备了一定的阅读能力和语言感悟能力。因此，在设计中结合教材特点，创设情境，以读助讲，以疑促读，体现在读中整体感知，有所感悟，有所积累。

教学目标

1）认读“辕、辙、梁、驶、楚、驰、恳、旅、固、执、驾”11个生字，学写“南、虽、系、越”4个生字。

2）能正确、流利地朗读课文。理解“辕”“辙”“固执己见”等字词的意思。

3）通过多种形式的读，了解故事的意思，初步体会寓意，激发学生阅读寓言的兴趣。

教学重点、难点

重点：认读 11 个生字，学写 4 个生字。能正确、流利地朗读课文。

难点：了解故事的意思，初步体会寓意，激发学生阅读寓言的兴趣。

课中笃行

（一）故事导入，激趣揭题

1. 故事导入

战国后期，一度称雄天下的魏国，国力渐渐衰弱了，但魏王仍想出兵攻打邻国。谋臣季梁就为他讲了一个南辕北辙的故事，来劝阻魏王。你们想知道这个故事的内容吗？接下来我们就一起来学习《南辕北辙》这则寓言。

设计意图 听故事是学生最喜爱做的事之一，用讲故事的方式导入本课，激发学生学习的兴趣。这个故事正是成语“南辕北辙”的历史出处，以历史背景导入，有助于学生对文章寓意的理解更加深刻，更加多角度。

2. 板书课题

1）“南”是我们今天要学习的字，请你伸出小手指跟我一起书空。歪十字，小南房，里面住着缺横羊。多有意思的一个字，你们也在手心里一边写一边记一记这个字。

2）谁愿意为大家介绍这个字的汉字文化。南是表示方向的词，在生活中大家都能分辨方向，你们知道在地图中的方向如何表示吗？

3）在“南辕北辙”这个成语里“南”和“北”都是表示什么的词？你还知道哪些表示方向的词语呢？

4）看看“辕”和“辙”这两个字，你发现了什么？你知道它们的意思吗？

设计意图 趣味识字可以帮助学生更好地记住字形。通过“南”字小儿歌让学生感受到汉字的趣味，使其学习汉字的兴趣更加浓厚。同时，通过汉字文化的分享，让学生对“南”字的掌握更加深入。地图方位的渗透，一方面让学生对南、北两个方向的认识更加形象化，积累表示方位的词语，另一方面也为后文体会课文内容埋下了伏笔。

（二）初读课文，整体感知

1. 初读课文

理解了题目，下面我们就快快走进故事吧！请大家打开书48页，请你自己读课文，注意读准字音。读完后请同桌一起玩你指我读的游戏。

2. 巩固字词

1）词语从故事中跳了出来，自己试一试，你能读对吗？

2）小老师点兵点将。

3）在这些词语中你有哪些不理解的吗？谁愿意为他解答？你是用什么方法知道这个词语的意思的呢？

预设：诚恳：态度真诚而恳切。

旅费：路费。

固执己见：顽固地坚持自己的意见，不肯改变。

过渡语：遇到不理解的词语，我们不仅可以用上他们的方法，还可以通过反复地朗读文章，借助上下文读懂这些词语的意思。

4）两人合作读文，检查字音是否读对。

这篇课文中的生字和词语大家都认识了，接下来就请同桌两个人分自然段合作读课文，看看对方是不是可以读得正确又流利。

设计意图 通过同桌互读、点兵点将等小游戏帮助学生扫清字词障碍。在质疑、解疑的过程中，学生不仅掌握了词语的意思，而且积累了自主学习的方法。

（三）走进文本，品读感悟

1. 整体感知

自己默读课文，想一想：从文中你知道了什么，还有哪些问题？

2. 全班交流

1）谁愿意和大家说一说你知道了什么？

预设1：季梁的朋友要去楚国，他的马好、旅费多、车夫技术好。

评价：你能从文章中准确地提取信息，真了不起。

预设2：季梁是一个非常诚恳的人。季梁的朋友是个固执己见的人。

评价：你了解了文章中的人物。

预设3：季梁的朋友要到楚国去。（板书：楚国。）

评价：你了解了故事的情节。

2）你还有哪些不懂的问题？

预设1：季梁是谁？

季梁：政治家，军事家，思想家。春秋初期我国南方第一位文化名人。季梁对楚国影响重大，提出“夫民，神之主也”的思想，比孔子早200多年，为后世所敬重。

预设2：地球是圆的，这个人一直往北走也可以到达楚国，为什么说他离楚国越来越远呢？

春秋时期，还相信“天圆地方”说，人们认为朝着一个方向只能走到遥远的尽头。同时，我们刚刚学了上北下南，我们的北边再往北就是北极了，那时的航海技术还不能漂洋过海。

预设3：为什么季梁的朋友离楚国越来越远？（板书：远。）

预设4：为什么季梁反复劝说，他的朋友还是固执己见？

3. 朗读感悟

1）教师梳理问题。

通过读课文，你们了解了很多内容，还提出了非常值得思考的问题。书读百遍，其义自见，请你小声读课文，自己试着针对问题从文中找一找答案。

2）季梁和他的朋友一共进行了几次对话？（4次。）

接下来就请同桌两个人一个人扮演季梁、一个人扮演朋友，把季梁和朋友的对话分角色一起读一读，读完后再来讨论讨论这两个问题。

3）请两人读对话。听了他们的朗读，你又读懂了什么？

预设1：季梁对待朋友非常诚恳。

预设2：季梁的朋友是个固执己见的人。（板书：固执己见。）

4）师生互读。

大家体会得真是入木三分。接下来就让我们一起来读一读这篇文章，女生来读季梁，男生来读朋友，通过朗读表现出季梁的诚恳、朋友的固执己见。

设计意图 给学生提供读书交流的机会，鼓励学生质疑，教会学生多角度地读文章。同时引导学生抓住季梁和他的朋友的对话，分角色朗读，在读中体会季梁的诚恳和朋友的固执己见。

（四）答疑解惑，体会寓意

1）为什么季梁的朋友离楚国越来越远？

预设1：去楚国的路在南边，这个人却向北走，他的方向错了。（板书：

方向。)

预设 2：这个人马好、旅费多、车夫技术好，反而离楚国越来越远。(板书：马好、旅费多、车夫技术好。)

小结梳理板书：这个人虽然马好、旅费多、车夫技术好，但是因为他的方向错了，而且不听季梁劝阻，固执己见，所以他离楚国越来越远。

2) 齐读最后一个自然段。

3) 他的朋友不明白，你们明白了吗？明白什么了？

4) 课文学到这里，从《南辕北辙》这则寓言中你有什么收获？

大家的思考是多角度的，收获颇多。这就是寓言故事的魅力：小故事，大道理。

设计意图 让学生在阅读中了解课文，引导他们以独特的视角表达自己独特的观点，体会这则寓言蕴含的深刻道理。

(五) 升华情感，拓展延伸

《南辕北辙》是中国古代寓言故事，它还有其他的版本，请你打开手中的小资料，小声读一读。

他们的内容一样，只是语言表达不一样。在我们阅读寓言的时候，同一个故事可能也会遇到不同的版本，每一次阅读都会有新的收获。

设计意图 通过拓展阅读人教版三年级下册的《南辕北辙》，让学生更加深刻地感受到语言文字的魅力。

(六) 发现规律，指导书写

1. 小组学习

1) 回顾识字方法：一赏结构，二赏重点，三赏文化，四词语开花。

2) 小组学习。

2. 交流分享

预设 1：“南、虽、系”都是上下结构的字，都要做到上小下大。

预设 2：“该、担、错”都是左右结构的字，“该”左窄右宽，“错”要做到左右高度一致，“担”要做到左高右低。

预设 3：“越”是内外结构的字。

在交流的过程中，有没有特别想和大家分享的知识点？

预设：

“该”和“孩”是形近字。

虽：字谜为虫子加一口。

系：多音字，关系、系鞋带；“系”可以查撇，也可以查糸。

担：多音字，担心、重担。

错：反义词是“对”。

3. 小老师讲“越”字

一赏结构：越是个合体字，内外结构，外面一个走字旁，里面一个戉，合起来念越。

二赏重点：越要注意这笔“捺”托起里面的戉。

三赏文化：走字旁代表跨越，需要用脚，里面的戉是它的声旁，同时戉指的是兵器，拿着兵器走。

四词语开花：教师示范写“越”字：越字方正格中站，布白均匀仔细看，一笔长捺托右边，小小竖提记心间，先写斜勾再写撇，最后右上一笔点。

设计意图 在小组交流中每个人都是小老师，学生在自主合作探究中掌握自主识字的能力。小组学习后进行全班交流，将汉字文化的学习渗透在每堂课中，激发学生对学习汉字的浓厚兴趣。

4. 独立书写

学生写“越、南、虽、系”四个字。

5. 展示评价

1）评正确：拼音正确，汉字正确。

2）评美观：整体干净、整洁，书写规范。

3）评优点：重点笔画、注意要点到位。

4）提建议。

（七）引发思考，课后延伸

刚刚上课的时候，我们知道了这个故事是季梁讲给魏王来劝诫他的，季梁为什么要讲这个故事？听了这个故事，魏王会有什么变化呢？感兴趣的同学可以课下查查资料，下节课我们再来交流。

著名的儿童文学家严文井先生对寓言有过这样精辟的描述：“寓言是一个怪物，当它朝你走来时，分明是一个故事，生动活泼；而当它转身要走开时，却突然变成一个哲理，严肃认真。”课下我们应该多读一些寓言故事，从这些小故事中，明白为人处事的大道理。

设计意图 与入课小故事首尾呼应，引发学生下节课的思考。让学生对寓言的认识更加生动、深刻，产生阅读寓言故事的浓厚兴趣。

板书设计

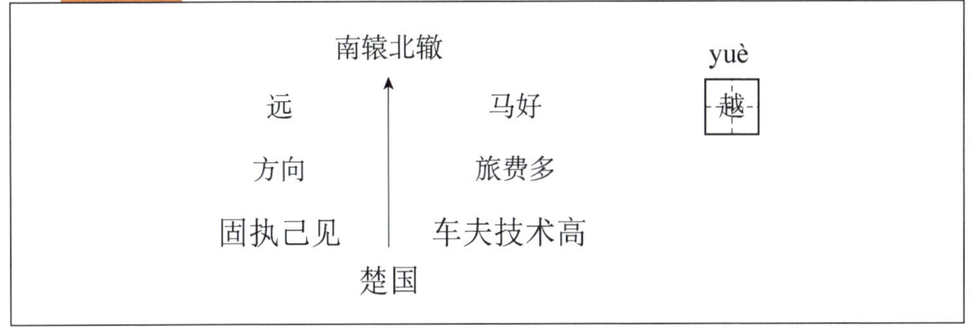

（一）识字教学在继承中发展

本堂课的识字教学，学生充分运用了赏析汉字的方法，将汉字分类学习，在分类中寻找汉字书写的规律，在小组合作中彰显每一个学生识字的能力。小组交流让每个学生在自主识字的过程中都有发言的机会，每个学生都是识字的小老师，在自主合作探究中让学生掌握自主识字的能力，产生能学好汉字的自信。小组交流后进行重要信息的反馈，在小组间进行查漏补缺，让汉字的学习落到实处。

（二）学习习惯在夯实中延伸

在本堂课中学生充分展示了良好的学习习惯。作为低年级学生，正确的读写姿势尤为重要，课堂中通过小口诀形式帮助学生不断养成正确的读写姿势。同时，学生课堂上发言面向观众、落落大方，并且做到了“别人说过我不讲”。

思考：在学习词语环节，遇到不懂的词语，学生们分享了查字典、联系生活实际、从字面意思解读等多种学习方法。这种良好的学习方法如何在课堂中得到所有学生的欣赏并落实到自己的学习中，需要进一步的夯实。

（三）语言学习在乐趣中累加

寓言将严肃认真的哲理蕴含于生动活泼的故事中，如何让学生在快乐的阅读中领悟文章的哲理是本课教学的研究重点。

寓言适于朗读，教寓言要加强朗读教学，因此本课教学设计在领悟文章哲理之前，让学生对文章进行了五遍朗读，这对于帮助学生正确理解寓言起了至关重要的作用。

教学寓言还应特别重视抓住课文的关键词语、句子。文章中的“诚恳”“固执己见”等关键词对发掘寓言的寓意有直接帮助，在课堂中不过早地涉及寓意，而是让学生从人物的对话入手，帮助学生了解人物的性格，教他们学会针对人物的特征，按寓言里的角色阅读课文，使人物的形象在学生头脑中形成鲜明的印象，这对于理解寓意帮助极大。

每一个学生读寓言都会有不同的体验，寓言的理解是多样化的，在课堂中要充分尊重学生的独特体验，让学生在讨论中将收获丰满起来。

《雨后》教学设计

曹　岚

课前慎思

教学内容解析

美文：本课选自北师大版二年级语文教材，作者是著名的儿童文学作家冰心，《雨后》这首小诗表现了雨后孩子们在广场上光着脚丫尽情游戏的快乐，是冰心的代表作之一。这首小诗向我们描述了一场雨后，孩子们光着小脚丫尽情玩水的情景，将孩子们的快乐生活表现得淋漓尽致。这首小诗句式灵活，朗朗上口，有一定的故事情节，语言贴近孩子，流传半个世纪，深受历代儿童的喜爱。

误图：课文中的插图中有一群群打着伞的孩子，这与小诗中所表达的孩子们在雨后的广场上尽情玩耍的情景不相符合，会对学生产生误导。

重任：本课有13个认读字，7个会写字，认字、写字量大。同时，这又是一篇要求全文背诵的课文，对于学生的学习有难度。

学生情况分析

阅读有兴趣：诗中所描述的雨后光着脚嬉戏的情景，是多数孩子都喜欢做的有趣的事。冰心的童心与儿童的童心是相通的，能激发学生阅读的愿望。

识字有基础：二年级的学生，在将近两年的学习中，已经积累了不少的识字、认字方法。在第一课时就能学完7个会写字，大部分的认读字也能认清，有个别没认清的字也会在本节课上加以巩固。

背诵有难度：首先这首诗中的句式长短不一，学生不易掌握规律。同时诗句中表示动作的词语多，学生容易混淆。在背诵上学生会有难度。

书写有难点：生字“短、粗、紧”当中都带有点画，左点、右点、上点、下点在书写时要写出特点也是很有难度的。

教学目标

教学总目标：

1）用已学的识字方法，独立识字，认识本课13个生字。学会写7个生字，正确、美观地书写。

2）学习课文，通过抓住人物动作体会课文情景，感受孩子们在雨后玩耍的快乐。

3）正确、流利、有感情地朗读课文，背诵课文。

4）结合《语文伴你成长》，联系学生的生活实际试着用几句话写出雪后的快乐生活。

本课时教学目标：

1）复习巩固认读字，四会字；引导学生积累并尝试运用踩、跟、提等动词。

2）品读诗文，通过抓住人物动作体会课文情景，感受孩子们在雨后玩耍的快乐；有感情地朗读课文、背诵课文。

3）结合《语文伴你成长》，联系学生的生活实际试着用几句话写出雪后的快乐生活。

教学重点、难点

重点：通过抓住人物动作体会课文情景，感受孩子们在雨后玩耍的快乐。

难点：指导学生背诵诗歌，总结背诵方法。

课中笃行

第一课时

1）谈话导入，了解单元主题——快乐的生活。

2）集中识字，认识13个认读字，7个四会字。

3）朗读课文，读准字音，读通句子。

4）初读课文，了解作者，整体感知，交流质疑。

5）指导书写，正确写好7个四会字。

第二课时

（一）谈话导入，板书课题

师：上节课我们初读了冰心奶奶写的小诗《雨后》，这节课我们继续学习。

（二）复习词语，正确读文

1. 复习生字新词

2. 复习多音字

兴奋　高兴　快乐　音乐

3. 复习反义词

长—（短）　细—（粗）　松—（紧）

4. 复习课文中的动词

需要复习的动词：踩、跟、跑、喊、咬、提、拍、摔、滑。

读词后引导学生发现：这些都是动词、左右结构，带足字旁的字都和脚的动作有关，带口字旁的字都和口部动作有关，带提手旁的字都和手的动作有关。

设计意图 复习诗文中的动词，一方面是引导学生学习找汉字的规律，快乐识字；另一方面是引导学生品味诗文时可以抓住动词，想象画面，体会诗意。

5. 检查朗读，同桌互助

请同学们打开书的92页，同桌两个人互相读一读，注意要读准字音，读通句子。如果你同桌没读准，你就帮帮他；如果他都读对了，你就夸夸他。

交流反馈：谁帮助了同桌，和大家分享一下。教师引导易错点。

得到同桌夸奖的同学用手势汇报。

（三）走进诗文，感悟快乐

1. 听读全文，回顾感受

请四名同学读诗文，其他同学边听边回顾：初读完这首诗，你有怎样的感受？

预设：

我感觉很有趣！

我特别羡慕那些光着脚丫玩水的孩子！

我喜欢小哥哥，他玩得特别快乐！

我特别希望自己也能这样在雨后到外面踩水。

我感受到小朋友们没有任何负担地在玩，那一定很快乐……

反馈评价：你们从不同的角度感受到快乐。（教师写板书“快乐”）这种快乐就流淌在诗歌中，就让我们一起走进诗歌细细品味吧！

2. 进入情境，品读赏析

1）自读第一小节，哪儿让你感受到他们的快乐？

品读要点：

从“一片海洋”“好像神仙”感受一群赤脚的孩子嬉戏玩耍的快乐。

①学生自读，交流感悟。

②配乐听读，展开想象。

教师引导学生进入情境，想象孩子们在广场上玩水的画面，用“你仿佛看见了什么？听见了什么？玩了什么？感受到什么”的问题，引导学生即兴表达，体验快乐。

预设：

好像听见踩水的声音，啪唧啪唧的……

好想也和小朋友们一起趟水玩呢……

还听见小朋友的笑声了……

感受到大家玩得真开心呀……

③想象画面，诵读快乐。

评价要点：从你们的想象中，我看到了孩子们自由自在地做着喜欢的游戏，真自在……

从你们的朗读中，我感受到了他们玩得真开心呀！（带劲儿、尽兴……）我都想加入其中，和他们一起玩耍……

设计意图 教师引导学生走进画面，展开丰富的想象，这有助于让学生感受第一节小诗描写的雨后广场上孩子们欢乐的场面，让学生在想象中感受诗情画意，入情入境地朗读体会。

2）品读第二至四小节。

在这群快乐的孩子中，有一对兄妹，他们是小哥哥和小妹妹，请同学们默读第二至四小节，边读边画批，从哪儿感受到他们的快乐？（板书哥哥、妹妹。）

小组交流后集体分享

第一阶段：先交流小哥哥的快乐，朗读表达。

品读要点：

第一，抓住动词“踩”，想象小哥哥使劲踩水，水花才会溅起来，溅得满身都是，越使劲就溅得越高，这样才有意思呢！小哥哥越踩越开心，水溅得越高，他就玩得越起劲。

第二，抓住“滑”，体会两次出现意思不同，第一个“滑”是小哥哥提醒妹妹，地上有水，很滑。第二个“滑”是描写小哥哥的动作，他滑倒。引导学生借助插图，想象一下小哥哥是怎么滑倒的，体会他的心情。

第三，小哥哥拍拍水淋淋的泥裤子，嘴里说：“糟糕，糟糕！”我觉得他虽然嘴上说糟糕，但是心里很快乐。联系生活体验，交流糟糕的是什么，兴奋的是什么。

预设问题：

第一，为什么用“滑了一跤”而不是“摔了一跤”？

第二，为什么他嘴上说“糟糕，糟糕”，可是他的脸上却是兴奋和骄傲。兴奋和骄傲是高兴时的表情，他到底是高兴还是不高兴？

评价要点：

第一，能够抓住重点词语体会快乐，特别是描写动作的词，去想象做事的样子。

第二，联系自己的生活体验，揣摩小哥哥的心情。

第三，你能把体会到的通过朗读表达出来。

第四，有的同学还能边读边加上动作去体会，真会学习。

回顾学法：有的同学能抓住描写小哥哥动作的词语想象他游戏的样子；有的同学通过质疑问难，联系生活体验，走进小哥哥的内心；有的同学还能借助插图来帮助理解，感受到他快乐的心情。你们真会学习，体会到小哥哥玩得很开心。那小妹妹呢？我们就用刚才的学法，继续交流一下吧！

设计意图 这部分是学习的重点和难点，采用给学生互动交流的空间，让学生通过多种品味感悟诗情画意的方法，多角度感受小哥哥心中的快乐，体会他的顽皮、开心和懂事。

第二阶段：分享小妹妹的快乐，朗读表达。

品读要点：

①抓住描写小妹妹动作的词“跟、咬、提、跑”，引导学生做一做，想象她可爱的样子，有点小心翼翼，有点胆小，虽然不像小哥哥那么尽情地玩耍，但心里也充满了快乐。

②从她希望也摔这么痛快的一跤，感受她对小哥哥的羡慕，从她因为爱美而担心裙子弄脏，感受到小女孩的天性。

评价要点：

①不仅抓住了动词还把自己的理解读了出来，你们真会学习呀！看来小哥哥和小妹妹各有各的快乐，就像那群在广场上游戏的孩子一样各自享受着各自的快乐。

②你不仅读得正确，还把小妹妹的动作演得淋漓尽致呢！

③你是一个害羞的小妹妹，听出了小妹妹心里的渴望。

设计意图 引导学生把品味小哥哥快乐的学习方法迁移运用到感受小妹妹的快乐中，重在引导感受小妹妹的快乐与小哥哥的快乐是一样的，但表现不同，进而引导学生有感情地朗读。

3. 诵读诗文，尝试背诵

小哥哥和小妹妹就是广场上那群赤脚玩耍的孩子中的一员，孩子们各有各的玩法，各有各的欢乐，多么开心，多么快乐，就让我们带着这份感受，用你们喜欢的方式，美美地诵读吧。

1）学生自由读——齐读。

教师评价引导，听你们读就好像看到了那群快乐的小朋友一样，你们能想象着画面，看着板书上这些动词的提示试着自己背背吗？

学生练习，尝试背诵。

2）这么快你们就能把诗背下来，一定有什么好方法吧！

学生交流自己的方法。

教师总结：借助这些关键词语的提示，想象着画面，在熟读的基础上我们不仅理解了诗中小朋友的快乐，自己也快乐地背下来了这首小诗，这样的好方法也使我们的学习更快乐了。

（四）回味体验，创编儿歌

同学们在品味诗歌中感受到了雨后戏水玩耍的快乐，生活中你们像小哥哥那样玩过水吗？那雪后玩雪呢？

1）请你回忆一下，雪后，你在哪儿，和谁一起做过好玩的游戏？自由分享。

2）你们是怎么尽情地玩耍的？回想当时的情景，和同桌说一说。

3）学做小诗人，创编儿歌。

打开《语文伴你成长》第 46 页，以“雪后”为题，写一首或一段儿歌。

4）交流反馈，请同学读自己创编的儿歌，集体点评哪儿写得好，教师指导后同桌互读完善修改。

设计意图 以“雪后”为题创编儿歌，给学生写真实体验，表达童真童趣的机会，读写结合。先引导学生交流，回忆当时的情景，想象画面，自由表达，让每个孩子有话可写。反馈评价以欣赏为主，呵护孩子的创编兴趣。

（五）回顾总结，分享收获

板书设计

快乐的生活	雨后
	赤脚的孩子
	快乐
小哥哥（踩、喊、滑、拍）	小妹妹（跟、咬、提、跑）

2012版《全日制义务教育语文课程标准》中明确地告诉我们：学生是语文学习的主人。语文教学应激发学生的学习兴趣，注重培养学生自主学习的意识和习惯，为学生创设良好的自主学习情境。语文教学应创造性地理解和使用教科书，积极开发课程资源，精心设计教学方案，灵活运用多种教学策略，引导学生在实践中学会学习。语文教学要注重语言的积累、感悟和运用，注重基本技能的训练，给学生打下扎实的语文基础。同时要注重开发学生的创造潜能，培养综合实践能力，促进学生持续发展。在学习课标的基础上，我把目光聚焦在语言文字的运用过程。根据本课的特点，我抓住那些表达动作的词语，完成学习语言、体悟语言、积累语言、运用语言的过程。

1. 发现汉字规律，抓住表示动作的词语理解词义

在入课时，复习认读字时，就引入课文中出现的这些动词。

师：曹老师奖励你们和我黑板上的小雨滴做个游戏，它们带来了许多书里的字，我们看看。

生：踩、跟、跑、喊、咬、提、拍、滑。

师：谁有什么发现啊？

生：我发现前边三个都是足字旁的，下面两个是口字旁的，再下面两个都是提手旁的，最后一个是三点水旁的。

生：我发现它们都是动词。

师：这些全都是表示动作的词，你可以做做试试。

生：第一个踩就代表用脚踩，所以是足字旁。前三个都是用脚去做的。

师：都跟脚的动作有关系。

生：喊和咬跟口有关，都是用嘴巴做的动作。提和拍跟手有关，滑跟水有关，所以它是三点水旁的。

师：你真会发现规律，看来这些偏旁部首能够帮助我们更好地理解这些表示动作的词语，我们在课文中还会进一步地去体会它们呢。

这些表示动作的词语都是形声字，引导学生抓住形旁体会这些动作的特点。使这些抽象的文字符号变得具体、生动、直观，有了跳动的画面感。

2. 阅读中体验表示动作的词语，感受词语的表达效果

在阅读的过程中老师并不进行逐字逐句的分析，而是仍然引导学生体会这些动词带给自己的想象和感受，通过这些表示动作的词语感受人物的快乐。

生：这个小哥哥他是把水花溅这么高了，而且他还喊小心，自己滑了一跤，后面这个小节写他脸上满是兴奋和骄傲，我感觉这个小哥哥很快乐。

师：刚才他问的是摔跤很疼，但是诗里面写的是摔吗？滑，跟摔一样吗？

生：不一样！

师：怎么不一样？

生：摔是不小心的，滑是有一点点好玩。

师：你看看书上小哥哥的表情是不是这样，滑字让小哥哥玩儿得多开心啊，这首小诗里还出现了一个滑字呢："妹，小心，滑！"这两个"滑"一样吗？若不一样，怎么不一样？

生：他说的是提醒妹妹地滑。

师：那小哥哥自己又滑了一跤，这个"滑"是什么？

生：这个是他真正自己滑了一跤！

师：你看这个滑字，一个字有不同的意思、不同的用法，用得多巧妙呀！谁来读一读这段？

生：小哥哥使劲地踩着水，把水花儿溅起多高。他喊："妹，小心，滑！"说着自己就滑了一跤！

师：嗯，刚才同学们还找着了一个小哥哥玩儿得特别开心的表示动作的词。

初读课文孩子们就已经感受到了快乐、有趣。但快乐是从这些表示动作的词语中体现出来的，这些动词使小哥哥和小妹妹的形象在我们眼前淋漓尽致、活灵活现地表现出来。抓住这些表示动作的词语进行体会感悟，使这些动词有了情趣，有了情感，有了温度，有了快乐的体验。孩子在亲近文本的同时也亲近了这些表示动作的词语。

3. 阅读中积累

阅读的过程就是体验与积累相互融合的过程，在教学中，从入课到课文的学习、背诵等环节，教师始终在黑板上呈现出提炼出的动词。入课时它们是复习的内容，学习中它们是学生在老师的引领下从文中抓住的关键词，放手自学中它们是学生自己发现的，回顾总结中它们提示着学生的背诵和学习方法。在整个学习过程中它们提示着教学的重点和难点，关照了课文的整体内容，带给学生视觉的冲击，在孩子的脑海中留下了带有温度的、快乐的对动词的记忆，为孩子呈现了一幅雨后孩子们快乐踩水的画面。那一踩一滑一喊都呈现在孩子们眼前，使得人物栩栩如生，画面历历在目，人物的语言声声在耳。这些词语在孩子们心里有了根，有了情，有了可以触动的脉搏，更主要的是有了可以运用的基础。

师：刚才她用了一系列的动作，发现了吗？这些动词曹老师的黑板上有没有，能试着按照课文的顺序把他们找出来吗？

生：跟，咬，提，然后是跑。

师：你真会学习，一下儿就找到了这么多动词。

师：同学们又是动作又是表情，太精彩了，谁想试着带着这个画面，看着黑板上的提示，自己尝试着背一背。

4. 在写话中运用

在课堂上创设学习运用语言的机会。在学习中学生充分地感受到雨后的快乐，但是对于现代的城市儿童来说，能在实际生活中体验这种快乐的机会少之又少。所以，将其迁移到对于大多数孩子来说都有亲身体验的雪后的快乐中。如何表达这份快乐？学生在潜意识里就有了运用动词的自觉。

师：玩雪的快乐我们每个人一定都感受过，你和谁在哪儿，怎么玩儿，玩儿什么游戏？

生：我和爸爸在雪中玩儿投雪，我抓起一把雪就扔向爸爸，爸爸身上都变成了白色。

师：你用上了一个动词，“抓”起一把雪。

生：我和爸爸一起，我们玩儿的是堆雪人，我堆的是身子和头，爸爸去找胡萝卜和铁桶，铁桶当它的帽子，胡萝卜当它的鼻子，嘴是用扣子扣上的。

师：那你们玩儿起来是什么感受？

生：非常开心，最后堆起了雪球，我还和爸爸照了一张照片。

师：多么快乐，还把这种快乐记录下来了。看起来同学们有很多很多的快乐，那你们想不想把它也像诗人一样表达出来呢？

师：谁想把自己写的给大家展示展示？

生：白色的树枝闪着银光，操厂上成了一片白色的海，雪里一群快乐的孩子，自由得好像小鸟一样。

师：真好，你都能用诗人一样优美的语言了。还闪着银光，还像一片白色的海洋，注意这儿有一个错字，操厂上的厂应该是广场的场，还有想跟同学分享的吗？

生：大地披上了白地毯，树叶也披了件白袍，我们来到雪地里，欢天喜地地堆雪人、打雪仗，快乐的时光过得很快。

“我喜欢的水果”说课稿

宿　慧

课前慎思

《全日制义务教育语文课程标准》提出，写话素材要贴近学生实际，让学生乐于动笔，乐于表达。水果来源于学生的生活，尤其是对于低年级学生，花花绿绿、甜美多汁的水果更能够吸引他们，他们几乎每天都能接触水果，对水果喜欢并熟悉，有的可说，有的可写。因此，我选择了“我喜欢的水果”这一话题作为二年级下学期的教学内容。

我班学生从一年级第一学期就开始进行一句话的说话、写话训练，逐渐过渡到几句话，学生喜欢表达，愿意与他人交流，到了二年级，绝大多数学生都能完整、通顺地写出几句话，初步具有了一定的说话、写话能力。因此，在本课的学习中，我会发挥学生的主动性，给他们创造更多的交流空间，让学生乐于表达，感受写话的乐趣。同时，培养学生的观察能力，为学生顺利步入中年级写作奠定基础。

教学目标

1）介绍自己喜欢的一种水果，可以介绍它的形状、颜色、味道等方面的特点，说清楚，声音洪亮。

2）引导学生按照一定的顺序，写几句话。语句要通顺、连贯，正确使用学过的标点符号。

3）培养学生学会倾听、善于交流的能力，鼓励学生个性化表达。

教学重点、难点

介绍自己喜欢的一种水果，要说清楚、写明白。语句要通顺、连贯，正确使用学过的标点符号。

课前准备： 学生带自己喜欢的水果，课堂上边观察边交流。

课中笃行

（一）在激趣中交流

《全日制义务教育语文课程标准》中指出："对写话有兴趣，写自己想说的话，写想象中的事物，写出自己对周围事物的认识和感想。"该标准把第一学段的作文称为"写话"，目的是降低难度，激发兴趣。

低年级学生的兴趣培养很重要，但他们的自制力不强，无意注意占优势，他们的注意力在很大程度上取决于教学内容和教学方法的趣味性，所以在教学过程中老师必须重视学生的情感，采用一些有趣的活动，引发学生愉悦的学习情绪，诱发学生"我要说"的强烈欲望，进而慢慢过渡到"我要写"。在引入环节，我的设计如下。

1. 猜谜导入，激发兴趣

上课伊始，我就带领学生猜谜语："同学们，在众多水果中，有宿老师最喜欢的水果，你们知道是什么吗？"低年级学生好奇心强，兴奋不已。我出示谜语：黄金布，包银条，中间弯弯两头翘。学生的注意力全集中到谜面上，他们迫不及待地想知道老师喜欢的水果是什么，读完之后，他们一下子就猜出来了——香蕉。我顺势问："你们怎么猜出来的？"在学生的交流中教师小结：要想让别人猜出来，就要抓住水果的特点。

这一环节教师通过采用"猜一猜"的形式变机械的传授为自主的探究，以猜促学，以动促教，使学生在轻松、愉悦的学习环境中步入最佳的学习状态。学生不仅有了兴趣，还知道了介绍水果的时候要抓住水果的特点。

2. 情景游戏，指导观察

紧接着，我们又做了一个游戏——我说你猜，我神秘地对学生说："千万不要说出你喜欢的水果的名字，要让大家猜一猜。"学生们更是跃跃欲试。我提出具体的要求：交流时说的同学要抓住水果的特点，声音响亮，表达清楚，自信大方。听的同学要认真倾听，想一想，猜一猜。

在这个游戏中，教师退出去，把课堂交给了学生，生生互动，交流着自己喜欢的水果，有的学生说道："我喜欢的水果圆圆的，它像一个小刺猬，长满了刺，剥开它，果肉白白的，咬一口甜甜的，吃完了剩下一个棕色的小核。"学生大声喊出来：“荔枝。”有的学生说：“我爱吃的水果是蓝色的，小小的……”话音未落，学生就喊出了“蓝莓”。在学生兴致盎然的参与交流中，教师适时进入：“你怎么猜出来的？”“我吃过的蓝色水果只有蓝莓。”我在学生交流中及时点拨：“他抓住了水果颜色这个特点。”在学生交流过程中，我加以引导、点拨，帮助学生了解了介绍水果时要抓住特点，可以从多个角度表达，如形状、颜色、味道等。

课堂上，小游戏的创设使学生形成“角色意识”，调动了学生的学习兴趣和想说话的欲望，从而突破教学重点、难点。

（二）结合体验表达

《全日制义务教育语文课程标准》倡导“珍视个人的独特感受”“鼓励自由表达和有创意的表达”“让学生易于动笔，乐于表达”。因此，本节课设计的重点是通过师生积极的评价，鼓励学生自由表达，表达自己独特的感受和体验，真正做到“我口说我心，我手写我心”。

在“我说你猜”的教学环节中，学生有的介绍水果的味道，有的介绍水果可爱的样子，有的介绍它的营养丰富，等等，教师鼓励学生自由表达，这是个性化表达的建立。个性化表达从说到写，结合生活体验说喜欢的水果，引导学生突出自己喜欢水果的什么特点，为有序表达奠定基础。

3. 个性表达，从说到写

学生在聊天似的教学氛围中，乐于分享，自由表达。例如，学生说草莓：“它酸甜可口，好像有小芝麻在嘴里似的。”我追问：“你怎么知道的？”“我吃过。”“是啊，观察水果可以亲自尝一尝。”教师从学生的分享交流中引导学生知道特点是怎样捕捉到的，要通过看一看，摸一摸，闻一闻，尝一尝，充分调动各种感官来观察自己带来的水果，这样，学生亲身与水果接触，体会就更深刻，喜欢之情自然流露其中。

我把主动权给了学生，让学生观察后自由表达，为学生提供了个性化语言表达的平台，使他们的个性化语言强烈地释放出来。

首先，学生喜欢吃的水果各不相同，课堂上，他们说的都是不同的水果，有葡萄、苹果、菠萝、火龙果等，学生间交流着对水果的了解，学生在参与交流的过程中，能够从同伴交流中抓特点，了解更多水果的特点，丰富自己的认识。

其次，交流中不同学生对同一水果观察的视角不同，说出的特点也不同。比如，学生在说葡萄时，有的说红色，有的说绿色，还有的说紫色，表达不同，体现了葡萄颜色多彩；因为喜欢的点不同，所以表达的特点也不同。教师给予尊重，积极评价，珍爱学生表达中的个性化语言“亮点”，寻找“亮点”，肯定“亮点”，展示“亮点”，并指出可以从不同视角观察，发现同一个水果的几个特点。

学生的生活体验是最好的学习资源，因此可以将课堂上的学习与生活体验建立联系。课堂教学正是要引入学生丰富的学习资源，帮助学生总结、提取、归纳，这样说得更清楚、更有序，为写打好基础，才能做到言之有物、言之有序。

（三）鼓励个性表达

喜欢表达是低年级学生的特点。教师要鼓励学生把自己的生活体验表达出来，讲清楚喜欢的理由，以彰显其个性。说得清才能写得明，学生有的说了，才能为写奠定基础。本节课，我改变了以往范文引路这样的模式，不用范文替代学生的体验，防止低年级学生模仿，说出的话是一套一套的，写出的文都是雷同的文。

课堂上，教师尊重学生差异，引导学生向同伴学习，从说清楚到写清楚。最后写的时候我发现有的学生刚才在说时，只说了一点，但写的时候能够写出水果的颜色、形状、味道等特点，真是可喜的进步。

下面请看一看学生在课堂交流后的写话。

1）我喜欢吃的水果是石榴。我们校园里就有石榴树，一到秋天，我们就在学校过秋收节，老师发给每个人一小块石榴，红红的籽像珍珠，我把几粒放进嘴里，咬一口，满嘴都是水，好吃极了。我不舍得吃，留下几粒，用纸巾包好，准备留给爸爸妈妈吃，让他们也尝尝学校的石榴。

学生能联系自己的生活经验，表达出自己的真情实感。

2）我喜欢的水果是芝麻蕉，它小时候喜欢穿绿莹莹的衣裳，长大后又喜欢穿金黄色的衣服，它的形状竖着像月亮，横放像拱桥，倒过来又像小船。

芝麻蕉上有一个个小黑点，很像厨师在上面撒了许多小芝麻，又像小淘气在上面洒了一滴一滴的墨水。妈妈告诉我，这些小黑点并不是坏掉了，它们可是香蕉变得越来越甜的预报员。剥开香蕉皮，就会有一股沁人心脾的香味钻进你的鼻子，香甜细腻的味道让人越吃越爱吃。

香蕉还含有膳食纤维，能降血压、去火。难怪外婆最近不吃降压药，而是吃香蕉了呢！呵呵呵！

学生的比喻多么有趣，还能够结合课前搜集到的资料来写，拓展了其他学生的知识。

3）我喜欢的水果是苹果，它红红的，圆圆的，身上还长着一些小白点呢，就像小姑娘的脸上长的小雀斑。短短的柄藏在苹果上方凹进去的地方，好像小姑娘梳着一个翘起的小辫子。我拿起苹果，使劲闻了闻，一股淡淡的清香扑鼻而来。咬一口，哇！真甜呀！不一会儿，我就吃完了，还剩下一个小果核呢！

这篇习作，学生用了很多的语气词“哇，呀，呢”为文章增色，让我们感受到了小作者非常喜欢苹果。

板书设计

我喜欢的水果

抓特点	看	颜色
	摸	形状
细观察	闻	气味
	尝	味道
	……	……

这是本节课的板书设计，板书是教师从学生的交流中一点点捕捉、提炼出来的，目的是引导学生能够多角度观察，为能做到言之有物、言之有序起到指导作用。

最后，我以德国教育家第斯多惠的话作为结尾：“教育艺术的本质不在于传授本领，而在于唤醒、激励、鼓舞。”

在本节课的教学中，我力图以学生为主体，训练为主线，遵循由易到难、由简单到复杂的教学规律，调动学生学习的兴趣，及时予以点拨指导，在课堂上不仅让学生乐于表达，还要在倾听的基础上学会思考，学会欣赏他人，进行评价、补充和帮助，形成有效的师生、生生互动。

三、四年级

延伸阅读

延伸阅读请扫码

《海底世界》教学实录

李　杰

课前慎思

《海底世界》是北师大版教材三年级上册一篇浅显的知识性文章，作者通过生动形象的语言，描绘了一个“景色奇异、物产丰富”的海底世界。通过作者对海底世界的描绘，可以感受到作者对整个自然、对生命的热爱。三年级学生年龄小、见识少，再加上海底世界对于他们来说很陌生，要想感受海底世界的景色奇异、物产丰富就更不容易了。针对这种情况，我把本单元定为语文实践活动周，学生们搜集了大量和海洋有关的词语、图片、资料，课堂上通过“精彩两分钟”，学生们传递着和海洋有关的知识，还把同学们搜集的资料、图片布置在班级板报上，在语文实践活动周，学生们收获着知识，也收获着快乐，做到了积累着、运用着、快乐着，在不知不觉中，学生们积累和运用的能力初见成效。

本节课，我发挥多媒体辅助教学的优势，通过多媒体课件所具有的声、光、色、形等功能，帮助学生进入海底世界，从而解决教学中的重点、难点，激发了学生的学习兴趣，调动了学生的学习积极性。特别是通过海底动物声音的模拟，让学生感受到了海底世界的奇异，同时激发了学生说话和学习的欲望。在引导学生探究时，要注意创设情境，如请同学们想象穿上潜水服，戴上特制的水中听音器，潜入海底深处进行实地考察等，让学生充分感受到学习内容的情趣性。另外，让学生在多向开放、合理想象的情境中进行探究，为学生提供一个较为开阔、活跃的探究平台。

教学目标

1）认识本课 16 个生字。理解“波涛汹涌”“窃窃私语”的意思。

2）通过创设情境、朗读，让学生感悟海底是一个景色奇异、物产丰富的世界，体会作者的喜爱之情，激发学生探索自然奥秘的兴趣。

3）正确、流利、有感情地朗读课文。

教学重点、难点

重点：了解海底景色奇异、物产丰富的特点。

难点：激发学生探索大自然奥秘的兴趣。

课中笃行

（一）导入新课

师：同学们，你们看，这就是我们赖以生存的家——地球，在这个美丽的星球上，海洋的面积占了地球总面积的三分之二，浩瀚的大海带给了人们无限的遐想，今天老师就带你们去看一看。

（教师板书课题：海底世界。）

（生齐读课题。）

师：读了课题，你想知道什么？

生 1：海底都有什么奇妙的生物？

生 2：我现在就想看一看海底世界什么样？

师：你们都想去看看吗？

生：想！

（教师播放海底世界的视频。）

师：你看到了一个怎样的海底世界？

生 1：我看到了一个奇妙的海底世界。

生 2：我看到了一个美丽的海底世界。

生 3：我看到了一个美不胜收的海底世界。

生 4：我看到了一个美轮美奂的海底世界。

……

教学意图 创设情境，激发学生强烈的求知欲，促使学生主动积极地投入到本节课的学习活动中来。

（二）初读课文，自学生字

师：这五彩斑斓、美不胜收的海底画面，作者是用怎样的语言描绘出来的呢？请同学们打开书的97页，小声地读课文，听清要求：读准字音。读完以后同桌互查生字。

（生自读课文后互查生字。）

师：孩子们，看看这些词语朋友你们都认识吗，快读读吧。

强烈　依然　宁静　闪烁

器官　海参　伸缩　蕴藏

窃窃私语　稀有金属　波涛澎湃

（学生小声读词语。）

（出示生字：器、退、达。）

师：仔细观察这三个生字，哪一笔容易出错？

生1：我觉得“后退”的“退”那一点容易写成捺。

生2：我觉得“到达”的“达”里面的“大”字最后一笔也容易写成捺。

生3：我觉得“器官”的“器”的点容易丢掉。

师：是这三笔吗？（大屏幕上闪红这三笔）那就请同学们在手心里好好地写这三个字，一定要注意闪红的那一笔。

（学生认认真真地写字。）

（出示词语：海参。）

师：谁能读准这个词的音？

（生读词语。）

师：读了这个词你知道什么了？

生：海参的“参”是一个多音字。

师：你读得很准确，让我们一齐读准这个词语的音吧。

（生齐读：海参。）

（出示词语：波涛澎湃。）

师：你们听到什么声音了？

生1：海浪的声音。

生2：海浪拍打岩石的声音。

师：声音大不大？

生：大！

师：这个词应该怎么读？

（生大声读词。）

师：那把这个词语放到下面这个句子里还能读好它吗？

（师出示句子：海面上波涛澎湃的时候，海底依然很宁静。指导学生读出海面与海底不同的语气。）

（出示词语：窃窃私语。）

师：同桌先来做做动作吧。

师顺势采访学生：你们在干什么？

生答：我们在窃窃私语。

师问：那窃窃私语是什么意思呀？

生答：窃窃私语就是小声地说话。

生答：窃窃私语就是私下里小声地议论自己的事情。

师：那这个词语应该怎样读呢？

生再读：qiè qiè sī yǔ（窃窃私语）。

（出示词语：嗡嗡、啾啾、汪汪。）

师：快来读读这组词语，你发现什么了？

生 1：都是描写声音的词语。

生 2：它们都是象声词。

师：你还知道哪些小动物的声音呀？

生 1：小猫喵喵。

生 2：小老鼠吱吱。

生 3：小青蛙呱呱。

生 4：小猪噜噜。

……

师：好了，孩子们，看来这些词语朋友你们都认识了，读得非常好！那把它们放回到课文中还能读好吗？那就请你们再读一遍课文，边读边想：课文是围绕哪句话写的？

教学意图 引导学生通过观察找到“器、退、达”易错的笔画，并在课堂上夯实。读准多音字“参”。通过创设情境、做动作帮助学生理解“波涛汹涌”“窃窃私语”的意思。

（三）再读课文，品味文本

1. 生再次读全文，边读边想：全文是围绕哪句话写的

生答：全文是围绕“这真是一个景色奇异、物产丰富的世界”来写的。

（教师板书：景色奇异　物产丰富。）

师指着板书说：那海底到底有怎样奇异的景色呢？请同学们看学习提示：

1）默读课文，画出描写“景色奇异、物产丰富”的句子。

2）抓住重点词句在小组里谈出自己的体会。

3）准备全班交流。

学生默读课文。

小组进行交流。

教师巡视。

教学意图 再次读文后，引导学生从课文中找出总结课文中心的一句话，初步感受课文是围绕这句话写的，同时也使学生对海底世界有一个整体印象。

2. 课中研讨

小组汇报交流：

生 1：海面波涛澎湃的时候，海底依然很宁静，我从这句话知道了虽然海面上有那么大的声音，海底却是宁静的，我觉得很神奇。

生 2：在这黑暗的海底世界里居然还有发光的深水鱼，我觉得很奇妙。

生 3：海底有高山、有峡谷，所以我感觉海底很奇异。

生 4：最小的单细胞海藻得用显微镜才能看到，最大的海洋动物长达二三百米，它们的差距这么大，我感到很奇异。

生 5：我以前以为海底没有一点声音，从课文的第三自然段，我知道了海底还有那么多声音呢，所以我觉得海底很奇异。

3. 品味语言，读好重点段落

师：孩子们，当我们穿上潜水衣潜入大海，100 米还有些光亮，300 米就暗下来了，500 米以下就全黑了，这时候你会看到什么？（课件演示。）

生：我看到了点点光亮。

师：这点点光亮像什么？

生：像天空中闪烁的星星。

（师板书：黑中有光。）

师：此时的海底给了你怎样的感受？

生：太奇妙了！

师：你能不能把这奇异的感受读出来。

（师指导读：在这一片黑暗的深海里，却有许多光点像闪烁的星星，那是有发光器官的深水鱼在游动。）

（生有感情地朗读，全班齐读。）

师：海底的声音让我们同样感受到了它的奇异，想听听吗？

（师指导读：海底的动物常常在窃窃私语。有的像蜜蜂一样嗡嗡，有的像小鸟一样啾啾，有的像小狗一样汪汪，还有的好像在打鼾。）

（师指名有感情地朗读。女生读读，男生读读。师板书：静中有声。）

师：你们能不能用书上的这个句式“有的像……有的像……有的像……还有的像……”来写一写呢？

（学生用这个句式进行写话练习并交流。）

生 1：海底的动物常常在窃窃私语。有的像小猫一样喵喵，有的像小羊一样咩咩，有的像青蛙一样呱呱，还有的好像在唱歌。

生 2：海底的动物常常在窃窃私语。有的像老虎一样嗷嗷，有的像小猪一样噜噜，有的像小蛇一样嗞嗞，还有的好像在嚼东西。

师：孩子们，说不定海底真有你们说的这些声音呢，所以说海底真是个景色奇异的世界。就在这景色奇异的世界里，还蕴藏着丰富的物产。谁能把这个句子补充完整：

海底的物产真丰富，有______，有______，还有______。

生 1：海底的物产真丰富，有小鱼，有海参，还有章鱼。

生 2：海底的物产真丰富，有石油，有煤，还有天然气。

生 3：海底的物产真丰富，有高山，有峡谷，还有草地。

……

（板书：动物　活动各异
　　　　植物　色彩多样
　　　　矿物　多种多样）

师：海底的物产真丰富，有动物，有植物，还有矿物。难怪作者赞叹——

生齐读：海底真是个景色奇异、物产丰富的世界！

教学意图 在充分朗读和直观感受海底各种声音的基础上，引导学生展开想象，不仅拓展了学生的思维空间，而且使学生进一步体会海底世界的神奇，享受审美情趣。在这一部分我还抓住了“有的像……有的像……有的像……还有的像……”这个句式进行写话训练。

（四）总结全文

师：孩子们，面对这景色奇异、物产丰富的海底世界，你有什么感受吗？

生 1：我的感受是想成为一名潜水员，到海底去看一看。

生 2：我长大后一定要探索海底，成为一名海洋研究家。

生 3：我要好好学习，长大了去探索我们现在不知道的海底奥秘。

生 4：我想现在就钻进海里去看我没看过的海底生物。

……

师：海底还有许许多多的奥秘等待着你们去研究、去开发，下节课我们将走进开卷有益的两篇文章《海底村庄》《海底漫步》，我们将一起去感受不同作家笔下不同的海底世界，当然了，老师更希望你们能用手中的笔写出属于你们自己的海底世界。下课！

教学意图 这个环节水到渠成地为学生播下了求知的种子。

板书设计

海底世界
- 景色奇异
  - 黑中有光
  - 静中有声
- 物产丰富
  - 动物　活动各异
  - 植物　色彩多样
  - 矿物　多种多样

课后明辨

专家点评

崔　峦

这是一节扎扎实实的语文课，无论是字、词、句的基础训练，还是理解、朗读、说话的能力训练，以及对学生情感的熏陶，都是一步一个脚印，让学生得到实实在在的收益。

作为听课者，我有以下几点感受。

1. 开放的课堂、自主的学习、充分的自信

走进这样充满生命活力的课堂，心中常常涌动着一种感动。老师尊重学生，学生快乐、健康，是课堂上真正的主人。语文虽然有很强的人文性，但毕竟是重要的工具学科。学生如果没有充分的自主学习时间，语言文字这个工具怎样掌握？听说读写的能力如何形成？李老师大概是深谙此道，课上总是尽可能多地把课堂的时间留给学生，设计了一系列形式多样、富有情趣的学习活动，让学生有充裕的时间去读书、思考、品味、提问、答疑，并参与各种口语表达和书面练习。

2. 教师能够搭设平台，充分发挥学生的主体作用

《全日制义务教育语文课程标准》明确指出，学生是语文学习的主人，教师是学习活动的组织者和引导者。课堂上李老师遵循着北京第二实验小学课堂文化中对教师提出的“教师进退有度”的原则，让孩子们带着一个问题进行小组探究学习，汇报时学生不仅能主动发问，而且能利用资料回答问题，还会主动纠正别人的错误，有不同意见的交锋。

今天，在《海底世界》这节课的课堂上，老师给了学生极大的学习空间，学生敢于表达、敢于质疑。本节课充分体现了语文教学的个性化阅读，这对学生来说是莫大的收益，因为它给学生创设了一个合作学习的平台，给学生搭设了一个展示自我的舞台。

3. 环节设计的情境性

兴趣是最好的老师，课堂上李老师努力地创设情境，引领学生走进海底世界。例如，播放入课的视频，让学生听声音、看画面，以及读波涛澎湃的词语、做动作理解窃窃私语、听各种各样动物的声音。在不同的情境中学生会产生不同的认知、情感和行为。教师引领学生进入具体的情境，激发了他们的学习积极性和主动性。

《马拉松》教学设计

徐东敏

课前慎思

教学内容解析

《马拉松》是北师大版教材三年级上册第 11 单元的第 2 篇课文，本单元主题是“通信”，安排了这篇主体课文，其介绍了马拉松比赛的来历，为了纪念马拉松之战，为了纪念人民的英雄菲利比斯，就有了这段感人至深的马拉松的由来！菲利比斯创造了一种令后人永远难以忘却的通信方式。

故事中有许许多多打动人心的情节值得我们去静静地品读理解，多少年过去了，人们习惯性地把一些超乎人们寻常精力的，长时间、长距离、超水平的体育比赛也冠以“马拉松”之名。现在，我们倡导马拉松运动，从内涵上看更是在倡导马拉松精神，倡导这种挑战自我、超越极限、坚忍不拔、永不放弃的精神。

1. 语言高度凝练

第一自然段就两句话，文字不多，却再现了一场著名的战役，交战的双方力量悬殊：一方是强大的“野心勃勃的波斯帝国”，十万大军；另一方只有一万人。战斗之惨烈可想而知。但是从战争的性质看，波斯帝国是侵略者，被侵略者希腊为保卫自己的国家而战，必定英勇奋战，前赴后继，取得了战斗的胜利。“决战”，决定性的战斗，希腊人民今后的命运，要由这场战斗的胜负来决定。因此，发生在马拉松这个小渔村的战斗，牵动着首都雅典人民的心，使他们“翘首以盼”。菲利比斯拼着性命一定要跑到雅典，把胜利的喜讯报告给自己的同胞。

2. 留有想象空间

菲利比斯是一个“战士”，刚刚结束浴血奋战，出发时就已经疲惫不堪了，而且还负了伤。课文简略地概述了菲利比斯跑的过程，给读者留下了很大的想象空间。“跑啊，跑啊”，反复的修辞手法提醒我们，菲利比斯每跑一步是多么艰难，“跑啊，跑啊”，这两个重复的词语，简单的四个字的背后却有着很多的内涵：道路的不平，环境的恶劣，自身的伤痛、饥饿和疲劳！“终于”一词说明跑到雅典的结果多么来之不易。人们经常使用“筋疲力尽”，但在这里，这个成语却有着不同一般的含义。

3. 语言运用准确

这是一篇说明性文章，“十万”“一万”“42 千米 195 米”“1896 年”“1920 年”等数字的运用使文章语言非常简练，使马拉松项目的数字、年代都非常精准。

学生情况分析

学生对这篇课文的内容是很感兴趣的，能够用比较简单的语言说出文章的大意。特别是对身边的现代马拉松运动不陌生，对相关的马拉松知识知晓得比较全面。

学生通过“前参”对马拉松之战有了比较全面的了解。但马拉松之战距离学生生活遥远，当时的战争历史背景是学生未知的。对理解课文内容容易形成障碍的词语有“决战”“野心勃勃”“翘首以待”等。在理解感悟内容过程中也会引领学生对关键词语进行品读，词语的理解贯穿教学的始终。

教学目标

1）通过学习课文，了解马拉松运动的来历。

2）通过朗读、品词、想象等方法学习课文，了解马拉松之战的以弱胜强，了解菲利比斯顽强的意志和坚定的信念。

3）初步感知《马拉松》这篇说明性文章的表达方法。

4）正确、流利、有感情地朗读重点段落。

教学重点、难点

结合文字和插图，引导学生展开想象，了解马拉松之战的以弱胜强，了解菲利比斯顽强的意志和坚定的信念。

课中笃行

一、复习回顾，导入新课

1）让我们再来重温这段感人至深的故事，打开书自己读读。

2）根据黑板上的时间提示，谁能说说课文都写了哪些内容？

3）谁来说说为什么奥运会把马拉松设为一个比赛项目？

4）这是一场怎样的战争，一位怎样的英雄？他们为什么值得这样纪念呢？

二、学习课文第一自然段

1）我们先来一起走进马拉松之战，谁来读读第一自然段？

2）这个自然段就两句话，文字不多，却再现了一场著名的战役，那请同学们再来读读这两句话，你感觉这是一场怎样的战争？

3）理解要点：一万对十万、大获全胜、决战。

4）板书：以少胜多，正义之战。

5）总结马拉松为什么值得纪念：面对强敌，希腊人民不畏惧，奋起反抗，以少胜多、以弱胜强，打赢了这场战争，扭转了希腊人民的命运！马拉松之战真是一场值得纪念的战争。

设计意图 第一自然段略讲，但要帮助学生把握这次战斗的性质、战斗的艰苦程度，感受马拉松之战之所以值得纪念，是因为这是一场以少胜多、以弱胜强的战斗。

三、学习第二自然段

过渡语：胜利来之不易！这样的结果多么令人欢欣鼓舞呀。此时统帅派菲利比斯去完成这个光荣的送信任务。

（一）学习第二自然段

1）他是怎样把胜利的喜讯报告给雅典翘首以待的同胞的？自己出声读读第二自然段。

2）出示课件：为了把胜利的喜讯报告给雅典翘首以待的同胞，战士菲利比斯不顾伤痛、饥饿和极度的疲劳向雅典跑去。

3）从菲利比斯的做法中你感受到了什么？

（二）借助资料，帮助学生感受菲利比斯出发前就肩负重任，那他出发前都做了什么

1）出示小链接资料：菲利比斯是公认的“飞毛腿”，接到统帅的任务之前曾奉命前去“斯巴达”求援，他日夜兼程地跑了两天两夜。紧接着他参加了决战，浴血奋战归来。

2）借助资料引导学生感受出菲利比斯疲惫到了极点，此时，他最需要的是

休息、疗伤、喝水、吃东西。

设计意图 课文简略地概述了菲利比斯跑的过程，只提到他“不顾伤痛、饥饿和极度疲劳”，给读者留下了很大的想象空间。资料的引入，帮助学生明确菲利比斯出发前就肩负重任昼夜不停地求援和参加了刀光剑影的拼杀。

（三）联系后文，感受路途的遥远漫长

1）引导学生联系后文了解从马拉松到雅典的距离有 42 千米 195 米。

2）途中菲利比斯会遇到怎样的困难？请同学们结合书中的文字和插图，展开想象来说一说。先默想，再在小组内交流。

第一，学生交流，老师评价点拨。

第二，学生展开想象，写一写菲利比斯是怎样跑到雅典的。

第三，学生交流自己的作品，同时和全班同学对读。

第四，小结：随着大家的想象，我们的眼前出现了画面，好像也和菲利比斯一起经历了那段艰辛的历程。但是，无论多少困难都无法阻挡菲利比斯奔跑的脚步。

第五，让我们再来齐读这句话：他跑啊，跑啊，终于看到了雅典的城门。

设计意图 “跑啊，跑啊”给读者留下了很大的想象空间，而且反复的修辞手法提醒我们，菲利比斯每跑一步是多么艰难，他凭着多么坚强的意志克服困难，因此，安排了小小资料帮助学生理解人物，特别是请同学结合文字和插图“展开想象”菲利比斯是如何跑向雅典的，进而感受菲利比斯的伟大。

（四）感受菲利比斯的人物精神

1）接读：“到达雅典的时候，他已经筋疲力尽了，他用尽最后的力气，向迎接他的人们高呼：‘我们胜利啦！’随即倒在地上，再也没有起来。”读到这里，你有什么感受或者有什么问题？引导学生质疑：为什么菲利比斯筋疲力尽了还能高呼？

2）感悟人物精神：“我们胜利了”这句话不知在他心里默念了多少遍。这五个字，饱含了他全部的心血和情感！胜利的喜悦和强烈的责任感激励着他奋力奔跑，为了把胜利的喜讯报告给首都雅典翘首以待的同胞。这种信念和使命感，支撑着他，让他克服了我们常人难以想象的困难。

3）练习有感情地朗读。

四、归纳总结

1）指名同学读第一、二自然段。

2）引导学生总结马拉松之战和菲利比斯值得纪念的原因。

3）引导学生联系马拉松精神：倡导挑战自我、超越极限、坚忍不拔、永不放弃。

4）读全文。

5）学生谈收获体会，教师帮助总结梳理情线、文线、文体。

6）拓展阅读：机动环节。

为了纪念这个爱国主义的壮举，著名法国雕塑家马克斯·克罗塞根据这位英雄的形象，于 1881 年塑造了富于表现力的雕塑作品《我们征服了》。

塑像为一个裸体青年，大步跑着，右手拿着桂冠，象征胜利；左手捂住胸口，表示筋疲力尽。

由于受到这个作品的感染，法国的一位科学院院士提议举行以马拉松命名的长跑比赛，该提议得到了支持。于是，1896 年在希腊雅典举行的近代第一届奥林匹克运动会上，就以当年的勇士菲利比斯跑过的那条路线的距离作为一个竞赛项目，定名为马拉松赛跑。

设计意图 拓展阅读的目的是让学生进一步了解文中的那位法国人为什么会做出这个提议，进而使学生了解文中介绍的那段感人至深的历史故事不仅广为流传，而且人们还以不同的艺术形式呈现，感动着后人。同时也体现北京第二实验小学一直在坚持“一篇带多篇”的阅读教学的实践探索。

五、课后作业

1）语伴作业 1～4 题。

2）查找现代马拉松运动中的故事。

板书设计

马拉松	（42千米195米）	
		（精神）
2005年前	马拉松之战	以少胜多、以弱胜强
1896年	纪念菲利比斯	英勇顽强、坚持不懈
1920年	马拉松项目(42千米195米)	

课后明辨

1）注重教学目标的落实。教学设计能从整体入手，抓住三年级学段的特点。特别是抓住其中1～2个重点段的教学，每一次的感悟和体会都是建立在学生自主阅读的基础上，生生互动，生本互动，老师能“勇敢地退”“适时地进”加以点拨，并在理解之后有感情地读文，达到了回顾文本和深入阅读的目的。

2）注重品味词语和朗读。对语言的品味是必不可缺的，只有这样，才能达成对语言背后价值取向的感知和人文精神的内化。品味语言是解读一切文本的关键。品读和感悟“决战”“翘首以待”“筋疲力尽”“跑啊，跑啊”等重点词语，在品味中提高学生的语文阅读、理解能力，帮助学生慢慢提高语文素养。

3）落实“生本”课堂文化。教师在授课的过程中全情投入，在“退”与“进”中彰显“对话”：为学生“生生互动”大胆退出，并适时进入引导他们以独特的视角表达自己独特的观点。但尊重不等于盲从，在学生思路受堵或思维滞后时，老师“适时地进”给予点拨、调控，帮助学生感悟创造奇迹的马拉松之战和战士菲利比斯用生命完成使命的伟大情怀。

《圆圆的沙粒》教学设计

崔　宁

课前慎思

教学内容解析

课文选自北师大版三年级上册以“奇妙的海底世界”为主题的第十单元，是一篇故事性很强的童话。文章采用生动的对话形式叙述了一颗圆圆的沙粒不为同伴们的嘲笑、议论所动摇，钻进蚌壳里，几十年后变成了一颗闪闪发亮的珍珠的故事。这样一个童话充满了想象的魅力，从文体上来说就适合想象，而语言和标点又为想象提供了无限空间，所以文章需要引导学生通过品味语言、展开想象去感受故事和语言的魅力。

学生情况分析

1）喜欢读童话。童话是儿童的天使，特别是七岁左右的孩子喜欢依靠感觉、感受、情感亲近和把握文本。蕴含着矛盾冲突的童话情境，更能激发学生阅读的愿望。

2）朗读有趣味。本文是一篇对话体童话，学生喜欢朗读，特别是分角色朗读，在朗读中学生会忘记自己的角色，与文本中的角色融为一体，这样的朗读体验会给孩子带来精神上的享受。

3）理解有难点。学生学习的兴趣特别浓厚，但要启发学生从中悟出内涵，这对学生存在一定的困难。要想办法使学生体会到沙粒变珍珠的不容易。

4）想象需引导。想象力丰富是孩子的天性，但本文还需要通过情境创设，以情感的起伏贯穿全文，引导学生有效想象，感受到沙粒面临的重重困难，体会坚持就能成功的道理。

现在北京第二实验小学已经把微戏剧引入了学生的生活和学习，学生排演积极性高，更好地发展了想象力。

教学目标

教学总目标：

1）会写本课的 8 个生字，读准 6 个认读字。

2）通过查找资料，了解沙粒变成珍珠的过程，激发学生探索大自然奥妙的兴趣。

3）能正确、流利、有感情地朗读课文。

4）结合文本特点，引导学生通过不同形式的想象，感悟小沙粒要变成珍珠的远大志向和朝着预定目标坚持不懈的品质。

第二课时教学目标：

1）通过深入阅读文本，感悟小沙粒要变成珍珠的远大志向和朝着预定目标坚持不懈的品质。

2）通过品味语言文字，引导学生展开想象，理解沙粒变成珍珠的艰难。

3）指导学生有感情地朗读课文。

教学重点、难点

重点：①通过深入阅读文本，想象沙粒在蚌壳里度过的岁月，体会沙粒要变成珍珠的远大志向和在蚌壳中经受磨砺的毅力。②指导学生有感情地朗读课文。

难点：通过品味语言文字，引导学生展开想象，理解沙粒变成珍珠的艰难。

课中笃行

（一）复习导入，对比思考

1. 齐读课题

指读课题，生齐读“圆圆的沙粒”。

2. 检查、复习字词

出示字词：

第一组：有用之材　异想天开　议论纷纷　珠光闪闪　各式各样　清清楚楚

第二组：圆圆的沙粒　美丽的阳光　奇妙的海景　滚滚的涛声　奇异的光彩　美丽的珍珠

学生先自由读，再第一组词开火车指读，第二组词齐读。

设计意图 这两组词语的复习和第一课时衔接紧密，同时帮助孩子们归类积累词语。

3. 结合生活用词形容一下沙粒和珍珠

________的沙粒　________的珍珠

要点：沙粒——普通　平淡无奇　暗淡无光　圆圆的

珍珠——光彩照人　绚丽夺目　珠光闪闪　璀璨夺目　美丽的

4. 此时你产生了什么问题

预设：圆圆的沙粒和珍珠有什么关系？沙粒是怎样变成珍珠的？

设计意图 在对比中引发深入的思考。

（二）品味语言，展开想象

1. 想象——说

1）请学生自读课文，回忆一下小沙粒的理想是什么。

回答要点："我要变成一颗珍珠，成为有用之材。"

出示重点句："我要变成一颗珍珠，成为有用之材。"指导朗读。

设计意图 这部分内容是在第一课时理解过的，在此进行回忆，明确沙粒的远大理想是变成珍珠，成为有用之材。通过学生的自由读回顾全文，通过个人读、全班读体会沙粒真挚的愿望。

2）默读 2～5 自然段，画批出重点词句，想一想同伴们对于它的远大理想是什么态度？想好后小组交流。

全班交流讨论。

要点：①"变珍珠？哈哈，异想天开！""异想天开"从词义上理解就是想法离奇、不切实际的意思。平淡无奇的沙粒也想变成美丽动人的珍珠吗？真是让人无法想象。这个词表达了同伴们的不理解和嘲笑。问号和感叹号表达了同伴们说话时的语气。②同伴们对小沙粒的做法议论纷纷："啊呀，从今以后，它再也看不见美丽的阳光、奇妙的海景，听不到滚滚的涛声了！……"这里用美丽的阳光、奇妙的海景、滚滚的涛声这一连串的词组告诉沙粒它将告别这美丽的景色。即便是这一连串的词语都还没说完它再也看不到、听不到的美丽世界，省略号省去的可能还有更多。③"它简直是把自己关进了牢狱，太可怕了！……""牢狱"一词表明了进入蚌壳里将忍受像坐牢一样失去自由的生活。"太可怕了"也表达出普通的沙粒对此的恐惧。这里的省略号省略的是进入蚌壳里那黑暗、孤独、痛苦、挤压、没有自由等不敢想象的可怕生活。

说明：这一部分是人物语言集中的段落，生动的语言表达出同伴的不解、嘲笑、担忧、不舍、劝阻等丰富的情感。也正是同伴们这样的反应才更加衬托出沙粒的不惧诱惑、坚定自己的决心。这部分既有“异想天开”这样的重点词语，也有问号、感叹号、省略号等标点符号，学生可以从不同的角度品读文本语言，体会情感。

设计意图 根据课文内容的特点，把学习的空间还给学生，自主、合作的学习方式强调了学生之间的交流沟通，教师的退为学生提供了更广阔的自主学习空间。而对语言文字的深入理解为后面的想象奠定了基础。

3）创设情境：结合文中的省略号，想象一下，如果你就是它的同伴，还要对它说什么呢？

预设1：小沙粒你别钻进去，那里一点都不舒服！

预设2：你真傻，外面有这么美的景色，还有这么多小伙伴一起玩，多快乐呀！你自己在那蚌壳里，孤单寂寞，多难过呀！

……

设计意图 在课文的省略号处发挥学生的想象，丰富和加深了对“议论纷纷”的理解，并通过说的形式再现了“议论纷纷”的场面。为后面体会小沙粒的坚持和承受的磨难做铺垫，进而形成强烈的情感冲突。

4）面对这样的嘲笑和劝阻小沙粒作何反应呢？

预设1：它已经下定了决心，坦然地钻进蚌壳里。

预设2：小沙粒在蚌壳里听得清清楚楚，如果它动摇了，爬出来是很容易的，因为蚌壳开着一条缝。

教师小结点拨：是呀，圆圆的沙粒在蚌壳里听得清清楚楚，即使它再也不能看到美丽的阳光、奇妙的海景，听不到滚滚的涛声了，但是它心中想着（学生接：我要变成一颗珍珠，成为有用之材），即使它把自己关进了牢狱，但是它心中想着（学生接：我要变成一颗珍珠，成为有用之材）。所以它并没有动摇，仍然坦然地躺在蚌壳里。

谁愿意当一次这颗圆圆的沙粒，谁当它的同伴？我们一起来分角色读一读。

设计意图 学生通过反复接读沙粒的理想和分角色朗读，再一次感受到小沙粒的决心。

2. 想象——写

（1）教师范读，引导想象

时光伴着海波逝去了。

各式各样的议论被海潮冲走了。

圆圆的沙粒也被它的同伴们遗忘了。

……

你就是这颗沙粒，在漆黑的蚌壳里静静地躺着，在岁月的磨砺中，会发生些什么事情呢？

预设：时间的漫长、困难、危险、寂寞……

设计意图 此处想象距离学生比较远，是学生想象的难点，有些孩子可能不知从哪儿想起，因此我先让孩子说一说、议一议，让学生互相启发，也是为想不出的孩子提示更多的角度，为后面的想和写做好铺垫。

（2）配乐引入情境，想象后写上一段话

导语：是啊！也许这就是小沙粒在漫长的岁月中经历的，有同伴的诱惑，有遇难的危险，有被包裹挤压的痛苦，有孤独，有一点点成长的喜悦，有许多许多。请你把想象到的按照这样的格式写下来。

出示：（外面什么样？），小沙粒________，它想：________________，但是________________________。

学生写，教师巡查，配乐朗读汇报。

设计意图 几十年发生的事，学生不可能一下子都想象出来，所以我用音乐、导语设置了情境，让学生静静地想、静静地写，学生在这样的想与写中，更好地理解了沙粒变成珍珠的不容易。

3. 想象——演

同伴们早已忘记了那颗小沙粒，几十年过去了，一个风和日丽的春天，采珍珠的姑娘打开了一只蚌壳，顿时，珠光闪闪。

出示美丽珍珠的图片：“多么美丽的珍珠啊！”

导语：啊！沙粒变成了珍珠，那些曾经嘲笑、挽留、劝告它的小沙粒会有什么反应？请你读读课文，想象它们的语言、动作、神态，自由结组，选择你喜欢的角色演一演。

小组排练、展示。

设计意图 此处是故事的高潮，而此时学生的学习情绪也到了高潮。同伴们的羡慕、惊讶、后悔与之前的议论纷纷形成了鲜明的对比，让我们感到小沙粒经历的所有痛苦、孤独都是值得的。此时读和写都不能全方位地表达学生的感受了，没有比演更好的方式了。

（三）提炼升华，感悟道理

此时我们看到小沙粒变成了珠光闪闪的珍珠，再回想起它之前的样子，你有什么特别想说的话吗？

总结板书：圆圆的沙粒怀揣着自己的理想，面对同伴的嘲笑和劝阻，它下定决心不动摇，坚持自己的理想，历经几十年的磨砺，最终实现梦想，变成珍珠。

（四）课后延伸

刚才通过你们的想象，故事就变得更生动了。大家只演了一个情境，这篇童话还提供了很多想象的空间，请你想象文中人物的语言、动作、神态，排演一出微戏剧。也可以再读读其他的童话故事，排演微戏剧，参加学校的微戏剧展演。

板书设计

奇妙的海底世界

目标　决心

圆圆的沙粒……　……　……美丽的珍珠

坚持不懈

本课的教学是根据童话的特点，挖掘教材，发现了三个想象点，这三个地方恰恰也是学生理解的难点，所以将其作为发展学生想象力的资源。

第一处想象，想象了“议论纷纷”的不同角度和当时的场面，最适合用说的形式。

第二处想象，想象几十年发生的事是重点，也是难点，需要配上音乐让学生静静地想，所以用写的方式。

第三处想象，有了前两次的基础，在学生情感最饱满时用演的方式诠释文章的高潮。

本课教学的三次想象是根据文本的内容和学生的需要设计的，不同方式的目的也不同，循序渐进，层层深入。学生全程参与，但在操作时又关注了学生的差异，学生可以互相启发，发挥长项，乐在其中，对学生的评价也相应是多元的。

在想象中学生的阅读变得轻松愉悦。摒弃了逐字逐句的过深分析，使孩子始终浸润在故事中，快乐、主动地学习，能够充分感受童话的魅力。

想象阅读成为语用的实践。学生在想象中体验和思考，在想象中品味语言，积累、学习、运用语言。创造性地选择角色与之对话，深入理解文本内容，做到了让学生在轻松愉快的氛围中学习，使学生的想象力得到了不同层次的发展。

《挑山工》教学实录

张 蕾

课前慎思

《挑山工》是北师大版小学语文教材四年级下册第十一单元“快与慢”主题单元的课文。阅读训练重点是联系上下文理解含义深刻的句子。课文通过挑山工登山，虽然身担重物、走的路程比游人多一倍，但速度并不比游人慢，揭示了一个意味深长的哲理：无论干什么事情都要一心向着目标，步步踩实，坚持不懈地往前走，就能达到目的。

发挥出语文灵动的人文气息，站在人的角度，来看人的品质精神及长年累月所积累下来的人生道理，将更易于培养学生的情感态度与价值观，打通学生与文本中人物的情感交流。所以我尝试引领学生从赏画到赏文，从而赏人。以分析挑山工的形象为视角，以感受挑山工精神特别是目标一致、坚持不懈的精神为重点，有利于整体把握文本，而挑山工对目标如一、坚持不懈的道理的揭示则将在人物形象分析的过程中水到渠成地完成。

教学目标

1）通过理解文中重点词语和描写外貌的句子，体会挑山工的人物形象。

2）重点体会挑山工的语言，感受其脚踏实地、坚持不懈的精神，有感情地朗读课文。

3）通过学习这篇文章，感悟快与慢之间的辩证关系。

教学重点、难点

理解挑山工的话所蕴含的深刻哲理，从中受到启发。

课中笃行

精彩两分钟

生：大家好，今天由我来为大家做“精彩两分钟”，我的题目是“泰山”。泰山位于山东省泰安市中部，距离北京约480千米，主峰玉皇顶，海拔1545米，气势雄伟磅礴，有“五岳之首”“天下第一山”之称。泰山又叫岱宗、岱岳、泰岳，泰山为五岳之首，五岳是中国五大名山总称，指东岳泰山、南岳衡山、西岳华山、北岳恒山、中岳嵩山。盘古开天辟地，造就世界万物，被后人尊称为人类祖先。盘古死后头部变成了泰山，泰山就被称为“天下第一山”，成为五岳之首。

我给大家介绍几处泰山的风景。这是孔子登临处，这是美丽的十八盘，这是南天门和天街，独具特色。这是观赏日出最佳的地点“日观峰”。这是雄奇的摩崖石刻，这是泰山日出时的美景和青松迎客。关于泰山最有名的诗词就是杜甫的《望岳》：岱宗夫如何？齐鲁青未了。造化钟神秀，阴阳割昏晓。荡胸生层云，决眦入归鸟。会当凌绝顶，一览众山小。

我给大家介绍一下关于泰山的词语，大家跟我读一读：气势雄伟、五岳之首、奇峰罗列、形态万千。

（一）谈话导入

师：我要考考大家了，你记住了哪些关于刚才描写泰山的诗句和词语？

生：人心齐，泰山移。

师：还有吗？

生：泰山北斗。

师：好，小脑瓜还真好使。这样，回去可以查查这些词语和诗句的意思，我们理解了才能学以致用。刚才××同学介绍的所有诗句当中，给我印象最深的一句就是“会当凌绝顶，一览众山小”。这句诗是很有名的，作者杜甫将登高望远的这种壮气豪情流露于此。但是我特别想说的是，其实在五岳当中，要论海拔泰山可不是数一数二的。可是它能成为赫赫有名的五岳之尊，泰山之尊，尊在哪儿呢？在其文化，在其精神，更在其风骨。泰山上的人文景观和自然风景数不胜数。但是，作家冯骥才却没有琢磨于这些，而是另辟蹊径，关注了泰山上一道独特的风景。那就是——

生齐：挑山工。

（二）复习回顾

师：上节课我们初读了课文，学习了生字词。来看看这些词语你还认识吗？

生：光溜溜，沉甸甸，黑生生，黑黝黝。

师：非常准确。放入句子当中自己来读一读，看看什么感受。

（生自由读。）

生：我觉得在“他们身上搭一根光溜溜的扁担，两头垂下几根绳子，挂着沉甸甸的物品”这句话中，用“光溜溜”和“沉甸甸”凸显——

师：凸显什么了？

生：他肩上的扁担更光滑，特别重。

师：你们看 ABB 结构的词语就是让读者觉得非常地生动、形象，有画面感。我们在写作文的时候也可以恰当地运用。（出示课件。）谁愿意来读读？

生：这种活儿，这个理儿，整理挑儿，一个劲儿。

师：不愧是北京长大的孩子，这儿化音读得挺地道的。放到句子中再读一读。

（生自由读）什么感受？××，别犹犹豫豫的，来说说没关系。

生：感觉比不加儿化音更具体，更亲切一些。

设计意图 词语导入不仅帮学生复习了生字的读音，还回忆了课文的内容。老师巧妙的导语引领学生关注了作家和其语言特点。复习词语是在巩固基础知识的同时，使学生迫不及待地走入文本，与作者对话。

师：对啦，这种儿化音是我们北方语系中特有的元素，读起来很亲切。上节课我们在交流资料的时候了解到了，冯骥才不仅是作家还是——

生 1：画家。

生 2：民俗家。

师：所以他的语言中汲取了口语和方言中的精华，彰显了地方文化的特点。我们在读课文的时候要好好品味品味。冯骥才第一次从泰山回来，就画了这样一幅画。要说起画画来，我们班可有不少的小行家呢，有开过个人画展的，有获过奖的。但是，站在你独特视角上看看这幅画，你有怎样的感受？（出示图片。）

生：我觉得这幅画中这个挑山工穿着红色的背心，凸显了这个挑山工，所以我觉得这幅画的主人公是这个挑山工。

（学生们边听边纷纷点头。）

师：××平时不爱说话，一提到画还是一语中的，关注色彩。

生：我们可以看出这幅画的主体主人公肯定就是挑山工，作家冯骥才把挑山工放在了这幅画的黄金分割点上，用鲜艳的色彩凸显了挑山工，还有作者运用了很多淡化的处理，一来可以看出道路非常远，二来更凸显了挑山工不怕苦、不怕累的精神。(全班鼓掌。)

师：你为什么给他鼓掌?

生：因为我觉得他说得特别地那个。

师：什么呀?

生：因为我觉得他说得特别有画家的气质。

师：跟我的感受一样。××说完这句话我特想拜他为师。他的语言描述很专业，绘画的一些术语我都不懂，下课教教我。还有人想说什么?

生：我们可以看到挑山工手臂上的肌肉线条，冯骥才用这些细致的线条来凸显挑山工的肌肉，可以看出他很健壮，还有可以看到前面的山道很高、很远、很细，可以看出来挑山工个子很矮小。

师：这番表达不仅有她看到的内容，而且有她上节课初读课文之后的感受，其实画面就是静止的文字，你们看，一点一线一色彩，都是语言，都在诉说。而文字呢?就是连绵起伏的画面。我们在画中看到挑山工的背影，但是挑山工长得什么样，性格又如何呢?文字会带给我们更多元的感受。打开语文书，默读课文，请您划出描写挑山工外貌和语言的句子，并且批注自己的感受，开始。

设计意图 本文的作者冯骥才成名于文坛，却有一个漫长的丹青生涯。他认为自己的绘画更像散文，更具可叙述性。特别是挑山工这篇文章与画作不可分割。老师从赏画中引领学生体会作者的情感，再带着画面和想象走入文本。对学生发表的不同感受和表达，给予了有针对性的、充满了人文关怀的评价。这有助于营造愉悦、宽松的学习气氛，给学生创造出一个认识自我、建立自信的良好空间，激发其内在发展的动力。在点评中，老师巧妙地引领学生从画走向了文，凸显了学科的味道，并渗透了带着画面读文字的学法。

(三)品味外貌，体会人物形象

师：好，谁愿意跟我们交流一下，你找到了哪些描写人物外貌的句子?

生：我找到的第一句是在第三自然段的第二句："我们在山下买登山用的青竹杖，遇到一个挑山工，矮个子，脸儿黑生生的，眉毛很浓，大约四十来岁，敞开的白土布褂子中间露出鲜红的背心。"

师：这是一处外貌描写是吗?谁还找出了其他的地方?

生 1：我找出来的句子是第三自然段的第八句：“我们爬上半山的五松亭，看见在那株金色奇态的古松下整理挑儿的正是他，褂子脱掉了，光穿着红背心，现出健美的黑黝黝的肌肉。”

生 2：“他浓眉一抬，裂开嘴笑了，露出洁白的牙齿。山民们喝泉水，牙齿都很白。”

师：好，都来读一读这些描写外貌的句子，看看你能看出怎么样的画面。自己读自己的，开始。（生自由读。）

师：透过文字你看到怎么样的画面了？

生 1：我仿佛看见一个矮个子的挑山工，正冲着我们微笑，露出洁白的牙齿。

生 2：我仿佛看到了在一片森林底下有一个挑山工，矮个子，在阳光的照耀下，他的皮肤显得非常非常地黑，上面还有他的汗水滴下来一闪一闪的水珠。

师：不仅看文字想象出画面，还加入自己的想象，很生动。你刚才说在什么地方？

生：在泰山的一棵树下。

师：这回对了。刚才我听的好像不是这样。请好朋友给你补充。

师：你看到了什么？你把书放下，大点声，自信地冲大家说。

生：我仿佛看到了一个脸儿黑生生的，眉毛很浓，大约 40 来岁的挑山工。

师：很具体了，特写是不是，就带着这些画面读出来。谁愿意读一读？看着屏幕读。

生 1：矮个子，脸儿黑生生的，眉毛很浓，大约四十来岁，敞开的白土布褂子中间露出鲜红的背心。

生 2：褂子脱掉了，光穿着红背心，现出健美的黑黝黝的肌肉。

师：能不能这个黑黝黝让我觉得更加地健壮一点。再读一遍。

生 1：褂子脱掉了，光穿着红背心，现出健美的黑黝黝的肌肉。

生 2：他浓眉一抬，裂开嘴笑了，露出洁白的牙齿。

师：大家有没有观察到刚才 ×× 读书时的表情。你再来一遍。来，别不好意思，冲着大家，让大家看看。

生 2：他浓眉一抬，裂开嘴笑了，露出洁白的牙齿。

师：发现了吗？ ×× 也露出了洁白的牙齿。我们读书的时候就是这样，带着表情，声情并茂。看，作者寥寥数笔，就让挑山工朴实健壮的形象跃然纸上，让我们如见其人。正是因为挑山工的纯朴，作者才不禁和他攀谈起来，找到他们攀谈的句子了吗？

生齐：找到了。

师：自己读一读，找到其中的信息。开始。（生自由读。）

（四）揣摩语言，领悟人物精神

师：上节课我们理解了“攀谈”这个词对吧？攀谈是什么意思？悠闲的，轻松的聊天，对吧？我们来攀谈一下。我来当这个作者，想让我当挑山工是吗？还是你们来当吧，你们来当挑山工好不好？好。注意我们攀谈的内容的信息，要源于刚才我们读的课文，好不好？开始了。老哥，你好呀。

生：你好。

师：好腼腆的挑山工。老哥，你好呀。（学生忍不住笑了，课堂气氛更轻松。）

生：你好。

师：你家住哪儿呀？

生：我家住在山脚下。

师：还有一个女士挑山工。你干这活儿多少年了？

生：一年四季，一天一个来回。

师：哎吆，这挑山工，我问的是什么？一定要注意倾听。你干这活儿多少年了？

生：近二十年了。

师：哎吆，真不容易。要是赶上刮风下雨、头疼脑热的，你还上山吗？

生：一天必须得上一趟山。

师：真能坚持。那你们干这活儿干这么长时间，总说山东出大汉，可这挑山工当中我怎么就没见着这个高的呀，是怎么回事呀？

生：就是因为干挑山工的，给扁担压得长不高。

师：就在这样的攀谈当中，我们越来越熟悉了。你看我们刚才攀谈的这一段内容，就源自于这段文字。那你们看这是不是都是描写挑山工语言的文字？是吗？红的蓝的都是吗？有人说不是，有人说是。谁来说说？

生1：我觉得这段文字，红色的文字不是描写挑山工语言的，而蓝色的文字是描写挑山工的语言的。

生2：但是我认为它前面写的是，“他告诉我”，虽然前面没写引号，但是我认为这还是他说的话。

师：有些人频频点头，表示赞同，对不对？我们看红色的部分叫做间接转述，而蓝色的部分叫做直接描述。这是语言描写的两种不同形式。好了，就在这样的攀谈中我们渐渐熟悉起来，而且我心中的疑问迎刃而解。挑山工还说什么了？自己读一读。（自读。）

师：就这段话你读懂什么了？

生：因为这个挑山工说的话后面加了一句："你看，是不是这个理儿。"这句话加强了语气，还有他怎么说明了这个理儿？我发现挑山工用对比的方式说明了这个理儿，一会儿说了说自己，一会儿说了说游人。他再用一些反问的方法加强语气，让别人不得不赞同他这个理儿。

师：你读读，你读读这段文字，你读读所说的反问句。

生：我们哪里有近道，还不和你们是一条道？你们走得快，可是你们在路上东看西看，玩玩闹闹，总停下来呗！我们跟你们不一样，不像你们那么随便，高兴怎么就怎么。一步踩不实不行，停停住住更不行。那样，两天也到不了山顶，就得一个劲儿往前走，别看我们慢，走长了就跑到你们前边去了，你看，是不是这个理儿？（全班响起热烈的掌声。）

师：这段朗读让我们觉得挑山工就在对面。××很了不起，他在读课文的时候，不仅关注了作者写什么，更关注了作者是怎么写的。他刚才谈到了，作者用了反问句。让我们感受到了什么了？大点声说。是，挑山工的话让我们觉得掷地有声、铿锵有力。好了，还读懂什么了？内容上你能读懂什么？

生：我还读懂了挑山工和游人不一样，这段话里有他们同样的地方，也有他们不同的地方，从"我们哪里有近道，还不和你们是一条道"看出他们走的道路是一样的。

师：别着急，你看出他们走的是一条道？从哪儿看出来他们走的是一条道？

生：还不和你们是一条道？

师：还有其他的地方吗？回忆我们上节课学的内容？

生：他一共写了三次相遇，一次是在山下。

师：几次？

生：后面还有一次。

师：你说。

生：他们一共是有四次相遇，一次是在山下，一次是在回马岭，一次是在五松亭，还有一次是在后面的极顶，说明他们走的是一条道。

师：好。他回顾了上节课我们所学的内容，知道了游人和挑山工走的是一条道，因为他们在几个地方相遇了，对吧？比如，有山下，有回马岭。还有哪儿？

生：五松亭。

师：还有几次相遇作者没有具体写，最后在山顶再次相遇。好了。那我们能不能通过文中的语言验证一下，他们的确是走了一条路，我们师生配合对读一下，你注意倾听从文中找到语言接读，立好书，看第三自然段："有一次，我同几个画友去泰山写生，就遇到过这种情况。我们在山下买登山用的青竹杖，遇到一个挑山工。"

生：矮个子，脸儿黑生生的，眉毛很浓，大约四十来岁，敞开的白土布褂子中间露出鲜红的背心。他扁担一头拴着几张木凳子，另一头捆着五六个青皮西瓜。

师：我们很快就越过了他，到了回马岭那条陡直的山道前，我们累了。舒开身子，躺在一块被山风吹得干干净净的大石头上歇歇脚。

生：我们发现那个挑山工就坐在对面的草茵上抽烟。

师：随后，我们跟他差不多同时起程，很快就把他甩在后边了，直到看不见他。我们爬上半山的五松亭，看见——

生：看见在那株姿态奇特的古松下整理挑儿的正是他，褂子脱掉了，光穿着红背心，现出健美的黑黝黝的肌肉。

师：看第五自然段。一番攀谈后，我还没来得及细细体味，他就——

生：担起挑儿起程了。在前边的山道上，我们又几次超过了他；但是总在我们留连山色的时候，他又悄悄地超过了我们。

师：在极顶的小卖部门前，我们又碰见了他。

生：他已经在那里交货了。

师：我们通过对读，联系上文找到了依据，看出挑山工和游人走的是一条山路。就这段话你还读懂了什么？××读懂的是相同的地方，你还能读懂什么？

生：我读懂了挑山工和游人走路的状态不一样。我是从这里读懂的："我们哪里有近道，还不和你们是一条道？你们走得快，可是你们在路上东看西看，玩玩闹闹，总停下来呗！我们跟你们不一样。不像你们那么随便，高兴怎么就怎么。一步踩不实不行，停停住住更不行。"

师：请谁来给你补充？

生：我还从第二自然段找到了一些原因。第二句话："你在什么地方饱览壮丽的山色，或者在道边诵读凿在石壁上的古人的题句，或者在喧闹的溪流边洗脸洗脚，他们就会不声不响地从你身旁走过，悄悄地走到你的前头去了。"我也从这里知道了挑山工是一个劲儿往前走，可是游人是一边走一边观赏景色。

师：联系着上文理解了挑山工的话，很棒。

生：我从这段话里读出来挑山工和游客的目的不一样，挑山工的目的是往山上挑东西，游客是来玩的。

师：一个是工作，一个是游玩。

生：而且我觉得挑山工和游人走路的状态也不一样。我可以从挑山工是为了完成工作，而游人是为了在这里观光的看出来。

师：你从哪儿看出来的？说话要有依据，从哪儿看出来的？

生：我从“你们走得快，可是你们在路上东看西看，玩玩闹闹，总停下来呗！”看出来的。还可以从“那样，两天也到不了山顶”这句话看出来挑山工很——

师：别着急，别紧张，想好再说。

生：我能从第一自然段看出走的路线的长短不一样，虽然路线是一条，但是挑山工他们的路线是折尺型的。

师：是游人的？

生：两倍。

生：我觉得挑山工和游人的走路状态也不一样，首先挑山工他挑着一些很沉重的东西，因为大家都见过西瓜，一个西瓜至少有十来斤，五六个西瓜至少得五十多斤了，挑山工挑着一百来斤的物品，而游人是拿着差不多是一两斤的一瓶水和一些东西，我觉得挑山工肩上带的东西比游人沉重。

师：挑山工负重，游人相对比较轻装是吧。刚才××联系了生活实际，估算了一下挑山工要挑的重量，很好的学习方法。还读懂了什么？刚才你们读出来了，他们走路的状态不一样，他们一个是负重，一个是轻装。他们走的路线不一样。还有什么不一样？还有谁没发过言吗？

生：还有他们的速度不一样，我是从“东看西看、玩玩闹闹、停停住住”从这几个词看出来的，因为挑山工是一个劲儿往前走，而游客是玩玩闹闹、东看西看，不是特别专注，看到一处风景要照相。

师：好，速度上有变化。

生：我觉得他们走的节奏不一样，我觉得挑山工走的节奏稳重，游人虽然走得快，但是他们总是停停住住，东看西看，玩玩闹闹，总停下来，所以挑山工总可以超过游人。

生：我从“别看我们慢，走长了就跑到你们前边去了”这句话知道了挑山工坚持不懈，把原来快的游客变成慢的，而原本慢的挑山工变成快的。

师：他发现了快与慢之间的变化对不对？我们一起来看一看，挑山工和游客原本走的是一条道，挑山工负重，走的是折尺型的路线，是游人的二倍，原本速度应该是慢，可是最终却变成了快，游人轻装前进，走的路程也比挑山工短，原本快，但却慢下来。看来快与慢之间是相对的，是有变化的，关键在于其中的过程。“一步踩不实不行，停停住住更不行。”那怎样才行？要怎样才行呢？

生 1：要坚持不懈才行，要踏踏实实才行。

生 2：要一步一个脚印才行，要坚持不懈才行。

生 3：要坚持到底才行，要持之以恒才行。

师：要坚持不懈，脚踏实地。挑山工朴素的话语当中，却蕴含着深刻的哲理。而且他所有的理都有据可查，可谓说话说得有理、有据、有力，以才让作者冯骥才心悦诚服。这幅画多年来一直挂在冯骥才的书房当中，在唐山大地震当中，这幅精美的画作不幸被毁。冯骥才又画了一幅。有人出十几万元的高价要买这幅画，但是冯骥才却迟迟不肯出手，因为他需要它。你认为冯骥才还需要什么？

生：我认为冯骥才真正需要的是像挑山工一样坚持不懈、脚踏实地的精神。

设计意图 首先，教师要关注学生在文本解读中的原初认知与情感体验，当学生的认识还比较“单一”、情感体验还不够“丰富”时，要引发学生的探究欲望，通过追问、旁问与即时评价的交替进行，鼓励学生形成多样化、个性化的理解。其次，要赋予学生求异的权利，激活学生主体意识，让学生参与评价、讨论，开放思路，在课堂上形成一种互评互析的互动氛围，使学生的认知、体验变得更加敏感、丰富。在这个片段中，老师的点拨既有学法的指导，又有追问式的评价，可引导学生向较高的思维层次递进，使学生能够深刻地对文本进行揣摩、分析，由此将课堂引向深处，从而读懂作者写了什么、为什么写、怎么写的。学生根据文本由此及彼进行推理，层层递进，这样的生成过程，应是学生学习的高一层境界。

师：好，我们来听听冯骥才是怎么说的？（出示课件。）

挑山工精神伴随冯骥才从 39 岁走到了 71 岁，正如冯骥才所说的，读。

生齐：泰山给了我一笔宝贵的精神财富，在我的创作生涯中，有一种精神，一种力量，就是与挑山工联在一起的，它已经注入我的骨髓，我要永远地将它保留。

师：注意一个字的读音，跟我一起读：骨髓。

生齐：骨髓。

师：你们知道吗？现在冯骥才先生正在寻访更多的挑山工，他要为挑山工申请世界非物质文化遗产。那你认为作为民间文化的守望者，冯骥才想要留下的到底是什么？

生：我觉得他是想留下挑山工这种精神，这种坚持不懈、持之以恒的精神。

师：是，凡是名家之作之所以扣人心弦，不仅因为他有卓越的绘画技巧，更重要的是他注入一种力量和精神。挑山工精神已经成为泰山文化中不可或缺的一部分。那现在我就想让你在这幅画下面给自己写一句话，一句座右铭，可以是我们在语文天地中积累过的名言、警句、谚语，也可以是自己有感而发、有感创作的。就写在这幅画的下面。好，开始。

师：好，谁愿意抛砖引玉给我们分享一下。来试试好不好？大点声。

生：走不在于走得有多快，而是要不停歇地走。

师：语言很朴实，是这个理儿。还有吗？

生：经过酷暑严寒，才能到达顶峰。

师：酷暑严寒代表什么？

生：困难。

师：要坚持到底，坚持不懈，不怕困难。很好。

生：登东山而晓路，登泰山而晓天下。

师：你这句话告诉我们一个什么道理？

生：这句话是登东山简单，登泰山就难。

师：所以我们登泰山的时候要有一种什么样的精神？

生齐：坚持不懈。

师：我们的生活其实亦如登泰山，要坚持不懈。还有吗？

生：真正的胜利者不是跑得最快的，而是坚持得最久的，更是走得最稳的。

师：这是你自己写的还是一个民间谚语？

生：这是我自己写的。

师：原创的，语言很朴实，但是道理很深刻。跟挑山工一样，有理、有据、有力。

生：这也是我自创的。我的座右铭是：脚踏实地也能远走登高。

师：说得真好，语言简练，但是一定会鼓励你继续向前。

设计意图 赋予学生自我表达的权利。教师要认真倾听学生对作品的认识，了解他们的初步感受、分析和理解，关注学生的兴奋与疑惑，洞察他们这些想法产生的过程。课堂教学，离不开教师的评价，离不开评价用语，其中肯定、激励式评价用语应贯穿于整堂课，这是由教育的特点决定的；同时教学实践证明，恰当地使用评价用语，能极大地提高教学效益。教师要不断积累和创新评价用语，充分发挥课堂教学语言的积极评价功能，提高自己的评价能力，激励学生更好地开展学习，从“学会”向“会学”递进。

（五）拓展阅读，走近作家

师：《挑山工》这篇课文是我们接触到的第一篇冯骥才的作品，希望它为你们打开一扇门，让你们走进这个民间艺术家。冯骥才的画既有挥洒于天地之间的磅礴气势，又有细腻于花开花落之间的无声婉约。用他自己的话说，绘画是艺术家心灵的闪电。而他的文学作品，更是引人入胜，无论是写人记事的还是借景抒情的都情真言美，集哲理、文化于一炉之魅力。特别向你们推荐一篇课文——《珍珠鸟》，课前已经印出来发到你们手中了，看到了吗？这篇课文收录在人教版教材当中，很适合小朋友读，只可惜我们的教材没有，回去读一读，看看你会看到一幅怎样的画面。批注笔记和摘录笔记，任选一种把它做下来。今天还要完成《语文伴你成长》中这一课的作业。

在倾听中，教师要敏锐地发现学生理解上的偏差、疑惑，以及学生经验背景中已经拥有和缺乏的东西，从而判断学生理解深度，由教师适时介入追问式评价，引导学生思考、评价、讨论，达到对问题全面深刻的理解。课堂教学即时评价的功用主要在于激励、唤醒与鼓舞，调动学生参与的热情，发掘学生的诸多潜能。在运用即时评价的时候，教师往往来不及仔细推敲，也不能在课前就完全预设。课堂是活的，充满未知的变数，具有动态生成的特性，因此可以开发利用的课堂教学资源会突如其来，也会稍纵即逝。

《捞铁牛》教学设计

崔　宁

课前慎思

《捞铁牛》是北师大版小学语文教材三年级下册中的一篇精读课文，本文是一篇人物故事，讲的是宋朝和尚怀丙利用水的浮力把陷在河底淤泥里的八只铁牛打捞上来的故事，反映了我国古代劳动人民的聪明智慧。

学生读了课文很容易知道为什么捞、怎么捞，但是为什么做这些准备工作及背后蕴含的智慧，需要老师点拨。

教学总目标

1）初读课文，学习生字新词，了解课文大意。

2）理解“笨重、议论纷纷、沉没、出色”等词语在课文中的意思，学习“拴、绑、搭、拔、拖”等动词。

3）默读、朗读课文，读懂并复述怀丙捞铁牛的办法，体会生产和生活都需要智慧。

4）深入阅读课文，通过质疑、解疑、边读边想象等方法，体会怀丙是一位出色的工程师。

5）指导学生有感情地朗读课文。

6）借助流程图理清捞铁牛的过程，并体会文章详略得当的特点。

第二课时教学目标

1）深入阅读课文内容，通过质疑、解疑、放视频等方法，引导学生深入理解捞铁牛准备工作的周密及怀丙的智慧所在。

2）指导学生通过边读边想象的方法有感情地朗读课文。

3）指导学生借助流程图简要复述捞铁牛的办法，并体会文章详略得当的特点。

教学重点、难点

深入阅读课文内容，通过质疑、解疑、放视频等方法，引导学生深入理解捞铁牛准备工作的周密及怀丙的智慧所在。

课中笃行

（一）复习导入，夯实基础

1. 听写词语

这节课我们继续来学习《捞铁牛》，我们先来复习一下词语。

听写的词语有：铁牛、笨重、水性、木料、工程、熟悉、沉没、出色、议论纷纷。

找一个学生的听写本订正反馈，学生评价，并对照着自己检查。

设计意图 在一周只留一次作业的要求下为了保证夯实基础，听写要进每天的语文课堂，成为日积月累的常态训练。

2. 同桌互相读动词

PPT 显示词语：摸、装、搭、拴、绑、铲、拔、划、拖。

3. 读词卡

这些都是课文中出现的动词，现在这些字回到了词语里，你们还认识吗？

（出示词卡：潜水摸牛、备船装沙、并船搭架、拴牛绑架、铲沙拔牛、划船拖牛。）

生齐读词语，师按顺序贴在黑板上。

（师指黑板）大家看这是什么？

流程图。

4. 复习流程图

这是上节课初读课文后，综合了同学们画的流程图，我们抓住动词梳理出来的捞铁牛的过程。

上面四个环节是准备的过程，下面两个环节是打捞的过程。（板书：准备、打捞。）

潜水摸牛

备船装沙　准备

并船搭架

拴牛绑架

铲沙拔牛　打捞

划船拖牛

设计意图 复习文中的动词，一方面是引导学生学习找汉字规律，快乐识字；一方面把字带入词语中，巧妙地引出第一课时讲过的流程图，为后文的学习做铺垫。

（二）整体读文，提出问题

1. 整体读课文

为什么要捞铁牛？为什么要用这样的办法捞铁牛？这节课我们继续走进这个故事，现在请同学们打开书的第35页，小声读一遍课文，想一想。

生自由读。

2. 回忆为什么要捞铁牛

预设：因为铁牛被水冲走了，而重修浮桥需要铁牛。

3. 引发思考

对于捞铁牛这件事大家可是议论纷纷，为什么会议论纷纷呢？

预设1：因为捞铁牛太困难了！

预设2：联系笨重、马上、陷、淤泥等词来说。

预设3：补充铁牛的资料。

设计意图 在整体读文后，回忆捞铁牛的原因，并明确捞铁牛面临着重重困难，不是常人能做到的，为学生体会怀丙的出色与智慧打好基础。

4. 提出问题

（课件出示句子，生齐读）“我来试试看。铁牛是被水冲走的，我还叫水把它们送回来。”

听了他的话？你怎么想？

预设1：他为什么要说“我来试试看？”

预设2：水是怎么把铁牛送回来的呢？（板书：冲　送。）

设计意图 用怀丙的话引发思考，引导学生带着问题进入重点段的学习，从而更好地理解“送”这个动词的含义。

（三）深入讨论，质疑解疑（第3自然段）

1. 自学提示

我们先来看准备工作，请大家认真默读第3自然段，边读边思考：你从怀丙做的这些准备中感受到了什么？还有什么问题？在书上批注。想好后在小组里说一说。

2. 生默读，小组讨论，老师到小组里巡视

设计意图 第3自然段是文章的重点，也是难点，学生有众多的问题，适当的科学知识的解答可以帮助学生理解语言文字，用这样的问题引入，用质疑解疑的方式学习，激发了学习的积极性，既解决了疑问，又关注了文字。

说明：学生在自学的基础上梳理自己读懂的内容，质疑不懂的问题，在小组讨论中借助彼此的智慧解决问题，小组内解决不了的问题全班交流。

3. 全班交流

预设：学生回答会出现三种情况。

情况1：叙述流程，讲都做了哪些准备。

反馈评价：从你的讲述中，我们感受到了怀丙做准备工作是井然有序的。

师引导：这几步准备工作能颠倒顺序吗？（不能。）

情况2：抓住语言文字感受或提问。

品读要点（很大的、装满、慢慢、停稳、紧紧的、结实的、很粗的、牢牢）。

反馈评价：你特别会学习，你抓的这个词一下子让我们感觉到怀丙在做准备工作时想得这么周全、细致。（然后继续请学生互相补充、解答）还从哪儿看出来的？

生如未联系铁牛相关的资料，师可引导：

1）文中词语：笨重、陷、淤泥。

2）铁牛最轻的有26.1吨，相当于5头大象的重量。最重的达45.1吨，相当于9头大象的重量。

情况3：提出自己不懂的科学问题。

师先请学生解答。若不明白的同学较多，可继续小组讨论。

预设1：为什么要装泥沙？

师进：（学生没说到位）装泥沙不仅方便铲进铲出，还保证了船和人们的安全。另外，泥沙在黄河岸边随处可见，怀丙是就地取材。

预设2：为什么要并船搭架，不用一只船？或为什么要把两只船拴得紧紧的？

师进：让我们来看一段短片，请你格外关注是怎么搭架子的，怎么把两只船拴得紧紧的。（放短片。）

刚才我们直观地看到并船搭架的过程，这样保持了平衡，也更加稳固，并且有足够的力量拖动铁牛。在这儿我们深深地感受到怀丙实践经验的丰富。

预设3：他为什么要做这些准备工作？（利用了水的浮力。）

……

设计意图 根据这一自然段课文内容的特点，把学习的空间还给学生，自主、合作的学习方式，强调学生之间的交流沟通，教师的退为学生提供了更广阔的自主学习空间。老师在学生回答不到位时适时进入，引导学生借助资料、联系上下文理解课文。同时，在理解并船搭架时放短片，有效地突破了难点，解决了非语文学习的问题。

4. 师小结

这一步一步真是环环相扣，刚才我们交流了不明白的问题，其中涉及了一些科学知识，这让我们再一次感受到了怀丙经验丰富和做事的有条不紊。还有很多同学关注到了文中的语言文字，让我们看到了这周密的计划不但有足够的力量拖动铁牛，而且非常安全，精准的语言让我们感受到了怀丙思维的缜密和出色的组织能力。让我们一起读读这一自然段，体会语言文字背后蕴含的智慧。

5. 生自由读第3自然段

设计意图 引导学生关注语言表达，感受言之有序的写法。关注重点词语的使用，了解怀丙做事时的有条不紊，从而体会语言文字背后蕴含的智慧。

（四）创设情境，想象画面（第4自然段）

1. 师创设情境

一切准备工作都就绪了，铁牛能打捞上来吗？所有的人都围在岸边等着看捞铁牛，大家都屏息以待，请你轻轻闭上眼睛，想象一下，此时此刻你就在船上，看着这即将发生的一切。

创设情境，配乐读第4自然段。

2. 在情境中想象

刚才哪一个情景让你感受最深？为什么？

预设1：绳子越绷越紧，我很紧张。

预设2：把铁牛拖回来的时候，我很激动。

……

3. 带着想象朗读

刚才大家交流了自己感受最深的画面和心情，各不相同，但其实我们的心情经历了一连串的变化，看似简简单单的描述，我们却通过想象感同身受。请你想象着当时的画面，把心理的变化读出来。

生自由读。

师指名读，可以请学生闭上眼睛想象。

4. 升华情感

如果此时你就站在怀丙的身边，你想对怀丙说什么？

生自由回答。

设计意图 教师引导学生走进画面，展开丰富的想象，有助于学生感受铁牛是怎样被打捞上来的，见证铁牛出水的奇迹，让学生在想象中感受当时的场面，入情入境地朗读体会。

（五）总结写法，升华情感

1. 练习复述

就是这样，和尚用同样的办法把一只一只大铁牛都拖了回来，那是怎么拖回来的呢？老师引导学生关注板书中的流程图，练习复述。

同桌两个人互相说。

文中为什么没具体写呢？

设计意图 让学生关注文章的写法，体会作者写法的巧妙之处：既抓住了重点，又避免了重复，做到了有详有略。

2. 理解“送”

你们再看看怀丙说的这句话（课件出示：“我来试试看。铁牛是被水冲走的，我还叫水把它们送回来。”），现在你怎么理解这句话？

要点：一个“送”字，体现了方法的巧妙和怀丙的智慧。（板书：→）

3. 联系单元主题体会怀丙的智慧

总结：可见他有着高于常人的智慧，怪不得文中说他是“出色的工程家”。

可这么出色的工程家却说“我来试试看”，让我们感受到怀丙又非常谦虚。

那怎样读才能把佩服之情读出来呢？（课件出示：这个和尚名叫怀丙，是当时出色的工程家。）

设计意图 从怀丙的话走进课文，再从怀丙的话走出课文，体会“送”字背后的智慧，让学生从心底佩服怀丙，更好地理解他为什么是“出色的工程师”。

（六）拓展阅读，感悟智慧

1. 阅读《同步阅读》的文章

从古至今，很多人都是用自己的智慧来解决问题的。

下面大家打开《同步阅读》，用自己喜欢的方式读一读《空城计》和《智烧敌舰》的故事。

2. 总结收获

学习了《捞铁牛》，又读了两篇小故事，你有什么收获吗？

不同的智慧能够解决不同的问题，希望你们在生活中也做一个有智慧的人。

设计意图 提高效率，增加阅读量，同时，感受不同的智慧能够解决不同的问题。

（七）课后延伸，练习复述

1. 借助流程图把《捞铁牛》的整个故事讲给家人听。
2. 想想在科技发达的今天，你还有没有别的办法捞铁牛？

板书设计

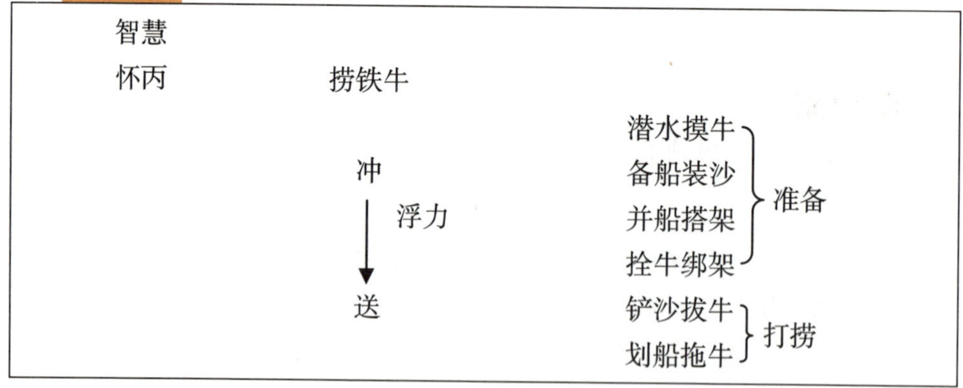

1. 聚焦语用

复习积累文中的动词，梳理流程图，体会动词的重要性和言之有序的写作特点。同时在后文中引导学生体会习作上有详有略的特点。

2. 质疑解疑

在阅读中学生互相提问题、解答。把学习的空间和主动权交给学生，老师适时地评价、纠正和点拨。

3. 展开想象

在第4自然段的阅读中，教师利用语言的描述和背景音乐的配合，为学生创设情境，引导学生想象当时捞铁牛的场面，伴着自己的想象和体验进行阅读。

4. 品味语言

在课文的教学中，学生容易关注科学知识。老师引导学生在了解科学知识后把品味语言作为重点，体会文字背后折射出的无穷智慧，这样的阅读才更有价值。

《林中乐队》教学实录

张　蕾

课前慎思

《林中乐队》是北师大版小学语文教材四年级上册“音乐”单元的一篇课文。本文描写了森林里各种动物发出的声音，这些声音犹如一支乐队奏出的乐曲，嘈杂而美妙，和谐而喧闹。作者聆听森林里动物的声音，用热情的笔墨和我们讲述他的动物朋友的故事。春天，森林里所有动物发出的声音，如同一个综合型乐团，什么歌手都有，什么乐器也有，美妙极了。课文没有华丽的辞藻，但字里行间渗透了作者长期贴近大自然、细心观察、潜心研究积累起来的成果，课文条理性强，围绕中心句“森林里所有的动物都在唱歌奏乐：各唱各的曲子，各用各的乐器；各有各的唱法，各有各的奏法”具体介绍了森林里各种声音的演唱者、演奏者和乐器。从中我们可以体会到作者酷爱森林、酷爱动物、酷爱大自然的情怀。

本班学生思维比较活跃，经过三年多的积累，学生已经能够“悟”出一些语文学习的规律，具备一定的独立学习语文的能力。学生能够尝试从不同的角度看问题，具备自主识字和独立阅读、质疑的能力，对于阅读中不懂的问题，能够主动做标记，并在课上提出。森林对于四年级学生来说是陌生的，但学生对大自然有着浓厚的兴趣，特别是对森林中的各种小动物，更是有着难以言表的喜爱之情。教学《林中乐队》，可以让学生通过各种途径查找相关资料，增进对大自然的了解，激发学生探索自然奥秘的愿望。这篇课文适合学生绘声绘色地朗读，在朗读中体会作者聆听林中乐队演奏时的心情。另外，本文围绕中心句来写的写法很有特点，适合对学生进行仿写训练。应组织灵活多变的教学活动，激活学生已有的学习经验，发现规律，迁移运用。

设计思路

根据文章的特点，我在本课的教学上凸显两条线。

1）在反复朗读中体会作者聆听林中乐队演奏时的心情。《林中乐队》这篇课文适合学生绘声绘色地朗读。而在朗读中体会作者聆听林中乐队演奏时的心情是本文教学的重难点，于是，在教学设计上我力求能够先让学生整体把握课文，再引导学生通过多种形式的朗读，品味重点词句，理解文本内容。有学生感悟时的自由读，有评价时的分组读，更有想象理解后的配合读……让学生通过多种方法熟读课文，感受作者聆听林中乐队演奏时愉悦的心情。

2）通过情境的创设，让学生展开想象，借鉴课文的写法，把动物发声的过程写具体。这一教学环节的安排，也是对课文内容的拓展，要求学生借鉴资料，展开想象，并结合自己的生活体验，描述各种动物是怎样唱歌奏乐的。课堂不仅有说的训练，还让学生马上动笔，写一写既是想象练习，又引导学生关注写法，使学生得法并用法。

教学目标

1）通过朗读等方式，引导学生体会林中乐队的神奇，感受作者对动物、对自然的热爱之情，培养学生热爱动物、热爱自然的美好情感。

2）正确、流利地朗读课文，并能展开想象，读出林中乐队唱歌奏乐时的情趣。

3）借鉴课文的写法，把动物发声的过程写具体。

教学重点、难点

通过品味重点词语、联系生活体验、朗读等方式，引导学生体会林中乐队的神奇，感受作者对动物、对自然的热爱之情，培养学生热爱动物、热爱自然的美好情感。

课中笃行

（一）复习导入

师：今天这节课我们继续学习——

生齐读课题：林中乐队。

师：首先请你自己小声读一下课文，注意读准字音，把句子读通顺，读后想一想上节课我们学了哪些内容。开始（默读课文）。

师：看看这些词语，还认识吗？自己小声读一读。（自由读）要让你给这些词语分组，可以怎么分呢？

生：纯净、喧嚣和尖声尖气分一类，剩下的再分一类。因为下面的是象声词，上面的是表示声音的形容词。

师：非常好。我们在做摘录笔记的时候就可以这样分类记录词语。比安基正是积累和运用了这些词语，才能把林中乐队的声音模拟得惟妙惟肖。与其说积累使人聪明，倒不如说聪明的人善于积累。

师：来看这组词语，一齐来读一读。

生齐读：独唱、咳嗽、呻吟、嚎叫、拉提琴、打鼓、吹笛、抓翅膀。

师：发现什么了？

生1：我发现，独唱、咳嗽、呻吟、嚎叫告诉我们它们是怎么叫的，拉提琴、打鼓、吹笛、抓翅膀告诉我们，它们的乐器是什么。

生2：我认为所有这些词语都是它们的发声方式。

师：刚才第一页词语让我们如闻其声，而这一页词语又让我们如见其形。森林中的乐手各有各的高招，各尽其能。书中有一句话概括出了它们的特点。还记得吗？谁愿意来读一读？

（二）新授部分

1. 聚焦中心句

生：在清晨和黄昏，不光是鸟，森林里所有的动物都在唱歌奏乐：各唱各的曲子，各用各的乐器；各有各的唱法，各有各的奏法。

师：从这一句话，你能读懂什么？

生1：从这句话我能读出森林里的动物发声方式都很特别。

生2：在清晨和黄昏，不光是鸟，森林里所有的动物都会唱歌。

生3：说明唱的歌很多。

生4：我看出来这儿的动物很多。这里写了“各唱各的曲子，各用各的乐器；各有各的唱法，各有各的奏法”。在这里我发现所有动物用的乐器都不一样，说明动物用的乐器五花八门，森林乐队奏出的音乐肯定很好听。

生5：我知道了动物的唱法很多，用一个词来形容就是“不胜枚举”。

师：你们抓住重点词来体会。一个“各”字作者用了八次，这种反复的使用，是告诉我们森林里的声音多而不同。你还能用什么词来形容这么多的声音？

生1：各式各样。

生2：数不胜数。

生3：各种各样。

2. 想象朗读，再现天籁

师：那你们能不能用朗读再现此起彼伏的天籁之声呢？这样，看第二自然段，把你认为最有意思的地方读出来，可以自己读，也可以同桌两个人配合着读。先练练。（学生投入地自由朗读）谁愿意跟我们分享一下？

生1："在森林里可以听到清脆的独唱、拉提琴、打鼓、吹笛；可以听到嗥声、咳嗽声、呻吟声；也可以听到吱吱声、嗡嗡声、呱呱声。"这里他描写了动物们发声的方式，还写了动物们具体发出的是什么声音，所以我觉得这里很有趣。

生2：我是从中间的分号看出来的，说明它们的唱法和奏法非常多。

师：他关注了无声的语言，非常好。有这么多的声音，我们说有一组关联词语把它们串在一起。是哪个关键词？

生齐：可以……可以……也可以……。

师：这样读起来你有什么感受？

生：这样读起来让大家感觉很多，但是不觉得乱。

师：是的，觉得很有序，读起来很紧凑。一组关联词语，就可以让句子更流畅、更紧凑，这么丰富的声音让我们大饱耳福，能把这种欣喜读出来吗？自己练。

师：（学生自由练习）谁愿意来读一读？

生：在森林里可以听到清脆的独唱、拉提琴、打鼓、吹笛；可以听到嗥声、咳嗽声、呻吟声；也可以听到吱吱声、嗡嗡声、呱呱声。

师：读出了罗列感，很好。找好朋友补充。

生1：我认为你读得非常好，你突出了可以……可以……也可以……他们吹出的林中乐队很有趣，就像××说的那样，虽然很多，但是不乱。

生2：我还有一个问题，咳嗽声好听吗？我在生病的时候也咳嗽过，为什么还是将它说为是林中乐队里的乐曲呢？

师：你的意思是——？就是咳嗽声不好听，不可以说成是乐曲，是这样吗？

生：我觉得这是一种自然美。鹿的声音很特别，因为森林里只有它一个会咳嗽，所以我觉得这是一种美。

师：与众不同的美，是吧？

生：咳嗽虽然很难听，但是跟其他动物合唱在一起，演奏在一起也很好听。

师：是不可或缺的，是这个意思吗？还有吗？

生：在复习卷子里有一个为小燕子打扫房间的故事。小燕子每天都会把作者的桌子弄得很脏，但作者还是心甘情愿地为小燕子打扫。我觉得跟这个一样，比安基正是因为喜欢这种动物才觉得这种声音很好听。

师：从一篇课文联想到以前我们读过的一篇短文，把两篇对比着，体会到了作者的情感。刚才几位同学，答案不同，答案不唯一，我们语文课上就是这样，可以各抒己见，学贵有疑。特别感谢××给我们提了这么好的一个问题让我们理解课文。我真的觉得刚才的课堂就有点像林中乐队了，你们就是那些小动物，各尽其能，各展其才。所以真的不要难为情，要努力地绽放自己，好吗？好，继续看。看看划横线的部分，你又能读出什么来？

生：从划横线的部分我能读出来，这些都是象声词。

师：都是象声词吗？

生：还有一些乐器。

师：都是声音对吧？

生：对。

师：还能看出什么来？还能看出不同吗？

生：我看见中间的这个嗥声、咳嗽声、呻吟声，还有吱吱声、嗡嗡声、呱呱声，这些都是一种象声词，而前面清脆的独唱、拉提琴、打鼓和吹笛，都是把动物发声的一种方式比喻成了一种乐器。

师：读出了分句中内容的不同。还有呢？还有什么不同？

生1：我不同意××的说法。我认为嗥声、咳嗽声、呻吟声描写的是几种动物发声方法的，因为动物的声音并不是嗥，并不是咳嗽，并不是呻吟。

师：非常好，你发现了什么？

生2：我发现有清脆的独唱、拉提琴、打鼓、吹笛，这些都是它们的发声方式，嗥声、咳嗽声、呻吟声，是它们发出的声音像什么，然后吱吱声、嗡嗡声、呱呱声，是它们具体发出来的声音。

师：你能不能具体想象这些声音会是什么样？

生1：这些声音有的是强的，有的是弱的。

生2：我发现它们的声音有高有低。

师：还有吗？

生：我还发现它们的声音有粗有细。

师：怎么能读出这些此起彼伏、高低不一的声音呢？自己先练练。

生：在森林里可以听到清脆的独唱、拉提琴、打鼓、吹笛；可以听到嗥声、咳嗽声、呻吟声；也可以听到吱吱声、嗡嗡声、呱呱声。

师：为什么为她鼓掌？听出什么来了？

生：因为我觉得你把这些声音读得都很像。比如说，拉提琴就是很悠扬的声音，你把它读得很长，然后打鼓就是很清脆的声音，你把它读得很短，所以我觉得你读得非常好。

生：谢谢。

师：掌声一样送给××。还有小朋友想要补充的吗？

生：你把拉提琴读得非常悠扬，因为它是拉，所以非常悠扬。我希望你可以把吹笛再读得高亢一点。

师：你觉得笛声应该更高扬一点是吧？谁能满足××这个要求？试着读读。谁愿意来？

生：在森林里可以听到清脆的独唱、拉提琴、打鼓、吹笛；可以听到嗥声、咳嗽声、呻吟声；也可以听到吱吱声、嗡嗡声、呱呱声。

师：还觉得什么挺有意思，跟大家分享一下。××、××，你们俩一起读是吗？可以，冲着大家。

生1：燕雀、莺和歌声婉转的鸫鸟，用清脆、纯净的声音唱着。

生2：甲虫吱吱嘎嘎地拉着提琴。啄木鸟打着鼓。

生1：黄鸟尖声尖气地吹着笛子。

生2：母鹿咳嗽着。狼嗥叫着。猫头鹰哼哼着。

生1：蜜蜂嗡嗡地响着。

生2：青蛙咕噜咕噜地吵一阵，又呱呱呱地叫一阵。我们都认为这个地方很有趣。我们把这一段分成这样读是因为我们发现它们的音域有高有低，有粗有细，因为我是男生，所以我就读比较深沉一些的，而××呢，她就读比较清脆、比较短的声音。

师：利用了男女生不同的声音特点来读，非常好。看看好朋友怎么评。

生：他们读的方法非常独特，男生声音本身就很低沉。

师：你们想想，森林中有这么多声音，声音有高有低，现在咱们化身成森林中的动物。谁愿意当小蜜蜂？（有学生举手）都是勤劳的孩子。小蜜蜂请演奏，出声。（部分学生学蜂鸣）好，蜂群我听出来了。谁愿意当啄木鸟，啄木鸟请开始。声音再响亮一点！（部分学生学啄木鸟发声）请问拉着提琴的甲虫在哪里？

请演奏。（部分学生模仿）哎呀，提琴的声音是很悠扬的，对不对？我听着像小耗子在嗑东西，咔碴咔碴的。悠扬的琴声应该是什么样的呢？我们再来。一二。吱吱嘎嘎，吱吱嘎嘎……好，还有，鸫鸟在哪儿呢？小女孩爱当鸫鸟。鸫鸟请演唱。我听出来了，都是鸟宝宝，小鸟。所有的乐手准备，一二，开始。

（学生分角色发出不同的象声词，忍俊不禁，兴致勃勃，有的还手舞足蹈。）

师：同学们都忍俊不禁了。特别有意思吧？你能用一个什么词形容林中乐队呀？

生1：五花八门。

生2：妙趣横生。

生3：趣味盎然。

师：这就是林中乐队，既有轻柔的哼鸣，又有清脆的领唱，既有欢快的鼓声，又有悠扬的小提琴。它们可没有指挥，但是演奏得相得益彰，它们也从来不排练，可是配合得天衣无缝。让我们再来读一读。悠扬的提琴就还它一份高雅，欢快的鼓声就给它一点弹性。谁愿意来再读读这部分？

生：燕雀、莺和歌声婉转的鸫鸟，用清脆、纯净的声音唱着。甲虫吱吱嘎嘎地拉着提琴。啄木鸟打着鼓。黄鸟尖声尖气地吹着笛子。母鹿咳嗽着。狼嗥叫着。猫头鹰哼哼着。蜜蜂嗡嗡地响着。青蛙咕噜咕噜地吵一阵，又呱呱呱地叫一阵。

师：既有低吟浅唱，又有引吭高歌。还有谁愿意跟他比一比？好，想跟他比的同学站起来，一二。

生：燕雀、莺和歌声婉转的鸫鸟，用清脆、纯净的声音唱着。甲虫吱吱嘎嘎地拉着提琴。啄木鸟打着鼓。黄鸟尖声尖气地吹着笛子。母鹿咳嗽着。狼嗥叫着。猫头鹰哼哼着。蜜蜂嗡嗡地响着。青蛙咕噜咕噜地吵一阵，又呱呱呱地叫一阵。

师：此曲只应天上有，人间能得几回闻。

设计意图 在朗读中展开想象，再带着想象朗读，在理解与表达的过程中，学生与文本对话，与文中主人公对话，感受到虽然林中乐队没有指挥，但是动物们的演奏依然相得益彰；虽然它们从来不排练，但是声音依旧美妙悦耳。

3. 揣摩写法，得法用法

师：刚才我们在朗读中认识了不少的林中乐手，有些乐手虽然没有好嗓子，可是也不觉得难为情。它们各有各的发声方式，你比较欣赏谁的演奏方式呢？在文中的第几自然段呢?

生1：第三自然段。

生2：我很欣赏啄木鸟的发声方式，也很佩服它们，它们的嘴那么结实，敲打树枝的时候能发出响亮的声音，而且它们在演奏的同时既可以给大众治病，又可以填饱自己的肚子，一举三得。

师：啄木鸟是个多功能的乐手。请好朋友补充。

生1：我也很羡慕啄木鸟，因为它可以就地取材，取一个可以发声的枯树枝，就可以发出鼓一样的奏声。

生2：我很喜欢天牛，我觉得天牛的脖子非常奇特。我们平时都是用嘴发出声音的，而天牛是用脖子发出声音的，我觉得很有趣。

生3：我喜欢蜜蜂，因为它一边嗡嗡地给人们采蜂蜜，还一边跟乐队打着节奏。

师：像啄木鸟一样一举两得了。

生：我也同意××的想法，并且我还抓住了一句话："这不是活像在拉一把小提琴吗?"从这个地方我感觉就像在亲身体验，因为它的意思其实就是太像在拉一把小提琴了。

师：他抓住了反问句去体会情感，非常好。

生：我也觉得天牛不仅可以用脖子来演奏音乐，还能拉出悠扬好听的小提琴声，我觉得它特别厉害。

师：你看，同样喜欢天牛，但是他们欣赏的角度不一样，对不对?都来看描写天牛的这句话，在写法上有什么发现吗?

生：作者用反问句的方式来讲述天牛。

师：刚才他说过了，重复的咱们不说。有没有不同的?你说。

生：我觉得作者在写天牛的时候，他先写了天牛具体发声的方式，再写出天牛发出的声音像什么。

师：他发现了句子结构。还能发现什么?

生：我还发现描写天牛时用了破折号。

师：他发现有破折号，这是无声的语言。

生：我觉得破折号后面的部分让我感觉到作者展开了联想，因为他前面写的是"天牛的脖子嘎吱嘎吱地响"，因为我们不知道天牛的脖子怎样响，所以我觉得那一块写得很好。

师：这个自然段中，还有没有带破折号的句子?找到了吗?

生：这个是描写沙雉的。

师：就这样两句话，请同桌两个人对读一下，一个人读破折号前面，一个人读破折号后面，看有没有什么发现。对读开始。

（同桌两名学生对读，有的边读边做动作，有的带着表情读得甚是投入。）

师：读得可是津津有味、摇头晃脑的，发现什么了？

生：破折号前面是动物和它的发声方式，破折号后面是它发声像什么，有了破折号说明动物的声音像一个我们熟知的东西。

师：破折号前是写实的动作、声音，对不对？破折号后面写的是什么？

生：联想。

师：破折号后面是想象。妙趣横生就来自于丰富的想象，现在也让我们展开想象的翅膀，对林中这些乐手用语言拍一个特写镜头。你可以选择书中的其他动物，也可以选择你资料中查找的动物，按照书中趣事这样，用破折号写写小动物的发声方式，你桌子上应该有一张格纸，对不对？先想一想，然后开始写。在格中写字的时候要记住，上下左右留白，破折号占两个字符，也就是占两格。注意你的写字姿势。有人写完了，写完的同学可以这样，如果同桌也写完了，互相读一读，改一改。好，你来读一读你的，我们来听一听。

生：加拿大雁用脚拍打水花，这不是活像在跳踢踏舞吗？

师：怎么样？

生：我觉得她也用了一个反问句，使前面感情都抒发出来了。

师：抒发出什么感情来了？

生：加拿大雁这种天真活泼的特点。

师：你有着一颗发现美的心。

生：我喜欢加拿大雁，它能发出咔碴咔碴的声响，这不是活像用剪刀剪纸的声音吗？

师：她加入了象声词，让我们如闻其声。加拿大雁的脚拍打水面发出什么样的声音。

生：啪嗒啪嗒。

师：啪嗒啪嗒的声音对不对？你的象声词再修改得准确一点好不好？好，同桌两个人互相读读，咱们再改改。

师：谁愿意来读一读？

（请了五个学生依次读。）

生1：信天翁张着杏黄的嘴，发出咔咔的声音，活像鞭炮在响。

生2：小鸭子两只脚拍打着水面，发出啪嗒啪嗒的声音，这不活像在水上踢踏舞吗？

生3：老虎张开血盆大口，这不是活像《茶花女》中的男主角吗？

生4：野猪的鼻子嗡嗡地响着，这不是活像飞机在森林上空转吗？

生5：艾草榛鸡用气囊发出咚咚咚的声音，这不是活像军人在打军鼓吗？

4. 回读中心句

再次回读总起句，感受作者聆听林中乐队演奏时的心情，揣摩作者热爱动物、热爱自然的情感。

师：这就是林中乐队，让作者流连忘返，发出这样的感慨。读。

生：在清晨和黄昏，不光是鸟，森林里所有的动物都在唱歌奏乐：各唱各的曲子，各用各的乐器；各有各的唱法，各有各的奏法。

师：透过语言文字我们不难发现，在郁郁葱葱的树林里，除了有这些自由自在的林中乐手，还有一个人的身影。清晨，比安基早早来到森林里，他屏气凝神、驻足观察，在这里可以听到——

生：清脆的独唱、拉提琴、打鼓、吹笛。

师：可以听到——

生：嗥声、咳嗽声、呻吟声。

师：也可以听到——

生：吱吱声、嗡嗡声、呱呱声。

师：他抬头发现——

生：燕雀、莺和歌声婉转的鸫鸟，用清脆、纯净的声音唱着。

师：它剥开草丛小心翼翼地走进去，只见——

生：甲虫吱吱嘎嘎地拉着提琴。蚱蜢用小爪子抓翅膀。

师：来到湖边他更是乐不思蜀。因为——

生：一种火红色的水鸟把长嘴伸到水里，使劲一吹，把水吹得扑噜扑噜直响，整个湖里轰传起一阵喧嚣，好像牛叫似的。

师：天色渐渐暗下来，可是比安基还是久久地不肯离去，流连于花草树木间。孩子们，文字像一座桥梁，寓美于心，此刻我们不仅认识了许多林中乐手，更走近了比安基的心。你有什么感受吗？

生：我觉得比安基这种对大自然和动物的热爱，正是常人无法达到的，因为从早到晚他都站在森林里来寻找这些声音。

设计意图 带领学生体会整个逻辑段，在阅读中感受作者的写作情感，拉近学生与作者的心灵空间，自然而然地感悟作者热爱动物、热爱自然的真挚情感。学生会体悟到作者潜伏森林观察的时间长，观察动物的数量多，聆听动物声音十分仔细，脑海里留下了作者细心观察的形象和酷爱动物的感情。

（三）拓展阅读，升华主题

师：比安基用尽全身心倾听动物的脉搏，也只有这样热爱大自然的人，才能把森林中的喧嚣当成是一首美妙的乐章。比安基被称为世界著名的科学童话家，在他的故事里总有着实实在在的科学知识，但是又不仅仅是干巴巴的知识，还有着丰富的联想。让我们带着想象再来读一篇文章，打开你手里的那篇《鼎湖山听泉》。时间关系，重点读一读第三自然段，看一看你有什么感受。好，自己读，开始吧。（自由读）能说说自己的感受吗？

生：读完第三自然段，我觉得我仿佛进入了这个地方，听着流水的声音，我感觉有一种特别自然的亲切感，我好像闻到了自然的香味。

师：身临其境，走入文中想带给我们的境界中。

生：我读完第三自然段发现，《鼎湖山听泉》的作者和《林中乐队》的作者比安基一样，都非常会联想。

师：他能把两篇文章对比着读，读出相同之处。我相信你们也会读出不同之处。时间关系，剩下的部分回家去读，好吗？

师：此时你对这个单元的主题“音乐”，又有什么样的认识呢？

生：我对这一单元主题“音乐”的认识是，我们前两篇课文是《国歌》和《月光曲》，其中的乐曲都是人们用美妙的音乐演奏出的，而《林中乐队》是动物们演奏出更优美的音乐。

生：音乐不光是要人们用乐器来演奏的，更多是要让我们用心去倾听的。

师：其实大自然当中每一个生命都是一个音符，都是一首乐章，两三点雨滴、四五声虫鸣，只要你用心倾听，这个世界就会与你微笑。

教学过程充满着各种变化、发展，以及始料不及的情况，这就要求教师在进行课堂教学评价时，灵活运用教学机智，将预设性语言和随机性语言结合起来，根据学生的反馈信息、突发情况，临时调整预设的流程，快速反应，巧妙应对，

就能化险为夷。因此，教师课堂教学评价应因境、因事和因人而随机应变，用自己内在的魅力，创造性地对学生进行评价，激励学生积极地参与到课堂教学活动中。

教师要关注学生在文本解读中的原初认知与情感体验，当学生的认识还比较“单一”、情感体验还不够“丰富”时，首先，要引发学生的探究欲望，通过追问、旁问与即时评价的交替进行，鼓励学生形成多样化、个性化的理解；其次，要赋予学生求异的权利，激活学生主体意识，让学生参与评价、讨论，开放思路，在课堂上形成一种互评互析的互动氛围，使学生的认知、体验变得更加敏感、丰富。在这个片段中，老师的点拨既有学法的指导，又有追问式的评价，可引导学生向较高的思维层次递进，使学生能够深刻地对文本进行揣摩、分析，由此将课堂引向深处，从而读懂作者写了什么、为什么写、怎么写的。学生根据文本由此及彼进行推理，层层递进，这样的生成过程，应是学生学习的更高一层境界。

《草帽计》教学设计

高 妍

课前慎思

本文选自北师大版小学语文教材四年级下册第五单元。这一单元的主题是“智谋”，三年级的下学期我们学过“智慧”主题单元。编写“智谋”这一单元的目的是使学生树立正确的价值观，辨别“智谋”与“智慧”的异同，懂得聪明要用在正地方。

《草帽计》讲的是红军长征途中，贺龙同志带领战士用丢掉草帽的办法引诱敌人上当，不仅躲过了对方的追赶，还让误戴红军草帽的敌人遭到自己战机的轰炸，刻画出一位临危不乱、有勇有谋的将领形象。《草帽计》记叙了贺龙同志神机妙算、智斗白军、以弱胜强的故事。

从表达上看，本文用评书式的语言说故事，不追求细节的真实，重在表现人物而不是历史脉络。课文多处运用了对比的写法，突出了贺龙同志的神机妙算。同时，课文大量运用了四字词语，增强了语言的幽默感，使课文语言形象、生动、活泼。

本班学生喜欢读书，喜欢读故事。通过爱国主义传统教育，对革命历史时期的故事有所了解。通过前三年的学习，孩子们初步掌握了质疑、解疑的能力，能够通过画批、交流解答提出的问题。但是他们还是会偏重文章的情节，很少关注这些事件所蕴藏的思想内涵，以及文章在表达上的特点。同时，从学生思维的角度看，他们对事物之间的联系不够敏感，难以把握，所以看问题依然存在片面性和主观性。所以，学生对草帽计实施过程中的诸原因、诸条件之间的联系难以理清，对贺龙同志的神机妙算缺少深入的认识。

设计理念

1）尊重学生阅读体验，引导学生自读自悟。

学生的阅读体验是个性的、不可替代的，学生的自读自悟是阅读体验产生的必要过程。学生在阅读中必然会产生各种各样的问题。依据文本内容提出各种疑问和学生通过回文读书去发现、解决自己的问题应该是阅读过程中最为宝贵的经历。

其中，学生提出的问题应该是围绕学习重点产生的真实问题。这些问题的解决是学生理解内容、体会情感、掌握学法、提升认识的关键所在，更是教师不可替代学生学习的关键所在。本课注重给予学生提问的空间，让学生在练习提问后通过标画、理解重点词句等方式解决自己的真实问题。

2）帮助学生建立文本内容之间的联系，发展学生思维。

贺龙实施草帽计的结果被描写得生动有趣，学生对这部分情节特别关注。由于学生缺少“联系着看问题”的意识和能力，所以在了解草帽计实施的过程中，难以将贺龙实施草帽计成功的条件找全，更难以综合地考量草帽计成功的原因。学生仅仅关注结果的阅读不仅难以真正体会到贺龙神机妙算之所在，还让其损失了一次锻炼思维的机会。

本课重在帮助学生通过补白建立文本之间的联系，深切感受贺龙同志的神机妙算。

教学总目标

1）正确、流利、有感情地朗读课文，通过了解贺龙实施草帽计的原因及过程，体会贺龙的神机妙算。

2）学习用简练的文字记录对理解课文内容有用的资料，进一步练习提问，带着问题读文，标画并理解重点词句。

3）理解“骄阳似火、莫名其妙、得意忘形、喜出望外、神机妙算”等词语的意思，体会词语的感情色彩。

4）在阅读中理清文章的表达顺序，初步感悟作者通过对比、侧面描写来刻画人物的表达方法。

5）自学生字新词，认字6个，写字8个，写摘录笔记。

第二课时教学目标

1）正确、流利、有感情地朗读课文，通过了解贺龙实施草帽计的原因及过程，体会贺龙的神机妙算。

2）围绕重点内容提出问题，并在阅读中尝试解决。

3）在阅读中进一步理解“骄阳似火、莫名其妙、得意忘形、喜出望外、神机妙算”等词语的意思，体会词语的感情色彩。

4）在阅读中初步感悟作者通过对比、侧面描写来刻画人物的表达方法。

教学重点、难点

通过了解贺龙实施草帽计的原因及过程，体会贺龙的神机妙算。

课中笃行

第一课时

1）在自学生字新词的基础上全班交流，写摘录笔记。

2）交流相关历史背景、难懂词语等，用金钥匙中提到的方法批注在书上。

3）初读课文，了解故事内容，知道贺龙的草帽计，提出不懂的问题。

4）正确、流利地朗读课文。

第二课时

（一）复习回顾

上节课我们初步学习了《草帽计》，在文章中我们学习生字新词，积累了许多四字词语，我们先来检查，请大家打开听写本。

看着这些词语，试着用这些词语，说说课文讲了一个什么故事。

设计意图 听写进课堂是常态教学的学习环节，目的是在每日听写中夯实基础——把字写正确、规范。复习积累成语，借助成语回顾课文主要内容，在梳理课文内容过程之中，学习运用所积累的成语。这是依据课文的特点制定的。

（二）质疑画批

在这个故事中我们知道贺龙草帽计的计策是：他下达了让红军战士摘下草帽丢在路边的命令，然后白军抢草帽戴在头上，最后白军遭到飞机狂轰滥炸。围绕贺龙的草帽计，你有什么问题吗？

预设：

1）贺龙为什么让红军摘下草帽丢在路旁？

2）为什么白军能来抢草帽？

3）飞机为什么会狂轰滥炸？

4）贺龙怎么算到白军会抢草帽？

5）贺龙怎么算到白军会被轰炸？

6）贺龙怎么想出的草帽计？

……

设计意图 让学生带着阅读期待走进故事，走进文本，质疑是将学习的主动权交给学生，学习的内容是孩子真正需要的，而不是教师设计好问题，让学生被动思考，被动解答。学习使用批注笔记，标画重点，落实教学目标中的第2点。

（三）阅读分享

这些问题有些是自己提出的，有些是伙伴提的，请你们带着问题，再次走进故事，从语言文字中寻找答案，进行画批，相信在读的过程中会生成新的问题，标画下来。

设计意图 在学生解答问题过程当中，老师适时地进，联系上文，抓环境描写与故事情节的联系，通过引领孩子边读边想象画面，结合语境进一步理解词语的意思，有感情地朗读等方式，体会词语的感情色彩，加深对文本的理解。

交流要点

1）了解处境——贺龙要带领红军摆脱困境。

“有一次，贺龙同志率领一支红军队伍向贵州进发，蒋介石的白军一面死死盯住不放，一面派飞机在天上跟踪轰炸、扫射。”

“队伍翻过了一座大山，眼前是一块平坦的山场。”

2）走近贺龙——从实施草帽计的过程之中，体会他的神机妙算。

借助天气酷热，巧用草帽，引敌上钩，让白军（地上追兵、天上飞机）中计。草帽是红军的标志，敌机的目标，更是遮阳的工具。

“……突然，发现这个山场里遍地都是红军扔掉的草帽，顿觉喜从天降，一窝蜂似的往前抢草帽。匪军官见红军把草帽扔得遍地都是，也得意忘形，认为红军是丢盔弃甲，狼狈而逃，就不去阻拦当兵的抢草帽。这支白军戴上红军扔下的草帽后，个个眉开眼笑，背着枪追赶红军去了。”

观察地形，巧用山场，让敌机轰炸。

“这一回，一看地上的军队都戴着草帽，草帽上都印有红五星，顿时喜出望外。几架飞机像饿鹰抓小鸡一样地俯冲下来，对着这批“红军”，轰隆隆一阵狂轰滥炸，机枪横扫，直打得这一团白军官兵血肉横飞，叫苦连天，死的死，伤的伤，逃的逃。”

3）走进红军战士——由莫名其妙到拍手称快的变化，感悟对比写法。

“……战士们听到这道命令，都面面相觑，感到莫名其妙。有的说，草帽是我们的随身宝，既能遮太阳，又能挡风雨，为什么要把它丢掉呢？有的说，这草帽是从根据地带出来的，怎么能随便丢掉呢？有的说，贺龙同志葫芦里又在卖什么药，实在叫人猜不透！也有的人说，贺龙同志要我们这样做，一定有他的道理！战士们尽管有些想法，但一切行动听指挥。”

……

交流预设一：交流提出的第1个问题：贺龙为什么让红军摘下草帽丢在路旁？

理解点：

1）当时处境是上有飞机轰炸，下有敌军追击。

2）地形是平坦的山场，容易被敌军飞行员发现。

3）草帽是红军的标志，同时又是目标。另外，在这种天气下非常实用。

4）为了让白军抢戴草帽，引敌上钩，被自己人轰炸。

这个问题的解决，实际上可以顺应解决同学们提出的第2个和第3个问题。

交流预设二：学生交流提出的第2个问题：为什么白军能来抢草帽？

理解点：

1）天气酷热，白军人困马乏、眼冒金花，需要草帽。

引导学生找到描写天气的语句，边读边想象画面。

2）白军得意忘形，以为红军丢盔弃甲、狼狈而逃，所以抢草帽。

引导学生进一步理解“得意忘形”。

交流预设三：学生交流提出的第3个问题：飞机为什么会狂轰滥炸？

理解点：

1）联系上文中“平坦的山场”理解地形特点。

2）白军驾驶员看到红五星，都喜出望外，像饿鹰抓小鸡一样地俯冲下来，所以一定会炸找到的“红军”。

交流预设四：学生交流提出的第4个、第5个问题。

理解点参照预设二、预设三。

交流预设五：学生提出的第6个问题：贺龙怎么想出的草帽计？

这个问题比较大，老师引导学生阅读文中描写贺龙的语句去解决问题。

请从文中找出直接描写贺龙实施草帽计的语句。

描写贺龙的这些语句，你又读懂了什么？

贺龙同志一看，镇定自若，命令全体战士到山林中隐蔽。

贺龙同志听了点了点头，只是命令部队继续前进。

贺龙同志仔细观察了地形，然后传了一道命令，要全体指战员把草帽摘下丢在路边。

贺龙同志见了，哈哈一笑，马上命令部队迅速转移。

学生交流后，出示幻灯片引导学生联系上下文展开联想。

贺龙同志一看，看见了敌军的飞机，想到________；

贺龙同志一听，听到一个团的白军赶上来了，想到________；

贺龙同志仔细观察地形，看到平坦的山场，他想________；

贺龙同志哈哈一笑。

小结：果然如贺龙所想，如他所算，一切尽在他的掌握之中。贺龙同志正是巧用了天时地利的条件，算准了白军与红军的心理，不费一兵一弹，歼灭敌人，使我军转危为安，他可真是足智多谋，神机妙算（板书：神机妙算）。

设计意图 总结梳理学生的质疑，利用对贺龙同志描写的补白，使学生建立文本间的内在联系，深切感受贺龙同志的神机妙算，神在哪里，妙在哪里，引领学生理解了贺龙同志是怎么想出草帽计的。

（四）赏析表达

齐读最后一个自然段，引导学生阅读红军刚听到贺龙命令时的反应的相关语句，从描写红军前后的变化中你感受到了什么？

小结：文章重点描写的是贺龙同志的草帽计，可是对于贺龙的描写却只有寥寥数语，文中大部分文字都在描写环境和红白两军，这种层层铺垫、设置悬念、侧面烘托的方法也是故事和传说的引人入胜之处。

设计意图 引导学生联系前文，对比红军听到命令与看到结果后的不同反应，进而感悟贺龙同志对红军战士的了然于心，体会作者设置悬念的写作手法及贺龙的神机妙算，落实教学目标3。学习文章不仅要得意，还要得言，体会文章表达的独到之处，进而提升学生学语言、用语言的意识和能力。本文对核心人物的描写并非浓墨重彩，但是就是这样的写法，反而突出人物在计谋上的“神”与“妙”。

（五）总结收获

通过这节课的学习，你有什么收获？学生充分交流，老师帮助提炼。

设计意图 在常态教学中，每节课都有总结环节，在思考交流中获得多角度、多方面的收获，提升总结、归纳的能力，也是对学习效果的反馈。

（六）课后延伸

每个人都希望自己拥有智谋，那我们读读《诸葛亮少年时代的故事》，看看你对智谋有什么新的思考和收获，也可以继续补充、积累成语。

（七）作业

1）推荐阅读《三十六计》。

2）完成《语文伴你成长》中相关内容。

板书设计

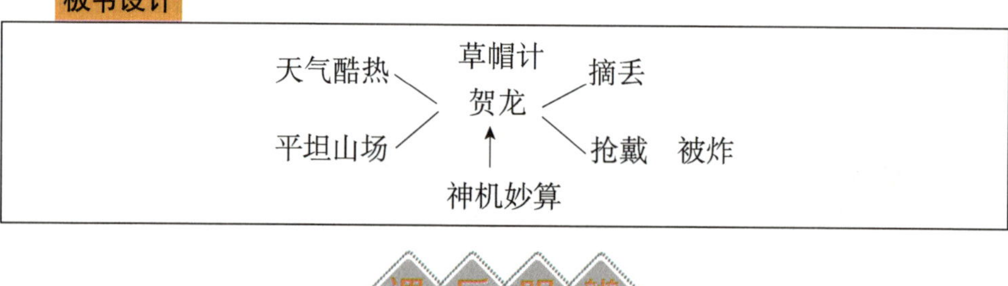

课后明辨

这篇文章的教学，重点是尊重学生的阅读体验及感受，使学生在自主阅读的过程中产生问题、解决问题，构建乐学的氛围。这种教学方式虽给教师带来巨大挑战，却是学生真实学习过程的体现，是学生真正学习的需要，也可以为老师带来成长，所以我还是选择接受挑战，迎难而上。

在课堂上学生生成的问题有许多不可预计性，虽然我们有充分的预设，但也难免措手不及，这就需要教师在课堂上能够认真倾听学生的发言，迅速判断甄别，对学生的真问题进行筛选，灵活处理学生提出的“瘦”问题。可学生的发言往往电光石火，刚一开始提问就有点让我应接不暇，这就需要我在今后进一步锤炼自己的“耳朵”，更加熟悉教材。即便有“意外”，但学生的问题还是紧紧围绕“抢”“炸”展开，这符合学生的认知，也在我的预设之中，充分且多角度的预设考验的是教师的储备，更是教师对教材的把握与理解，苦练内功是我今后更长远的路。学生在解决问题的过程中，深入走进语言文字品读体会，但学生的理解往往是单一的、零散的，而这篇文章的妙义之一就在语言文字内在的联系，所以在理解贺龙这个人物时，我特别设计了补充心理活动的语言训练，意在使学生将散落在文本中的“线索”加以整合，从而更充分全面地感知贺龙的神机妙算。在实际上课的过程中，学生在想象前两处心理活动时有点不得要义，到第三处才渐入佳境，课后我思考产生这种情况的原因，对于四年级的学生来说，这样的语言训练还是应该扶一扶再放一放，如果我在前两处稍做示范，或给学生个成长的台阶，这样可能学生会更容易建立联系、进行思考。

《为了他的尊严》教学设计

宿 慧

课前慎思

阅读教学要珍视学生独特的感受、体验和理解，发挥学生在阅读中的自主性、积极性。语文阅读教学的过程是教师引导学生不断进行“理解、积累、转化、运用”语言的实践过程，教师应该为学生的语言实践与发展提供尽可能多的空间和机会，让学生在主动、积极的思维和情感活动中，加深理解和体验，感悟和思考。

《为了他的尊严》这篇课文选自北师大版小学语文教材四年级上册第八单元“尊严”主题下的第三篇课文。这篇课文记叙的是一位女主人毫不客气地让乞丐搬砖头获取所得，使乞丐获得了自信和做人的尊严，从而依靠自己的劳动取得成功的故事。这篇课文的主要人物有两个：女主人和独臂乞丐。文中女主人的形象深深打动了我，她教会了乞丐用自己的手换来收获，用自己的汗水改变命运！乞丐从女主人那里得到的是精神上的财富。

客观地讲，这篇文章所蕴含的深刻内涵对于四年级的学生来说理解的难度比较大。在教学设计之初，我把教学重点放在“女主人做了什么，为什么这样做”这个核心问题上，试图引导学生围绕其进行研讨，目的在于“立足主要人物，依托人物表现，揣摩人物心理，解读文本内涵”。可教学实践中学生却受到问题的局限，仅仅围绕女主人做了什么进行体会，而忽略了独臂乞丐的变化，显然研讨空间变小了，对于主题的解读也就显得机械和单一了。不得已在课堂上我只能不停地追问，用我的思路牢牢地牵引着学生，这条路越走越艰难。我不禁自问：这样的课堂中学生的主体性体现在哪里？应该给孩子一个什么样的语文课堂？为什么我设计的问题会出现这样的情况呢？学生在课堂上为什么没有思维的碰撞呢？我陷入了沉思。

我拿起书再次研读文本，在与文本的几番“交流”之后，我终于有了“拨开云雾见青天”的感觉。首先，文章主要人物是女主人，但是描写她的笔墨并不多，作者巧妙地通过独臂乞丐的前后变化，反映出了女主人的高大、可敬。其次，文章中的两条线“女主人的表现”和“乞丐的变化”相互推动，缺一不可。最后，“尊严”一词学生经常听说，但是不一定理解，这个词又是本文的中心词语，是一个比较抽象的词语。文中女主人是有尊严的，乞丐被唤醒后，用实际行动证实了自己的价值，获得了成功。这说明人一旦有了尊严，就有勇气克服困难，创造奇迹。因此在读懂文本中，要让学生抓住语言文字、重点词语体会。在理解“尊严”一词时，通过分析在女主人的帮助下乞丐产生巨大变化，脱生出一个新人的这个过程，让学生形象化地理解“尊严”，这样把它具象化。在学生的头脑中建立形象，这是从言到意，在言与意之间搭起了一座桥——形象，这个形象的建立就是抓语言文字去理解产生的。

基于以上认识，我设计了教学的第二方案，将研讨的方向定位于：女主人是怎样帮助独臂乞丐，使他产生变化的？从而合并两条线索，为学生提供更大的交流空间。

北京第二实验小学课堂文化的核心就是要为学生提供充分的“交流”机会。上课前，我就在与学生“交流”的过程中，发现学生阅读此篇课文时印象最深的人物是乞丐，最感兴趣的是乞丐的变化原因。因而，我想从学生的认知出发，引导学生从乞丐入手钻研文本，真正体现“以学论教”“以学定教”的理念。

在学习方法上，我班学生经过长期训练，已经初步养成了“立足文本，积极前参”的习惯，学生能够自主预习课文、查找相关资料，并在此基础上完成“初读画批”，从而在课文中捕捉自己感受深的词句或段落，但是往往感受的角度比较单一、轻浅。在课堂学习中，我将引导学生在交流中“补充画批”，鼓励学生多角度感受“尊严”的内涵。

第一课时我们学习本课的生字、新词，概括课文的主要内容，理清课文的脉络十分有必要。这样在第二课时学习中既利于学生全面把握课文内容，又为深入感悟女主人的良苦用心打下了基础。

教学总目标

1）通过学习7个生字。正确读写并理解“慷慨、怔住、橄榄、施舍、不屑、鄙夷、报酬、毫不客气”等词语。

2）在老师的引领下，采用层层深入的方式，帮助孩子理解课文内容，懂得只有靠自己的劳动获取报酬，才能有尊严，有了自尊，就有勇气和力量去克服困难。

3）引导学生抓住对女主人和独臂乞丐的语言、动作、神态描写的词句，通过朗读、体验、想象走进人物的内心世界，揣摩人物的心理活动，体会独臂乞丐的心理变化，以及女主人为了他人的尊严的良苦用心。从而渗透“揣摩心理活动”这一阅读方法。

4）通过创设情境、分角色读、评读等方法，指导学生有感情地朗读课文。

5）初步感知文章中孩子和双手健全的乞丐这两个人物在表达中心时的作用。

本课时教学目标

1）在老师的引领下，采用层层深入的方式，帮助孩子理解课文内容，懂得只有靠自己的劳动获取报酬，才能有尊严，有了自尊，就有勇气和力量去克服困难。

2）引导学生抓住对女主人和独臂乞丐的语言、动作、神态描写的词句，通过朗读、体验，想象走进人物的内心世界，揣摩人物的心理活动，体会独臂乞丐的心理变化，以及女主人为了他人的尊严的良苦用心。从而渗透“揣摩心理活动”这一阅读方法。

3）通过创设情境、分角色读、评读等方法，指导学生有感情地朗读课文。

4）初步感知文章中孩子和双手健全的乞丐这两个人物在表达中心时的作用。

教学重点、难点

重点：抓住独臂乞丐的言行、神态，体会他复杂的心理变化，懂得劳动可以使人获得尊严的道理。

难点：通过理解乞丐搬砖前后心理变化的语句，读懂“砖放在屋前和放在屋后都一样，可搬不搬对乞丐来说就不一样了”这句话的含义。

课中笃行

（一）复习导入，整体感知

1）复习字词，巩固教学成果。

出示课件1：词语复习。

乞丐 手臂 慷慨 怔住 不屑 橄榄 晃荡 毫不客气 西装革履 气度不凡 一模一样

2）初读课题，明确研读重点。联系课文内容想一想：谁为了谁的尊严？

设计意图 词语导入帮助学生复习了第一课时的学习内容，回忆了课文的内容，使第一课时与第二课时有效衔接。

（二）走进人物，引导感悟，学习文章第一、第三部分

1. 出示“补充画批”提示，引导自读：自由读课文

初读时，文中的两个人物给你留下什么印象？这节课，我们就要抓住重点的语言文字，品味词句，走进人物的内心世界，进一步感受女主人是怎样帮助独臂乞丐，使他产生变化的。出示课件2：学习提示。

女主人是怎样帮助独臂乞丐，使他产生变化的？ （结合初读时画出的描写人物的语言）

2. 明确要求：默读思考，补充画批，然后小组交流

3. 根据“补充画批”，引导交流

（1）学习第一部分（第1～8自然段）

理解第1～2自然段——交流中明确：

1）女主人：通过“毫不客气”“帮我”等词句——

不容分说，没有商量，不想用简单给钱来帮助他，把他看成正常人，没有当成残疾人，良苦用心；一个“帮”字，表达的口吻不生硬。因为女主人觉得人不能以乞讨为生，应该靠自己的劳动挣钱。

2）独臂乞丐：“生气”“何必捉弄人呢”——

他以前乞讨时得到的都是慷慨施舍，从未有人让他做过事，他也觉得自己只有一只胳膊，是无法做事的。所以女主人让他搬砖，他觉得是捉弄他，很生气。这说明此时独臂乞丐不明白女主人让他搬砖的用意。

教师给予评价：侧重评价学习方法的运用，在评价中引导学生继续运用联系前文理解课文内容的方法。

理解第3～4自然段——交流中明确：

1）女主人：“只用一只手搬”——

做示范，用行动告诉他一只手是可以做事的。

2）女主人：“我能干，你为什么不能干呢？”——
反问的语气，引发他的思考。
教师适时引领：体会女主人话语的深意。
提问：这句话还可以怎样表达？出示课件3：句式转换练习1。

我能干，你为什么不能干呢？

提问：意思一样，为什么用反问句表达呢？出示课件4：句式转换练习2。

我能干，你为什么不能干呢？ 我能干，你也能干。 我能干，你一定能干。

指导朗读，体会不同表达方式所产生的不同效果，理解女主人独具匠心的表达。

设计意图 引导学生在改写句子过程中习得改写方法，体会句子的表达效果。

3）独臂乞丐：“怔住了”——
很惊讶，触动了他。
4）独臂乞丐：“异样的目光”——
目光有了变化，肯定是他有了想法。
5）独臂乞丐：“尖突的喉结像一枚橄榄上下滑动了两下”——
有话想说，却没有说。

设计意图 引导学生揣摩此时乞丐心理活动的变化。

师：“乞丐怔住了，他用异样的目光看着妇人，尖突的喉结像一枚橄榄上下滑动了两下。终于……”此刻他想什么？出示课件5：句式转换练习2。

乞丐怔住了，他用异样的目光看着妇人，尖突的喉结像一枚橄榄上下滑动了两下……终于，他俯下身子，用唯一的手搬起砖来。他一次只能搬一块，整整搬了两个小时，才把砖搬完。他累得气喘如牛，脸上布满灰尘，几绺乱发被汗水濡湿了，歪贴在额头上。

引导交流。

小结：同学们都是联系上下文的内容去想象，有的同学是从乞丐自身的角度想的，还有的同学是透过乞丐感受女主人的角度想的，合情合理。

点拨学法，指导朗读：你们依据文中的语言展开丰富的想象，同时也丰富了语言的内涵，揣摩了乞丐的心理变化。让我们通过朗读把我们的感受表达出来。

过渡语：从同学们专注的神情中，我知道大家都被打动了，请同学们带着这种感情继续往下理解、体会，看看故事又有什么发展。

设计意图 依据文中的语言想象，不仅丰富了语言的内涵，而且揣摩了乞丐的心理变化，使学生更加深刻地感受到女主人毫不客气地让乞丐搬砖的真正含义。

理解第5～8自然段——交流中明确：

1）女主人："递给乞丐一条雪白的毛巾"——

女主人看到独臂乞丐坚持两个小时才把砖搬完，看到他汗流浃背的样子，也被打动了。她觉得他是值得尊重的，理应善待他。从中感受到女主人的善良。

2）独臂乞丐："仔细地把脸和脖子擦了一遍，白毛巾变成了黑毛巾"——

受宠若惊，从没有人这样善待他、尊重他；他一定在想：一定要对得起这块毛巾。以前从没有在乎过这张脸，没有真正维护过做人的尊严，此刻唤醒了自尊。

明确：女主人这条雪白的毛巾唤醒了乞丐的自尊，让他感受到被人尊重，使他有了顿悟，找回了自尊。

设计意图 引导学生体会对比描写的作用。

3）女主人："递给乞丐二十元钱""凭你自己的力气挣的工钱"——

挣就是自己用劳动得到的，不是伸手要来的。

4）独臂乞丐："很感激"——

心潮澎湃，觉得自己劳动能得到报酬。

5）独臂乞丐："深深地鞠了一躬""不会忘记""留给我作纪念吧"——

通过劳动获得报酬，得到尊严。他要记住这一刻，记住女主人给他的启迪。

教师适时引领：语言训练。思考：你们想想，此刻他不会忘记什么？用下面的句式写一写。出示课件6：语言、思维训练。

我不会忘记你的，因为____________________。

设计意图 深化学生的认识，鼓励学生提取文中的有效信息来进行表达。

6）总结回顾，引发想象，懂得独臂乞丐是怎样最终获得成功的。

a. 男女生分角色读第6～8自然段，表达理解。

b.“说完深深地鞠了一躬，就上路了”他走上了怎样的人生之路呢？出示课件7：思维拓展训练。

> 乞丐说：“我不会忘记你的，这条毛巾也留给我作纪念吧。”说完深深地鞠了一躬，就上路了。

教师：指板书梳理，播放音乐，进行描述：

乞丐走进庭院的时候，他衣衫褴褛，蓬头垢面，非常可怜；

他走出庭院的时候，依然是衣衫褴褛，但面目一新，两眼放着光芒，他下决心要凭着自己的力气去奋斗，去拼搏，走上一条新的人生之路，若干年后，他成功了，在这个过程中他一定会遇到很多困难，当他遇到困难时，会想些什么呢？

学生想象、交流。

师评价：是啊，第一次相识，乞丐虽然没有得到施舍，但是他从女主人那里得到的是——尊严。

设计意图 通过简单的小练笔丰富学生的阅读体验，不单纯从独臂乞丐的角度思考问题，更是回归文章的主线，是女主人开启了他，教育了他，是女主人教会了乞丐用自己的手换来收获，用自己的汗水改变命运！引导学生对文中人物、文本主题产生更加深刻的认识。

c. 回归课题，理解尊严。

当他再次走进庭院时，早已不是衣衫褴褛，蓬头垢面。他西装革履，气度不凡，是个充满自信的董事长。此时此刻，我们面对这位成功人士，你最想对他说的一句话是什么？

（板书：努力、付出劳动、自信、受人尊敬……）

总结1：听了你们说的这些话，他一定为自己骄傲，他更会感受到女主人的良苦用心。此刻，在你们心中女主人是怎样的人呢？你能用一句话赞美她吗？

总结2：是啊，女主人开启了他，教育了他，是女主人教会乞丐用自己的手换来收获，用自己的汗水改变命运！她的爱是与众不同的，给人以生长的力量。

（2）学习第三部分（第13～21自然段）

1）阅读第三部分，深入感受女主人的人格魅力。

在独臂乞丐变化过程中，有一位值得尊敬的人无私地帮助了他——女主人，请自己读读文章的第三部分，也可以同桌分角色读。想想你对女主人又有什么新的认识？

2）学生自由读，交流新认识。

小结：她以博爱的胸怀、良苦的用心帮助素不相识的乞丐找回了自尊，她本身也是一个不求回报、有尊严、有人格魅力的人。

3）通过朗读，表达对女主人的敬意。

导读语：尽管文章描写女主人的笔墨不多，但我们感受到女主人的做法确实与众不同，她面对乞丐真诚的感谢，从始至终都是淡淡的、平静的。让我们把敬意读进语言文字里。

教师小结学法：刚才同学们参与学习的积极性非常高，我们一起回顾一下，刚才我们是怎样学习的。我们通过抓重点词语品词句，读懂文字后面深刻的内涵，我们还品读了人物语言，通过想象揣摩人物的心理活动，感受人物的变化，同时把“尊严”这个抽象的词语理解得更加具体。

（三）揣摩文章的结构，感知文章表达的特点，学习文章第二部分

1）思考：同学们，学到这里，女主人帮助独臂乞丐的事已经记叙得很完整了，我们也读明白了。我们再聚焦第二部分，文章为什么写这部分呢？

2）学生默读，思考互动交流对这句话的理解，出示课件8：

砖放在屋前和放在屋后都一样，可搬不搬对乞丐来说就不一样了。

明确：健全乞丐不搬，不劳动，没有意识到尊严对人的可贵，仍然不受人尊重。

（板书：自食其力。）

总结：这句话不仅是在告诉自己的孩子，也是在告诉我们获得尊严的方法，使我们明白了一个道理。由此看来，这部分是必须写的，在文中起着重要作用。

齐读这句话。

（四）读课题，深化认识，整合全文

思考：为了他的尊严，“他”除了指乞丐，还指谁？

小结：“他”的内涵丰富，为了我们的尊严，做一个自食其力、有尊严的人吧。尊严对我们每个人都是重要的，让我们珍惜尊严吧！

（五）课堂作业，课后延伸

1）朗读课文，把今天学习的收获写在随笔本上。

2）阅读短文《嗟来之食》，围绕尊严这个主题谈谈你对文中主人公的认识。

3）选做：收集关于尊严的格言；阅读与尊严相关的故事。

板书设计

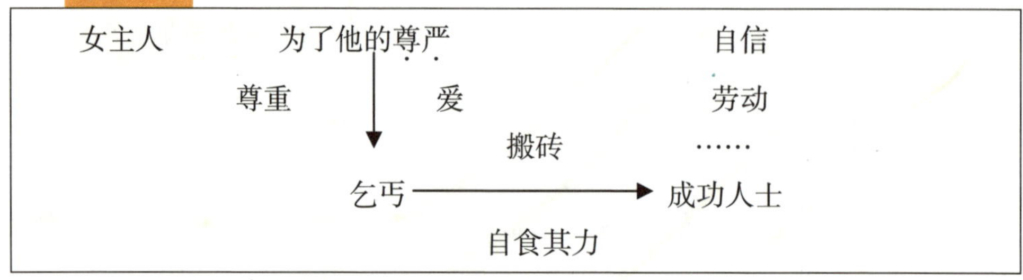

课堂教学中我有时“退”，用心倾听，把握课堂生成的教学资源；有时“进”，点拨、调控、引领学生更加有效地学习。学生能够结合语言文字质疑，教学中，教师充分相信和尊重学生，给学生提供自主学习、合作交流的空间。例如，学生在课堂上质疑“独臂乞丐为什么要仔细地擦脸？”“女主人为什么递给他一条雪白的毛巾？”等等。

教师在课堂上能够立足文本，强化体验，从而发展思维，启发想象。抓住独臂乞丐情感变化这一线索，在教材的空白处启发学生想象，点燃思维的火花。教学中设计了启发学生想象的练习，如“独臂乞丐怔住了，他会怎么想”。这些想象练习的设计，让学生来填补空白，使学生深入独臂乞丐的内心世界，这样使理解、感悟、表达融为一体。

把握课文的特点，从学生的实际出发，力求在感悟课文的过程中引导“多元交流”，加强情感的体验，感受“尊严”的深刻内涵，实现“深文浅讲”。依据教材特点，找准文章重点，引导揣摩文章结构特点，力争实现“长文短讲”。

从课文整体来看，我在课堂上注重引导学生重点学习的是文章的第一、第三部分，这两部分内容一脉相承，通过独臂乞丐的变化体现出女主人的良苦用心，因此这些内容在课堂教学中我尤为着力。文章第二部分的内容虽游离于上述事件之外，但更能说明女主人对尊严的认识与实践，因此在课上我并没有置之不理，而是以此引导学生在自读理解的基础上渗透文章的结构特点。一方面努力实现“长文短讲”，提高课堂教学效率；另一方面，以此为载体引导学生立足于年段特点，初步揣摩文本的结构特点，在中年级初步树立“篇章结构”的意识。

五、六年级

延伸阅读

延伸阅读请扫码

《“诺曼底”号遇难记》教学实录

张　微

课前慎思

《“诺曼底”号遇难记》是北师大版语文教材五年级上册的一篇小说。课文叙述了哈尔威船长在“诺曼底”号客轮遭到“玛丽”号大轮船猛烈撞击时，镇定自若，指挥60名船员、乘客安然脱险，自己却屹立在船长的岗位上随着客轮一起沉入深渊的故事，歌颂了哈尔威船长忠于职守、舍己救人的崇高精神。

对于小说这一文学体裁，学生在小学阶段接触不多，教师如何引导学生将其与写人记事的记叙文区别开，继而对小说这一文体的特点有清晰的把握，即理解小说故事情节，揣摩小说中环境描写的作用，体会小说中塑造的人物形象，是本节课要重点把握和突破的。因此，在进行教学设计时，我紧紧围绕小说三要素——“人物、情节、环境”，来展开本课的教学设计。

《“诺曼底”号遇难记》这篇小说，学生对于故事情节的理解和把握没有太大难度，而如何在情节推进中，揣摩作者运用环境描写，刻画人物语言、塑造人物形象的表达方法，是本节课的难点。因此，第一课时，我引导学生借助表格，梳理出了文章的主要情节，也就是这件事情的来龙去脉。这样，学生在此基础上，再结合小说中的环境，理解人物形象，思路就会更清晰。

教学目标

第一课时教学目标：

1）学习生字词：大雾弥漫、葬身鱼腹、惊恐万状、势不可挡、镇定自若、舍己救人等。

2）初读课文，理清文章脉络，提取信息，完成表格。

3）练习把课文读正确，力争读流利。

第二课时教学目标：

1）引导学生运用借助表格、联系上下文等多种阅读方法，理解哈尔威船长的语言和行为，感受他忠于职守、镇定自若的优秀品质。

2）初步揣摩作者运用环境描写，刻画人物语言、塑造人物形象的表达方法。

3）正确、流利、有感情地朗读重点段落。

教学重点、难点

引导学生运用借助表格、联系上下文等多种阅读方法理解哈尔威船长的语言和行为，感受船长忠于职守、镇定自若的优秀品质。

课中笃行

第一课时教学流程

1）学生课前参与的交流反馈，重点扫清文字障碍：正音、正字、初步理解重点词语。

2）了解课文文体，初知小说的特点及文章作者。

3）初读课文，理清文章脉络，提取信息，完成表格。

4）交流学生遇到的问题。

5）练习把课文读正确，力争读流利。

第二课时教学流程

精彩两分钟：韩国“岁月号”沉船新闻介绍。

教师总结：刚才同学为大家介绍了韩国“岁月号”沉船事件，船长在遇到海难的时候选择弃船而逃，这样做导致了200多个无辜的生命遇难了，可是“诺曼底”号遇难后，却创造了灾难史上的奇迹。究竟是怎样的一回事呢？今天我们继续学习著名作家雨果先生的小说《“诺曼底”号遇难记》。

（一）复习导入

师：上节课我们初读了课文，我们先一起复习回顾，看这些词语，自己读读，要把字音读准，一起读。课件出示：

船桅、葬身鱼腹、侧舷、剖开、呼号、嘈杂、肇祸、船舶、蓦地、须臾、薄雾

（生自由读词语。）

师：咱们一起来试一下。

（生齐读。）

（二）整体回顾课文

1. 默读课文，回忆主要内容

师：词语掌握得不错，请同学们浏览课文，回忆这篇文章讲了一件什么事？

（生默读课文，思考主要内容。）

2. 借助表格中的信息，讲述课文内容

师：（举手者寥寥无几）是不是觉得有点困难呀？确实，这篇文章比较长，上节课我们还填了这张表格，你可以借助表格上的信息说说课文讲了一件什么事。

不断变化的危急时刻		船长的言行
船	人　们	船　长
剖开窟窿	惊恐万状	一声吼喝
一直下沉	你推我搡	有力对话
……	井然有序	喊、叫
轮船沉没	安全获救	沉入深渊
愈加危急	转危为安	不断应对

（生借助表格说出主要内容。）

师：真棒！你能借助表格，把这件事情叙述得清楚明白。这是特别好的一个学习方法，大家以后也可以像他这样学习。（板书：借助表格。）

3. 纵向观察表格，发现变化和联系

师：好，我们再来看这张表格，横向看，它为我们梳理出了这件事情的来龙去脉，也就是小说发展的情节。上节课结束的时候，我们还留了一个思考题：请你纵向来看，你还能发现什么？

生：我感觉到那艘船不断地下沉，情况越来越危急。

生：开始人们很害怕，后来被救了。

师：从危险的状态转到安全的状态，这叫什么？你能用一个成语形容吗？

生：（一起说）转危为安。

师：还有什么发现？继续谈。

生：我发现船长用的方法都是不一样的，有时是大声吼喝，有时是对话，最后牺牲了自己。

（师总结梳理：愈加危急—转危为安—不断应对。）

师：我们纵向看表格，知道情况越来越危急，人们却转危为安了。这是因为船长面对愈加危急的情况，不断应对。这节课，我们就再次走进文章，看看在不断变化的危急时刻，船长说了什么，做了什么，从他的言行中，你能感受到什么。

设计意图 对于篇幅比较长、情节比较复杂的小说，教师借助表格的方法，带学生梳理事情的来龙去脉，使学生对故事情节一目了然。在表格横纵向的比较中，整体把握故事情节的发展变化。这不仅是教师采用的教学方法，这个过程更是教给学生掌握学习方法、学会学习的过程。

（三）深入学习课文

1. 抓住重点，揣摩语言，感受人物品质

（1）默读课文，自行批注

师：请同学们再次默读课文，画出描写哈尔威船长言行的句子，把感受补充批注在旁边。

（2）全班交流

师：可以了吗？我们一起交流一下，相信在交流互动中，你会有新的思考。

2. 理解要点一：大声吼喝

（1）细细品味，深入理解

课件出示：“全体安静，注意听命令！把救生艇放下去。妇女先走，其他乘客跟上，船员断后。必须把六十人救出去！”

生 1：请大家随我看第 13 自然段，我从船长的语言中感受到：在那样危急的时刻，在洪水涌上船的那一刹那，人们都惊恐万状，不知所措。我联系第 11 自然段感受到（师板书：联系上下文）：“振荡可怕极了，一刹那间，男人、女人、小孩，所有的人都奔到甲板上，人们半裸着身子，奔跑着，尖叫着，哭泣着，惊恐万状。”但是哈尔威船长见到这样的情景却镇定自若，沉着地指挥着，因为他想到他身为船长，应该有责任，所以我觉得哈尔威船长是一个有责任心、镇定自若的人。（师板书：镇定自若。）

生 2：人们当时都吓得不行了，可是船长却不那么害怕。

师：刚才两位同学都是联系着人们的反应来体会船长的行为。你再看看从船长的语言中，你还有没有其他的感受?

生1：我还感受到船长非常坚定。他说必须把60人救出去，他特别坚定，很有信心，一定能救出去。

生2：我还感觉他把所有人都想到了，要把所有人都救出去，后边14自然段说，其实有61人，他把自己给忘了，我从这能感受到他舍己为人。

师：刚才同学们抓住了船长短短的几句话，细细品味，体会出了船长在危急时刻的镇定自若、有序指挥。我们再来看看这几句话（课件出示），一共几句话?

生：四句。

师：你看每一句都在说什么?

生：第一句让大家听命令。

师：这是逃生的……

生：必备条件。

师：第二句呢?

生：把救生艇放下去。

师：这是逃生的方法。

师：接着……

生：妇女先走，其他乘客跟上，船员断后。

师：这是——

生：逃生的次序。

师：最后一句——

生：必须把六十人都救出去。

师：这是逃生的目标。

师：下面你再联系着这几句之间的关系，你又有什么发现?

（生思考，没有发现什么。）

师提醒：你觉得能这样颠倒一下顺序吗?（出示课件。）

生：我觉得不能调换顺序，必须先让大家安静听命令，才能听见进一步指挥逃生。然后再把救生艇放下去，再按顺序撤离。

师：你体会得特别对！同学们我们看，如此紧急的情况下，人们都惊恐慌乱，哈尔威船长却能如此有序地指挥，更加让我们感受到他此时的镇定自若。

师小结：下面我们就来回顾刚才我们这个学习过程，我们不仅抓住了重点词语来品味，还抓住了句子与句子之间甚至段与段之间的联系来品味，这样的思考能帮助我们更加深入地品味人物特点。（板书：品味语句。）

设计意图 一是引导学生深入理解文本，感悟人物品质。学生体会到船长的指挥有序，更多的是从局部的某一个点，教师在此基础上引导学生体会船长的所有表达都是有序的，从而更加深入地感受到船长在如此危机的情况下，所有指挥都是有序的，更能看出他的镇定自若。二是高年段学习方法的渗透。使学生学会抓住句子与句子之间甚至段与段之间的联系来品味语句，使得思考更加深入。

（2）指导朗读，表达理解

师：那假如你现在就是哈尔威船长，面对这样的危急时刻，他得怎么吼喝？能把你的理解读出来吗？自己试试。

（生自由练读。）

师：我们一起配合读读。

师：灾难突然降临，所有人惊恐万状，一片混乱的时候，传来船长一声吼喝……

生 1：“全体安静，注意听命令！把救生艇放下去。妇女先走，其他乘客跟上，船员断后。必须把六十人救出去！”（一人读。）

师：水哗哗往里灌，汹涌湍急，在势不可挡的危急时刻，传来船长一声吼喝……

（全体男生读。）

师：眼看着火炉被海浪呛得嘶嘶地直喘粗气，在大家即将葬身鱼腹的紧急时刻，传来了船长一声吼喝……

（生全体读。）

师：就在两船相撞的危急时刻，船上的人们惊恐万状，一片混乱，我们从船长的语言中感受到了作为一船之长，他不仅能镇定自若，还能采取有效的方法有序指挥，带给了所有人生的希望。

设计意图 小说中的人物和环境是相融一体的，环境始终为烘托人物特点服务。这段引读，教师就是要将学生带入具体情景，借助环境描写的内容衬托人物形象，继而引导学生进行有感情朗读，深入体会此时人物的镇定自若。

3. 理解要点二：简短有力的对话

（1）细细品味，深入理解

生 1：请大家随我看第 17～32 自然段，我从这里知道了船长很节约时间。

生 2：我还从“简短有力”感受到船长为了节省时间，还得让所有人都听到他的命令，我感受到了船长的沉着和威严。

生 3：我从船长的威严中感受到了他对人们的关爱，他要不关爱人们的话，他就不用管大家，直接自己逃走就行了。

生 4：我从第 38 自然段，哈尔威船长巍然屹立在船头，感受到哈尔威船长他一点都不害怕，他希望把所有人都救出去。

师：刚才几位同学都谈到了船长这段话，请大家都聚焦这里，再认真读读，看还能有什么感受。

生：从“够了”一词体会出哈尔威船长胸有成竹。在时间紧迫的情况下，为所有乘客驱散心中的恐惧。

师：非常好，如果你是船上的一名乘客，听到船长说“够了”，会有怎样的感受？

生 1：不那么害怕了，因为船长都说时间够了。

生 2：我从“胆敢”和“抢”体会出这是命令，每个人都得执行，没有商量的余地。

师：船长在救人，怎么还让大副开枪？

生 1：船长让大副开枪的目的是让大家都听从指挥，这样在 20 分钟内才能保证 60 人都撤离，他是为了更多人能逃生。

生 2：船已经救不了了，这是为了排除着火、爆炸的可能，说明哈尔威船长有很强的专业素养。

师：好，此时我们都读懂了船长和船员的这段对话。

设计意图 通过品味船长和船员对话的内容，引导学生体会出：在如此紧迫的时刻，船长能用最短的时间，有针对性地了解最全面的情况，同时将其传递给船上所有的人，这种一举多得的做事效果，更能让人感受到其镇定自若。

（2）揣摩表达：感悟作者语言描写刻画人物形象的精妙之处

师：看看这段文字，跟书中有什么不同，自己读读，看哪种效果好。出示课件：

“洛克机械师在哪儿？”船长大声喊。 机械师立刻回应说：“船长叫我吗？” “炉子怎么样了？”船长着急地问。

> “海水淹了。”机械师说。
> 船长又大声地问：“火呢？”
> “灭了。”
> “机器怎样？”船长紧接着问。
> “停了。”

生 1：我觉得不加提示语更简短，更节省时间。

生 2：我觉得在这危急时刻，再加上提示语，就体现不出危急了，体现不出 20 分钟要救出 60 人。还有，加上这些提示语显得有些啰唆。

师：好！一段简短有力的对话，让船长镇定自若的形象跃然纸上，结合你们刚才的理解，同桌之间分角色好好读读这段话。

（生自由分角色朗读。）

师：刚才老师行间一走，已经感受到那种紧张的气氛了，这样，谁愿意展示一下？

（生指名分角色读。）

师：孩子们，这是不容商量的命令呀！听老师读读最后这句话，“哪个男人胆敢抢在女人前面，你就开枪打死他”，什么感觉？

师：我们一起来读读这句话。

（生齐读体会。）

师小结：就是船长的这段简短有力的对话让救援工作变得井然有序了。

设计意图 通过加提示语的方式，引导学生在与原文的对比中揣摩表达，体会本篇文章语言描写的精妙之处，继而体会出情况危急，时间紧迫，船长的果断以及船长语言的简短有力。

4. 理解要点三：救克莱芒

生：请大家随我看第 39～40 自然段。“过了一会儿，他喊道：‘把克莱芒救出去！’”我体会到船长关心每一个人，即便是一个小孩都没有忘记。

师：船长把每个人、每件事都考虑到了，他心里唯一没有的是谁呀？

生：他自己。

（师板书：舍己救人。）

5. 理解要点四：哈尔威与船同沉

师：20 分钟很快就过去了，所有人都被成功救出了，可是后来呢？你再读读最后一个自然段。

生 1：我感觉他在救别人的时候镇定自若，救完别人，他却殉职了。

生 2：我从这段话能感受到哈尔威船长在那样危急的时刻，把生的希望都留给了别人，我感觉他履行了船长的职责，他忠于职守。救援工作圆满完成了，他的任务完成了。

师：你的理解特别深入，你能告诉大家你从船长的哪些行为知道这些的吗？

生：我从第一句话“哈尔威船长屹立在剑桥上，他一个手势也没有做，一句话也没有说，犹如铁铸……”体会出他很坚定。

师：也就是此时他已经了无牵挂了，什么都不需要说，什么都不需要做。还有要补充的吗？（没有同学举手。）

师：文中还说他像一尊黑色雕像，雕像一般代表着什么呀？

生：哈尔威船长是英雄。

师：你印象中的雕像是给英雄做的？

生：点头。

师：雕像是永远都不会腐朽的，它代表着永恒，是永远都不会腐朽的。那哈尔威船长这尊雕像永远都不会腐朽的是什么？

生：他舍己救人的精神永远不会腐朽。

师：就是他的精神像一座丰碑一样永远镌刻在人们心中。

师：哈尔威船长已经保证了所有人安全撤离，尽到了作为船长的职责（板书：忠于职守）。但是，在他的心里还有一个誓言：要与船共存亡。小说这样的一个结局，可能是我们都没有想到的，也是最牵动我们的心的，让我们用朗读来送别这样一位伟大的船长。

（生配乐自由诵读。）

（生全体读。）

师：刚才老师路过他身边的时候，他的朗读让我特别受感动，我们一起来欣赏他发自内心的声音。

（生指名读。）

师：刚才从他的朗读中，你听出了什么？他表达出了心中的悲痛，我们眼前也仿佛出现了船长与船同沉时的悲壮。感动吗？

（学生纷纷点头，不语。）

（四）总结全文，升华情感

师：刚才我们梳理表格时，从纵向发现很多变化，当我们走入语言文字，细细品味船长的言行，发现在这不断变化的危急时刻，始终没变的是什么？

生 1：始终没变的是要救出所有人。

生 2：始终没变的是他的镇定自若。

生 3：我觉得始终没变的是他的坚定，从开始就要救出所有人，到最后一个都没有落下。

师：大家理解得特别好，不知不觉中我们已经把理解都梳理到了黑板上，大家看老师的板书，始终没变的是什么？

生：我觉得始终没变的是他的镇定自若，因为面对那样的情况，船长一直有序地指挥着，大叫、对话、喊叫都是有目的的，也都实现了他要达成的目标。

师总结：正如大家所说，船长一直都是那么镇定，他要把每一个人都救出去，他能做到这些其实一直没变的就是他要履行作为船长的职责。正如大家所说，就是这样一位船长，才会让灾难仿佛都听从他的命令，失事的轮船似乎也任由他调遣。这是常人根本不可能做到的，他创造了海难史上的奇迹。

设计意图 结合从语言文字中品味出的对人物形象的认识，再次借助从表格中梳理出的众多变化，清晰地感悟到船长自始至终没变的是他的众多优秀品质，升华中心。

（五）拓展阅读，总结收获

1. 拓展阅读

师：请你拿出手中的资料，读读作家雨果对哈尔威船长的评价（出示课件）。

在英伦的海峡上，没有任何一个海员能与他相提并论。他一生都要求自己忠于职守，履行做人之道，面对死亡，他又运用了成为一名英雄的权利。

师：雨果给出了极高的评价。请你再看看手中的资料，看长大的克莱芒的日记，你读了之后，又能读懂什么？

生 1：我感觉克莱芒一定很感谢这位船长，因为当时如果船长没有想到克莱芒的话，他可能就不会被救了。

生 2：我感觉船长很尊敬克莱芒，因为到最后他想到的是克莱芒而不是自己。

生 3：我从克莱芒的日记中感受到他很感激船长。船长不仅是他的师傅，而且在即将沉船的时候想起并救出了他。

师：克莱芒后来怎么能成为这条航线最棒的船长呢？

生1：他要继承哈尔威船长的事业。

生2：我感觉他是被哈尔威船长的精神鼓舞了。

师：此时你们也读懂了这则日记。正像大家说的，其实，无论是当时惊慌失措的人们，还是被救出的克莱芒，甚至是作者雨果及我们，始终没变的是对船长深深的敬畏之情。雨果笔下的船长与船一起沉入了大海，但船长的精神一直都会被传承下去。

设计意图 通过补充雨果对哈尔威船长的评价和克莱芒的日记，建立作者、哈尔威船长、克莱芒和学生之间的多维对话，深化人们心中对船长的敬畏之情，领会到船长精神将永远被传承。

2. 回顾学习过程，总结学习方法

师：这节课即将结束，我们借助板书来回顾一下，你有什么收获？

生1：我知道了做任何事情都要负责任。

生2：我知道了遇到困难的时候要镇静，不要惊慌失措。

生3：我知道了做人不能光想着自己。

生4：我知道了在危急时刻要听从指挥。

师：对于学习方法有什么收获？

生：这节课我学到了很多方法，可以梳理表格来学习，这样条理更清楚。

师：老师特别为大家高兴，这节课有这么多收获，我们学习就要这样，边学边回顾总结，在点滴积累中，我们会有更大的收获。

设计意图 引导学生学会从内容、精神品质、学习方法等方面梳理总结自己所学内容，培养学生学会学习，养成回顾、整理、积累的意识和习惯。

（六）推荐阅读，拓展延伸

1. 推荐阅读

师：今天我们在语言文字中认识了哈尔威船长，生活中还有很多像哈尔威船长这样的人，在危急时刻挺身而出，把生的希望留给别人，老师给大家推荐了几篇文章，下节课我们来交流让你最感动的情节。

设计意图 通过推荐阅读与文本相同主题的文章，丰富学生对哈尔威船长的精神品质的认识。在相似的危急时刻，不同的人物角色有着不一样的智慧和处理方法，但相同的是大家都把生的希望留给别人的那份人性的光辉。

2. 作业布置

1）摘录文中描写雾的句子，并体会其在文中的作用。

2）推荐阅读：作家雨果的小说《悲惨世界》（长作业）。

板书设计

【危急时刻】“诺曼底”号遇难记

【法国】雨果

	忠于职守	借助表格
哈尔威船长	镇定自若	联系上下文
	舍己救人	品味语句

在进行教学设计的时候，我首先考虑的是面对这样一篇篇幅较长的文章，如何做到长文短讲？这是教学设计时我重点考虑的一个点。为了突破这一重点，我主要从两点入手。

首先，第一课时，我和学生一起借助表格梳理出了文章的主要内容。这样做其实就把一篇篇幅很长、情节又很复杂的文章，条理很清楚地梳理了出来，学生也能一目了然地掌握文章的脉络，在此基础上，学生也很容易地找出了本节课的学习切入点。

其次，这是一篇小说。小说这一文体是根据特定环境，在情节推进中塑造小说中人物形象。而本篇文章通过人物语言和行为刻画人物形象这一特点是非常明显的，因此，整节课的教学流程都是通过对人物语言和行为的体会来感悟人物形象。在这个过程中，三个教学目标自然而然地就达成了。

长文如何拓展，这是教学设计时的一个挑战。本节课设计过程中，第一个想法是，学生在与文中主人公对话时，更多的是从语言文字中揣摩人物形象，这时我引导学生拓展阅读了作者雨果对主人公的评价和长大了的水手克莱芒的日记，这两个内容的拓展，使学生在与文字碰撞的基础上升华了对船长的认识。

我给学生推荐了三篇文章，一篇是人教版教材五年级的《桥》，一篇是新闻报道《地震中的妈妈》，一篇是《最美女教师》。这样的三篇文章，其实是不同人物在相似的危急时刻，用自己的行为解读了他对生命价值的理解。所以这时候，也就进一步丰富了学生对船长这一形象的认识。这个过程也是把学生在文中感悟到的船长形象迁移到生活中，把船长这个高大的形象与学生的生活做了一个对接，我们的生活中处处都有这样了不起的人。继而引发学生的一种思考：面对危急时刻，我如何做出生命价值的选择？这是文本走向生活的一个过程。

在日常教学中，都是学生随时提问，我随时解答。而今天在课堂上学生不能自发提出问题时，老师应该给学生创造一个提问的环节，让他们提出不懂的问题，这样可能会让学生把心中的疑问充分地表达出来，同时也是给学生一个提问的意识。如果能这样做就更好了。

《成吉思汗和鹰》教学设计

张　蕾

课前慎思

两年前，我第一次执教《成吉思汗和鹰》这篇课文，尝试运用表格，引导学生发现文本信息之间的联系和变化。两年后的今天，面对不同的学生，再次执教此课，我在原先的基础上进行了新的探索和尝试，对课堂的评价反馈进行了反思分析。

《成吉思汗和鹰》是北师大版教材五年级上册“面对错误”单元中的一篇主题课文。文中，作者抓住成吉思汗四次接水四次被鹰撞翻展开故事情节。成吉思汗的固执与鹰的忠诚之间的矛盾冲突不断把文章推向高潮，最后峰回路转，以毒蛇出现唤出了成吉思汗面对错误的悔悟——“永远不要在发怒的时候处理任何事情”。这个民间传说故事情节曲折、引人入胜，寓意深刻，故事性与哲理性兼揉。

这篇课文是传说，是民间故事，是人民群众口口相传、经历时间的淘洗而流传下来的，本身带有更多的传奇性和生动性。这样的故事，重要的并不在于记述历史，而在于褒贬人物及其精神，探索传说背后所表现出的民族文化心理。而且，在故事的口口相传当中，要想吸引听众的注意，必定有极其生动有趣的形式，这就构成了传说和故事的基本要素，而这同样是值得我们的学生在自己的写作表达中加以借鉴的。

经过四年的学习，五年级的学生已经具备了一定的阅读能力，具有一定量的语言积累。他们的形象思维正随着年龄的增长而不断地丰富与提高，与此同时，他们的抽象思维能力也在逐步发展。

第一课时，学生在初读课文的基础上，了解了有关成吉思汗的背景及有关鹰的资料，这是感悟文本的基础。此外，老师和学生一起设计了一张表格，来学习文章的重点段。通过从文中提取信息，填写表格，学生了解了鹰四次打翻水杯的大致情节。这为第二课时感悟其中的内在联系、揣摩写法和体会情感奠定了基础。

教学目标

第一课时教学目标：

1）初读课文，学习并交流生字新词。

2）正确、流利地朗读课文，初步了解课文主要内容。

3）通过读中感悟，学习课文第1～7自然段，了解故事的起因。

4）通过设计并填写表格，理清鹰与成吉思汗四次冲突的情节。

第二课时教学目标：

1）通过联系上下文理解“气急败坏”“懊悔不已”“小心翼翼”等词语在文中的意思，能够有感情地朗读课文。

2）抓住鹰四次撞翻杯子及成吉思汗的心情变化理解课文内容，使学生懂得“不要在发怒的时候处理任何事情”，对待错误要认真反省总结。

3）感悟写法，初步感知情节曲线的作用。

教学重点、难点

抓住鹰四次撞翻杯子及成吉思汗的心情变化理解课文内容，使学生懂得“不要在发怒的时候处理任何事情”，对待错误要认真反省总结。

说明：这是课后思考题之一，也是故事中让人印象最深刻的情节。学生通过阅读容易了解鹰四次撞翻杯子的过程，但在逐渐升级的矛盾中的变化和内在联系是学生不易体悟到的。所以，这既是重点也是难点。

课中笃行

谈 话 导 入

师：首先，和大家分享一节小诗：

风从草原走过，吹散多少传说。留下的只有你的故事，被酒和奶茶酿成了歌。

马背上的家园，因为你而辽阔。到处传扬你的恩德，在牧人心头铭刻。

师：你们读懂了什么？

（学生自由谈。）

师：短短几行小诗弥散着草原人民对成吉思汗的敬仰。这个被称为“强者之王”的成吉思汗也不免犯下一个令自己懊悔不已的错误。这节课，我们继续走进传说故事，了解这位著名的君王和勇士。

1. 整体回顾课文

就是被称为“一代天骄”的成吉思汗也不免犯下令他懊悔不已的错误，请你浏览全文，回忆这篇课文写了一个怎样的故事。

设计意图 通过浏览课文，让学生整体进入课文情境，回忆故事的内容。既是让学生唤起对上节课学习的记忆，又引领学生进入本课的学习情境。

2. 直入重点，细品文章

（1）通过观察表格，体会成吉思汗盛怒杀鹰的经过

师：用自己的话说一说第一课时所填写的这张表格的内容。回忆鹰四次打翻水杯，阻止成吉思汗喝水的过程。

次数	成吉思汗	鹰	结果
1	接满	打掉	抬头看
2	只接半杯	撞掉	有点生气
3	又接	撞翻	真的生气　嚷
4	喝前警告	扑掉	气急败坏　射箭

（2）引导学生竖着观察表格，发现变化

师：他通过横向串联表格中的信息，说清了鹰四次阻止成吉思汗喝水的过程。现在，我们竖着来观察表格，你有什么新发现呢？

（学生用简要的语言说说发现的变化。）

师：你不仅会观察还会思考，爱思考的孩子在发现变化之后还应该多问个为什么。现在请大家默读课文，边读边思考：成吉思汗的情绪为什么有这么大的变化？

设计意图 表格的设计和使用，培养了学生提取信息、浓缩要点的能力。同时，表格又具备直观性很强的特点，还能帮助学生整理信息，发现情节之间的内在联系。

（3）默读课文第 10～18 自然段，边读边思考：为什么成吉思汗的情绪和鹰的表现会有这些变化？

（4）全班交流

1）感受成吉思汗对水的渴望越来越强烈。

2）感受鹰的动作力度。

3）感受成吉思汗的心情变化，他是越来越生气。

4）在理解感悟的基础上，添加一列表格写下自己的感受。

次数	成吉思汗	鹰	结果	我的感受
1	接满	打掉	抬头看	
2	只接半杯	撞掉	有点生气	
3	又接	撞翻	真的生气　嚷	
4	喝前警告	扑掉	气急败坏　射箭	

（5）感受相互联系，感悟写法

引导学生再次看表格并发现写法。

预设 1：学生发现鹰的动作一次比一次猛烈。深入引导学生注意词语之间的比较，体会后一次到底比前一次猛烈在哪儿，体会鹰的心情一次比一次着急。在理解的基础上指导学生读得短促、逐渐加大力度，读出变化和两三个词语比较突出的区别。

预设 2：如果学生找到了成吉思汗和鹰的变化的原因和内在联系，老师就引导学生发现四次交锋中不变的是什么？（鹰的忠诚和成吉思汗的目的。）

预设 3：如果学生找到成吉思汗越来越生气的原因，就引导学生联系前文理解到他最终气急败坏的原因是多元的，并在朗读中体现理解。

师总结：忠诚的鹰一次又一次地撞杯，一次又一次激怒成吉思汗。作者通过反复叙事的写作手法再现了当时的画面，但四次的描述重点和叙述语言都有所不同，这样的表达有什么好处，你能体会到吗?

师：刚才我们借助表格，理解了文章，这是一种很好的笔记形式，可以试着在课外阅读中使用。我们横着看，了解了四次鹰撞杯的经过，竖着看又体会到了其中的变化和联系，从中感受到了鹰的一心救主的忠诚和成吉思汗的冲动。

让我们再一次通过朗读体会那扣人心弦的四次冲突。（四人读。）

（6）体会成吉思汗发现真相后的懊悔不已

1）引读第 21、22 自然段。（板书：盛怒杀鹰。）

2）引导学生想象，成吉思汗的头脑中会浮现出什么情景。

师：如此忠诚的鹰，惨死在成吉思汗的脚下，却并没有唤起成吉思汗的同情心。他一心要找到水，可当他费劲地爬上岩石顶峰，终于找到水源的时候，却愣住了，那里确实有一池水，可是——

（生接读。）

（师板书：发现真相。）

（师引导学生想象，此时成吉思汗会有怎样的动作神态。）

师：请同学们带着自己想象的画面来读一读。

设计意图 通过给文本补白，引导学生体会到成吉思汗的懊悔不已，为学生朗读成吉思汗的语言，奠下情感基调。

师引读：是啊，这只宠鹰曾经和成吉思汗朝夕相伴，形影不离，可是成吉思汗却盛怒杀鹰，所以他大声喊道——

生："那鹰救了我的命！可是我是怎么回报它的呢？我把它杀了啊！"

师：鹰是草原勇士的左膀右臂，曾和成吉思汗一起征战沙场。可是他却摘下弯弓，要了它的命。所以成吉思汗大声喊道——

生："那鹰救了我的命！可是我是怎么回报它的呢？我把它杀了啊！"

师：这是成吉思汗最喜爱的鹰啊，就在刚才它还一次又一次拼命救主，可是它的一片赤诚换来的却是一支夺命冷箭，所以成吉思汗大声喊道——

生："那鹰救了我的命！可是我是怎么回报它的呢？我把它杀了啊！"

师：这是成吉思汗痛彻心扉的呼喊，他懊悔不已，沿着石壁爬下来，小心翼翼地拾起死鹰，放进自己的猎袋。或许成吉思汗会摘掉一枚羽毛放在胸前，永远地警醒自己，也或许他会把宠鹰的尸体制成标本，放在军营当中，告诫所有的将士。因为他在这个错误中得到了一个沉痛的教训。那就是——

生："永远不要在发怒的时候处理任何事情。"

师：沉痛的教训，怎么读呢？谁愿来试试？

3. 总结提升

师：课文的开头就说这个故事是传说，经过千百年才流传至今。这里包含了人们对成吉思汗的敬仰，对这个教训的反思，还因为这个故事情节曲折，引人入胜。（画情节曲线。）我们来看这篇文章的情节曲线图像什么？

生：像山。

师：中国有一句古话，叫作：文字看山，不喜平。故事当中既要有高峰，又要有低谷。这样才能够引人入胜，扣人心弦。（画曲线。）

4. 拓展阅读

师：人非圣贤，孰能无过。面对错误时，反思是一种能力，更是一种美德！

反思之后及时改正也是成吉思汗的大智慧之所在。成吉思汗是个传奇人物，就像诗中所说，他的故事数不胜数，被酒和奶茶酿成了歌，影响着一代代草原人民乃至全世界。课前，老师发给你们一组阅读材料。请你拿出来，可以在浏览之后选择一篇重点批注，也可以选择多篇对比着读一读。

（生交流感受。）

师总结：通过拓展阅读，成吉思汗的形象在我们的脑海中更加丰满、立体。在他 65 年的生命中，带着蒙古人的智慧、勇猛、胸怀，白手打拼，建立了无人能及的天下。（出示课件：统一草原、覆金灭夏、征服南俄、纵横欧亚）如今，成吉思汗已不仅仅是一个君王的名字，而是代表了一种精神，甚至已成为一种文化载体，推动了整个世界的发展，在军事、经济、文化等方面给后人以深远的影响。各国的政治家、军事家和学者都在从不同的角度探究这个伟大的人物。读史使人明智，这节课即将结束，但你们可以走向一个更宽广的课堂，通过阅读更全面地了解这个历史人物。

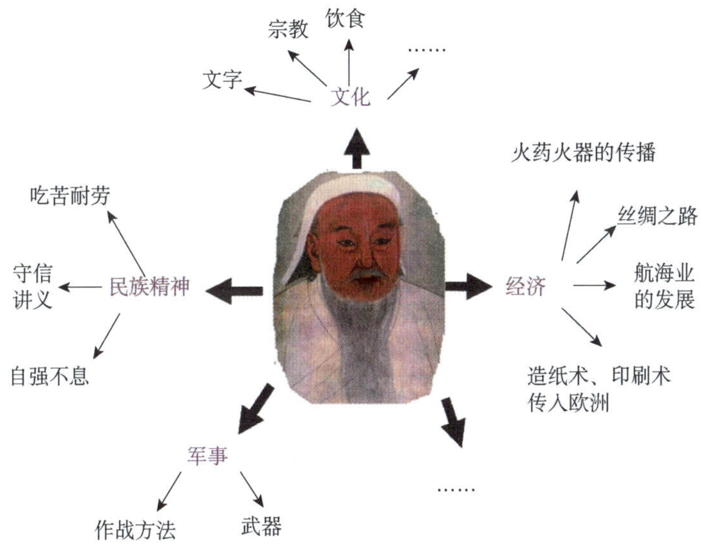

设计意图 生动起伏的情节是传说故事的基本要素，而这同样是值得我们的学生在自己的写作表达中加以借鉴的。

5. 作业布置

1）完成《语文伴你成长》第 61 页。

2）阅读《同步阅读》中与本单元链接的故事，可以试着用列表格的方式做读书笔记。

3）弹性作业，拓展阅读《成吉思汗传》。

板书设计

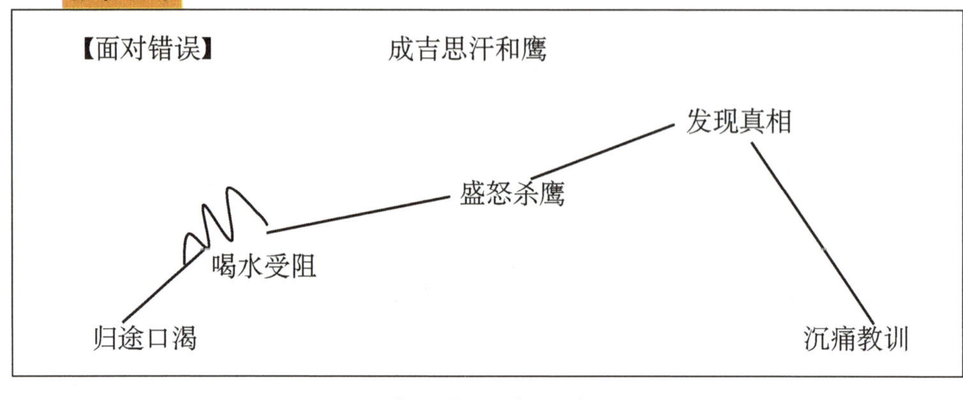

赋予学生自我表达的权利。教师要认真倾听学生对文本的认识，了解他们的初步感受、分析和理解，关注学生的兴奋与疑惑，洞察他们这些想法产生的过程。在倾听中，教师要敏锐地发现学生理解上的偏差、疑惑，以及学生经验背景中已经拥有和缺乏的东西，从而判断学生理解的深度，由教师适时介入追问式评价，引导学生思考、评价、讨论，达到对问题全面深刻的理解。

在点评中，老师巧妙地引领学生由一个故事走向一段历史，把学生心中平面的主人公形象立体化，实现大量信息在学生头脑中的交汇和梳理。对学生发表的不同感受和表达，给予了有针对性的、充满了人文关怀的评价。这有助于营造愉悦、宽松的学习气氛，给学生创造出一个认识自我、建立自信的良好空间，激发其内在发展的动力。

在课堂教学中，教师应及时捕捉学生的闪光点，给予鼓励。成功，哪怕只是一点点，对一个学生树立自信意识也是极为有益的。因此，教师在课堂上不要吝啬对学生参与教学活动的赏识与赞许，要及时送上充满激励的评价，让学生不断获得前进的动力，增强自信心，体验成功的快乐。也只有这样，我们的课堂才会折射出智慧的光芒，才会充满生机和活力。

教师的评价要做到因人而异，要针对不同的学生采用不同的评价标准。因此，教师要了解他们的基础，关注他们的发展状况和努力程度，尊重差异，为每个学生的发展创造宽松的环境，并给予具体指点和引导，耐心期待学生一点点成长、进步。有效的课堂教学评价要求教师在评价时不只是简单地判断或褒奖，而应注重具体引导，应更多地从内容、方法等方面去点拨和启发。

教育，是一种温暖的抚爱，“没有爱就没有教育”。教师在课堂教学中评价学生时，心中要有“爱”，要做到“每句话背后都是一颗心”，从爱护学生的角度出发，不管是肯定的还是否定的评价一定要发自内心，真心实意，做到“动之以情，晓之以理”。教育家陶行知先生说：“教育是心心相印的活动，唯独从心里发出来的，才能打动心的深处。”学生感受到老师的真诚，才会接受教师的评价。教师情真意切的评价，定会让学生如临春风，如沐春雨。

总之，课堂教学评价是一门艺术，它植根于深厚的教学功底、良好的口语素养和正确的教学理念。相信如果我们在课堂上关注和体察学生的课堂表现，学会认真倾听，在反思中增强研究意识，在教学中不断实践探索，就一定能步入这座有效评价的艺术殿堂。

课外阅读指导:《城南旧事》之“人物关系图”教学设计

马 佳

课前慎思

语文，是人类最重要的交际工具和信息载体，是人类文化的重要组成部分。语文课程对继承和弘扬中华民族优秀文化传统和革命传统，增强民族文化认同感，增强民族凝聚力和创造力，具有不可替代的优势。吸收古今中外优秀文化，提高思想文化修养，促进自身精神成长，是语文学科人文性的集中体现。北师大版教材注重名家名篇的编选，其中《迟到》一文就节选自林海音的《城南旧事》。《城南旧事》是林海音以自己7～13岁的童年生活为背景撰写的一部自传体短篇小说集。它展示了一个孩子眼中的20世纪20年代老北京的社会风貌和家庭生活。从一篇文章到一部小说集，这样的由课内到课外、由课文到名著的阅读延伸，将会让学生走进经典，在阅读中学会阅读，获得更为丰富、多元、个性化的阅读体验，从而通过阅读建构丰富的精神世界，培养健全的人格，受到审美的熏陶，完成文化的传承。

同时，语言是思维的工具。语言的发展与思维的发展相互依存，相辅相成。我们常说：高年级的学生要站在“篇”的角度，概括文章内容，感悟人物情感，揣摩表达方法。但怎样才能让学生的思维站到“篇”的高度上呢？这其中是有方法的。《城南旧事》中人物众多，几个故事彼此相连又相对独立。在阅读中，指导学生梳理人物之间的关系，进而概括每个故事的主要内容。这需要学生统观故事全貌，勾连起前后不同的情节，辨析人物间在关系上、情感上的内在联系。因此，他们必然要经历列举、分类、比较、辨析、综合、系统化思考等一系列的思维过程，学生的阅读经历了一个从“厚”到“薄”，再从“薄”到“厚”的过程，从而读懂小说。因此，梳理人物关系图既是一种阅读方法，又是一种思维训练。

教学目标

1）引导学生通过人物关系图理清人物关系、复述故事情节。

2）引导学生运用课内学习的阅读方法，补充绘制《城南旧事》人物关系图，从而感悟作品情感。

3）激发学生课外阅读兴趣。

教学重点、难点

引导学生运用课内学习的阅读方法，补充绘制《城南旧事》人物关系图，从而感悟作品情感。

课中笃行

（一）精彩两分钟

学生为《城南旧事》配插图，猜人物，讲情节。

点评：采访一下小画家们，为什么画这个情节？

利用你的绘画特长，将书中打动你的文字、话语变成了画，欣赏着栩栩如生的画，又让我们回忆起了作者笔下的画面，相信在绘画的过程中你们一定也加深了对内容的理解。这也是一个很好的读书方法。

设计意图 借助“精彩两分钟”这一环节，让学生分享阅读体验，使其成为学生之间展示个性化阅读方法的舞台，进而激发阅读兴趣。

（二）回忆绘图标准

1. 小说中有哪些人物

师：小说中有哪些人物呢？

（生回答。）

师：这20多个人物虽然有主有次，但彼此关联，共同讲述着20世纪20年代老北京的风土人情和小英子一家人的悲欢离合。在梳理他们的关系时，我们用到了一个好方法——人物关系图。上节阅读课，我们了解了什么是人物关系图，讨论出了好的人物关系图的三条标准，并动手画了画。还记得吗？

生齐答：人物全、关系明、层次清。

2. 画了人物关系图，它的作用是什么

师：画了人物关系图，它的作用是什么？

生回答：理关系、忆情节。

设计意图 回顾学生的已知，唤起学生对人物关系图的回忆。

（三）讲述故事情节

1. 指导学生利用人物关系图，理清小说的故事情节

读了《城南旧事》，你最喜欢小说中哪个故事？请你借助人物关系图给大家讲一讲。

预设 1：《惠安馆》

英子在惠安馆附近认识了秀贞和妞儿，和她们成为好朋友。相识一段时间后，发现她们是母女，并且让她们相见了，她们踏上了寻找小桂子生父的路程。

第一步：看人物关系图，英子和秀贞、妞儿之间发生了什么事？

第二步：秀贞和妞儿之间又发生了什么事？

第三步：用这些关键词，咱们就把这个故事人物之间的情节梳理清楚了。看着这样的人物关系图，你能把故事的主要内容讲给大家听吗？

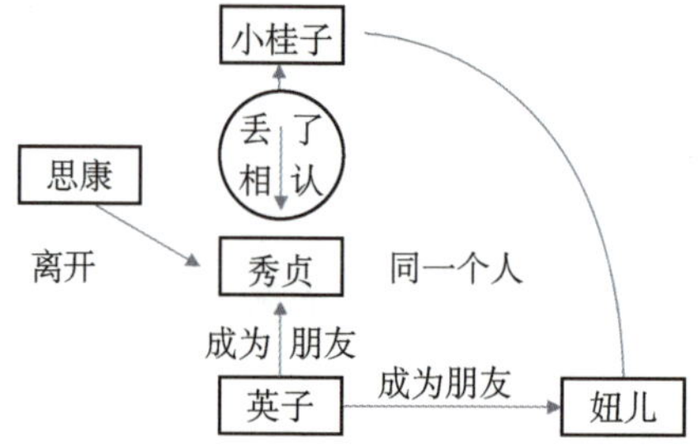

预设 2：《兰姨娘》

兰姨娘的命运很悲惨，她先是当歌妓，被人赎了之后又被赶出了家门，寄住在英子家，最后她和英子家的另一个男人德先叔一起离开了北京，开始她的真爱。

预设 3：《我们看海去》

英子刚上小学的时候，有一天在草丛中结识了一个小偷，这个小偷每天和她在草丛中相会，小偷给英子讲述自己的经历，英子和他成为朋友，最后小偷偷的包袱被发现了，小偷被抓走了。

预设 4：《驴打滚儿》

宋妈的命运很悲惨。宋妈为了家庭而到英子家当奶妈，她的儿子小栓子淹死了，女儿小丫头子被黄板牙给卖了，后来宋妈被黄板牙接走了。

预设 5：《爸爸的花儿落了，我也不再是小孩子》

英子小学毕业那一年，爸爸答应参加她的毕业典礼，但是却因重病去世了，没能参加。在那一时刻，英子觉得自己不再是小孩子了。

2. 总结人物关系图的作用

借助人物关系图，我们就能回忆起小说中的重点情节，让我们在讲故事的过程中思路更清晰，语言更简洁。这就是把书由“厚”读“薄”的过程。

设计意图 指导学生根据已经绘制好的人物关系图，尝试说一说小说故事的主要情节，进行表达能力的训练，提升归纳概括能力。

（四）品味人物情感（性格）

在这众多的故事人物中，哪个让你印象深刻？你又为什么对他念念不忘呢？

预设 1：《惠安馆》

英子——仗义执言、善解人意、富有同情心。

秀贞——思女心切。

妞儿——命运悲惨。

打出 PPT，引导学生再次阅读文章，感悟小说人物的性格。

教师进行学法指导：通过讨论，我们对这个故事中人物的情感、性格又有了新的理解和感悟，可以把你的这些新收获补充批注在人物关系图上。

学生补充批注人物关系图，老师巡视。

小组交流，选出最好的批注。

全班展示交流。

教师再次进行学法指导：发现了吗？补充人物关系图，和学习课文时的方法特别类似。（画批）得法于课内，运用于课外，看来课内外的阅读都是相通的。

预设 2：《我们看海去》

打出 PPT，全班讨论：草丛中的男人到底是好人还是坏人？

学生畅谈自己的理解，会一分为二地评价这个人物。

教师梳理：你们是从不同的角度评价这个人物。我们可以用人物关系图表示：

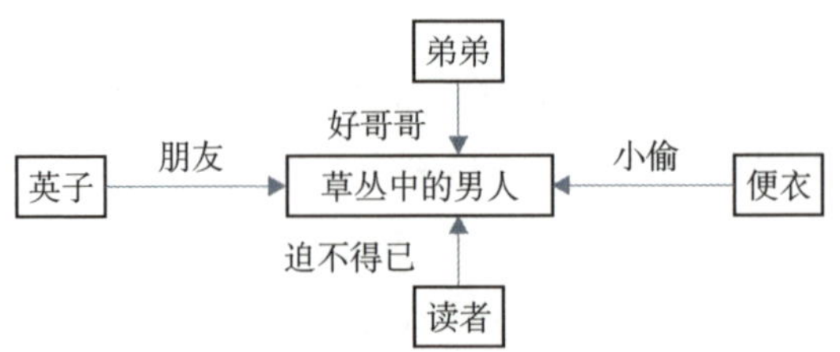

这样我们对一个人物的评价更加多元、更加客观、更加丰富。

预设 3:《驴打滚儿》

宋妈——勤劳、爱孩子，坚韧却又软弱。

打出 PPT，引导学生再次阅读文章，感悟小说中宋妈和英子一家人“不是亲人，胜似亲人”的特殊主仆关系。

教师进行学法指导：读小说不仅要读出人物之间的表面关系，而且要从人物的一言一行中，读出隐藏在字里行间的情感联系，感受他们的喜怒哀乐，这才是真正读懂人物的过程。快把你的阅读新发现补充批注在人物关系图上。

学生补充批注人物关系图，教师巡视。

预设 4:《爸爸的花儿落了，我也不再是小孩子》

爸爸——严中有爱。

英子——坚强勇敢、不断成长。

打出 PPT，引导学生再次阅读文章，感悟小说中英子面对爸爸去世时的悲伤情感和坚强性格。

教师进行学法指导：在对比中，感受英子内心的成长。爸爸种的花儿落了，爸爸的生命之花凋谢了，但此时的英子却真正长大了，内心的平静正说明了她的坚强勇敢。快把你的阅读新发现补充批注在人物关系图上。

学生补充批注人物关系图，教师巡视。学生随文质疑。

设计意图 在二次梳理人物关系图的过程中，引导学生再次走近小说，品味语言文字，感悟人物的内心情感，并运用已经掌握的阅读方法，借助人物关系图，对人物形成全面、多元、客观、个性化的评价。

（五）总结人物关系图的作用

1）通过今天的交流，看看完善之后的人物关系图，你发现它对我们的课外阅读有哪些帮助?

2）梳理人物之间的关系，回忆情节讲故事，我们把书从“厚”读“薄”

了；今天我们继续感悟人物内心情感，多角度评价人物，透过人物关系图，从浅入深地阅读，不知不觉间，我们读书又经历了一个从“薄”到“厚”的过程。我想，阅读的快乐也就尽在其中吧。

设计意图 此处的方法指导，旨在帮助学生梳理阅读方法，感受阅读的快乐，并在今后的课外阅读中学以致用，培养良好的阅读习惯。

（六）拓展阅读方法

人物关系图只是一个能够帮助我们更好地阅读一本书的工具和方法，那么在我们的学习中还接触过哪些这样的工具和方法?

预设：列提纲、画表格、画情节曲线、画批等。

读书的方法有很多，找到适合自己的就是最好的。

（七）布置作业

完善自己的人物关系图，下节阅读课全班交流。

板书设计

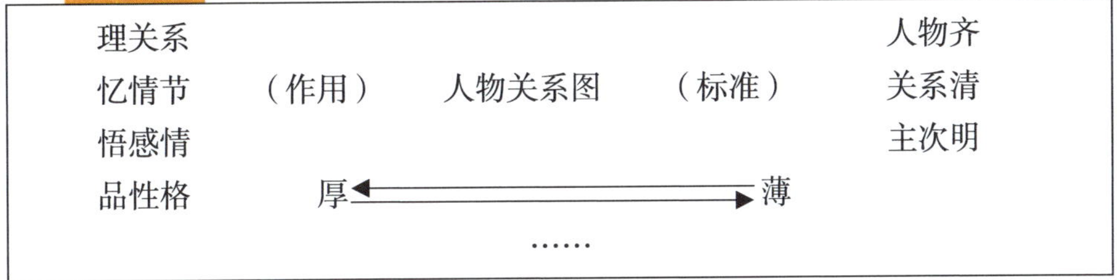

人物关系图的绘制，是对文本的二次解读和提炼。它的好处是在绘制过程中就已经确定了文中的主次人物，理清了人物之间的关系。那么在这节课的实践中，教师不仅教给学生如何根据已经绘制的关系图进行准确的修改，而且让它发挥了二次作用。教师指导学生根据已经绘制好的人物关系图，引导学生尝试说一说故事的主要情节。这实际上是在训练学生的口头概括能力。而这种概括能力的训练不是要学生一步登天，而是借助了人物关系图这个梯子，帮助学生抓住主要人物和他们之间发生的事件，概括地说出主要内容。在学生交流过程中，人物关系图就是学生头脑中的思路，顺着这个思路就可以说得清晰，说得简略、不啰唆。这个实践过程提升了学生思维的质量、口头表达的水平，促进了学生的发展。

反思这节课的设计，有一点是我在备课中有所忽略的，那就是作者的情感。《城南旧事》是作者以第一人称写作的，在阅读过程中应有意识地引导学生站在“英子”的角度看待人物，这样学生在情感上会与作者产生更多的共鸣，更深刻地理解人物的命运。

《忆读书》教学设计

李爱丽

课前慎思

《忆读书》是北师大版小学语文教材五年级下册第二单元中的第二篇课文，单元主题是“书”。本文是著名现代女作家、儿童文学家冰心所写。当时 89 岁高龄的她，在国际扫盲日和教师节前夕，按照时间顺序回忆并总结了自己一生的读书体会。

文章的层次非常清晰：第一部分用自己的亲身经历讲她读了很多书，从中体会到了读书的好处，所以爱读书；第二部分讲书读得多了，就学会了选择；第三部分总结了一生的读书体会，即“读书好，多读书，读好书”，直接点明了文章的中心。同时，文中借“我永远感到读书是我生命中最大的快乐”来表达自己热爱读书的情感。

文章在语言表达上也富有新意：开篇一句“一谈到读书，我的话就多了”让人听来很亲切，好像一位慈祥的奶奶在跟自己聊天，一下子抓住了学生的心。在整篇文章中，作者完全是对自己亲身经历的讲述，让学生在读的过程中跟随冰心奶奶成长，直到文章结尾得出“读书好，多读书，读好书”的结论。

学校每年都有读书节，每个学期都有读书三仕的评选活动，我校五年级第二学期的学生已经养成了一定的阅读习惯，有了一些阅读体验，但是阅读方法还不够丰富，阅读量也有待提高。课文内容与学生的生活紧密相关，很多体验也亲身感受过，所以历届学生的阅读兴趣都是很高的。

课文的中心“读书好，多读书，读好书”，渗透在老人对读书经历的回忆中，学生不但对事件的把握要准确，而且要在阅读中联系自己的读书体验，这样才能深刻领会其内涵，从而了解作者不同阶段的读书经历及感受，学会从作者复杂的读书经历中归纳读书对于成长的种种好处，领悟读书的多种方法，这正是这篇文章的学习重点和难点所在。

在第一课时学习之前，学生已经通过壁报、精彩两分钟等形式，阅读、交流了查找到的课文中提到的书籍资料及冰心的个人背景资料。在第一节课上，教师范读了课文，纠正了字音、字形。学生初读课文，理解了题意和课文的主要内容，明晰了冰心少年时代是怎样读书的。并且理清了文章的结构层次和写作顺序，梳理了学生的质疑并初步解疑，为深入学习课文内容做了充分准备。

教学目标

1）通过深入学习文本，引导学生准确把握文章要点，明确应多读书、读好书，激发学生读书的兴趣。

2）通过多种朗读形式，品味文中富有感染力的语句，引导学生联系生活实际理解读书的好处，领悟读书的方法，体会作者“读书是我生命中最大的快乐”中表达的情感。

3）指导学生有感情地朗读课文，并积累语言。

教学重点、难点

通过多种朗读形式，品味文中富有感染力的语句，引导学生联系生活实际理解读书的好处，领悟读书的方法，体会作者“读书是我生命中最大的快乐”中表达的情感。

课中笃行

（一）复习导入

1. 复习已知

同学们，今天这节课我们来继续学习《忆读书》这篇课文。回忆：课文主要讲了什么？（冰心回忆了她一生的读书体会。）冰心先生写这篇文章的时候已经89岁高龄，在回顾了自己少年时代的读书经历后，她将自己几十年的读书心得用哪九个字来概括？（读书好，多读书，读好书。）

2. 引入新课

对，正因如此，她常年阅读不断，笔耕不辍。不过，她之所以终生与书为伴，还有一个更为重要的原因，请你快速浏览课文，在文中画出那句话。（我永远感到读书是我生命中最大的快乐！）

（二）新授阶段

1）默读课文，思考并批注：你从哪里感受到读书是冰心生命中最大的快乐？如果你曾经有过这样的感受也批注出来。

设计意图 阅读是个性化的行为，应让学生在主动积极的思维和情感活动中，加深理解和体验。引导学生在阅读过程中，联系生活实际和已有阅读体验来帮助理解文本内容和作者情感，更易于激发学生的阅读兴趣。

2）交流研讨：选你深有所感的内容谈谈读书给人带来怎样的快乐。

小组交流后全班交流。

学习重点：学生的理解始终要联系生活实际，老师的重点放在朗读指导。

第三自然段：

第一，学生会联系自己的生活体验谈这种欲罢不能的感受。教师引导思考：伤心落泪怎么也算听书的快乐呢？（出示课件比较。）

第二，教师指导朗读：听大家这么一说，我知道了，有不少同学都深有同感。原来“含泪”是因为得不到继续听书的快乐。看来这些文字不但表达了冰心当时的情感，也表达了你读书时的情感，那我们就一起把这些感受读出来吧。男生读第一句，女生读第二句。

导语：不认字的时候，听别人讲故事中的精彩情节（板书：故事情节）也给我们带来了无尽的快乐。想必认字了，读书的快乐会更多吧？

第四自然段：

“此后，我决定（咬了牙，）拿起一本《三国演义》来，自己（一知半解地）读了下去，（居然）越看越懂，虽然字音都读得不对，比如把“凯”念作“岂”，把“诸”念作“者”之类，因为我只学过那个字的一半部分。”通过教师朗读，引导学生对照课文找不同：哪儿跟书上不一样画下来，想想书上为什么这样写。交流后自己读，边读边体会。如果你有过这样的经历，你的体会肯定比别人深，你来读读，也可以试着背一背。

设计意图 通过这样的朗读训练，鼓励学生在诵读实践中增加积累，发展语感，加深体验与领悟。同时，引导学生关注作者语言中的细微之处，这些细节恰恰能够准确地反映作者的情感变化，也往往能引起学生的共鸣。

第五自然段：

第一，“谈到《三国演义》，我第一次读到关羽死了，哭了一场，把书丢下了。第二次再读时，到诸葛亮死了，又哭了一场，又把书丢下了。最后忘了是什么时候才把全书读到‘分久必合’的结局。”学生联系生活实际谈理解后，引导讨论：这两次“丢”“哭”是不是意思重复了？文中没写的是什么？（捡。）为什么丢、哭、捡？（哭的是不同人的不同命运，不忍读，又不忍不读，矛盾中感受快乐。学生可举个例子。）这么矛盾的心情该怎样表达呢？你们试着读读看。

设计意图 通过这样的讨论，引导学生理解作者在读书时专注投入、沉浸在故事情节的起伏中，人物命运的变化中，并从中获得快乐。同时，以点带面，为下面 7、8 节相似内容的简略学习做好铺垫。

第二，小结：由于读书入情入境，书中的故事情节、人物命运激起了作者和我们的情感变化，从而获得多种情感体验，这也是读书带给我们的快乐！（板书：激发情感。）

过渡：课文第 7～8 自然段也谈到了类似的感受，同桌两人读一读第 7～8 自然段。

第三，除此之外，你还从哪里感受到读书带给作者的快乐？你可以找出最明显的句子，读出作者和你自己的感受，也可以结合自己的体验简单谈谈感受。

第六自然段：“聊斋故事是短篇的，可以随时拿起放下，又是文言的，这对于我的作文课很有帮助。”结合自己的体会简单谈。“杜甫：读书破万卷，下笔如有神。”（板书：有助写作。）

第九自然段：“这又使我知道了许多外国的人情世故。”（板书：增长知识。）“威尔逊：书籍——通过心灵观察世界的窗口。”

第十自然段：由于年龄的差距，学生对于旧书常读常新不易理解，教师可以结合自己的亲身经历讲给学生听。“苏轼：旧书不厌百回读，熟读精思子自知。”

第十二自然段：唯一的消遣，读万卷书。（读万卷书，行万里路。）

第十一自然段：从读书中我还得到了做人处世的“独立思考”的大道理。（板书：获得道理。）

设计意图 对于那几个内容简单、意思明显的自然段，学生理解起来并不困难，因此采取以读代讲的方式处理，既节省了课堂的时间，又突出了学习的重点。

3）课件出示：总而言之，统而言之，我这一辈子读到的中外的文艺作品，不能算太少。我永远感到读书是我生命中最大的快乐！

第一，一谈到读书，我的话就多了！

第二，理解："总而言之，统而言之"是什么意思？在文中起了什么作用？（总结、概括；呼应开头。）如果学生说不出来，指导读第一节。

第三，总结：其实，这些从读书中感受到的快乐就是读书的好处，现在，我们借助这个填空来梳理一下自己的理解和收获吧：

读书可以（　　），可以（　　），可以（　　），可以（　　），还可以（　　），我们总能从读书中得到（　　），所以，我们要多读书。

4）读书有这么多好处，那是不是只要读更多的书就能感受到更多的快乐，得到更多的收获呢？（不是，还要有选择地读书，读好书。）

5）是呀，正像赵树理说的那样："读书也像开矿一样，沙里淘金。"到底什么样的书才是好书呢？冰心先生已经悄悄告诉我们了，咱们一起来边读边找找看。

第一，师生对读第 12 自然段后面部分。

第二，指名说说：冰心先生告诉我们什么样的书是好书？你读过这样的书吗？什么感觉？（这就叫"心动神移、不能自已"。）

（三）理清顺序，揣摩表达

我们在学习文章的时候，选取自己感受最深的内容谈起，那冰心先生在写这篇文章时是不是也是想到哪里写到哪里呢？（按照时间顺序写出了自己从读书中感受到的乐趣，很有条理。最后浓缩为九个字——读书好，多读书，读好书。）这九个字你做到了吗？或许这文中的有些感受你现在还不能体会，没关系，随着年龄的增长、阅历的丰富、阅读量的增加，你终究会感受到的。或许，你还有些读书的体验与冰心先生不同，你也可以按照自己喜欢的顺序把它写下来，与更多的读书人交流。

设计意图 将刚才散在点上对课文内容的理解及对作者情感的体会加以归纳、梳理，提升学生对课文的整体认识，同时，揣摩文章作者的表达方法，为自己的习作做铺垫。

（四）作业设计

推荐阅读：培根《谈读书》。

培根说，知识就是力量！他也曾写过一篇关于读书的文章——《谈读书》，有兴趣的同学不妨读读看。很多名人都有自己独特的读书心得，大家可以搜集他们关于读书的格言，从中感受读书的力量，学习读书的方法。

板书设计

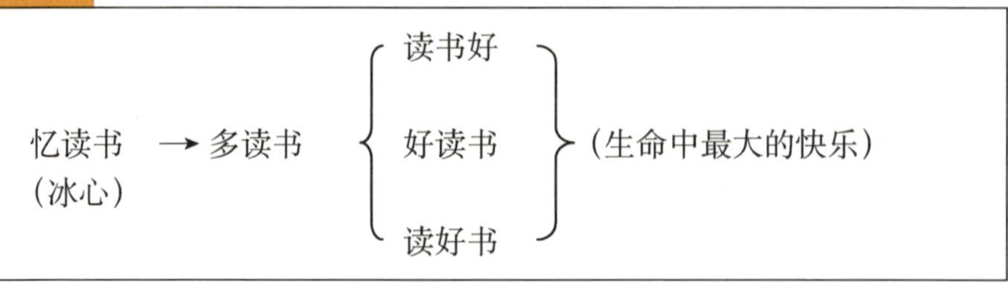

1）教学本文时，我没有严格划分文章的段落层次，也没有逐段进行讲解，而是引导学生抓住文章思想内容的要点，使学生对作者所说的“读书好，多读书，读好书”有比较透彻的理解。这种理解先让学生找离自己最近、感受最深的点来谈体会，注意引导学生联系平时自己读书的实际去理解文章作者的体会和感受。然后再梳理全文的表达顺序。

2）注意课前和课后的学习延伸。文中涉及的名著较多，在课前引导学生查找阅读，以引起学生阅读的兴趣，上课提及这些内容也不至于觉得生疏。通过课堂学习激发学生的阅读兴趣，引导课后继续阅读。

3）关注语言积累，在学习中引导学生在理解的基础上朗读、背诵感受最深的内容。

《晏子使楚》教学设计

郭　霄

课前慎思

本篇课文源自北师大版小学语文教材五年级下册第七单元中《晏子春秋》这篇文言文中一个选段的译文，故事发生于春秋时期，是一个脍炙人口的小故事。

本文以对话描写为主，辅以神态、动作等描写，使一个能言善辩、有礼有节的晏子形象跃然纸上。从写作手法上看，文中多用对比：首尾中的对比，如“侮辱”与“尊重”；段落中的对比，如“关门钻洞”与“开门迎接”、“冷笑”与“陪笑”、“笑嘻嘻”与“赔不是”等。这使文章浑然一体，情节发展一气呵成，并且从侧面体现出了晏子的智慧过人、有礼有节、令人尊敬的使臣形象。

全篇课文由三个小故事构成，分别是晏子入城门、晏子见楚王、晏子见齐盗。整个故事风趣盎然，尽显晏子智慧。这三个小故事构成了晏子使楚的经过，文章开头交代了晏子使楚的背景及楚王侮辱晏子的起因，文章结尾简明扼要地写出了事情的结果。纵观全文，文章的情节生动，层层递进，这样的布局谋篇很有特点。同时，这样的文章也深受学生喜爱，让学生学起来兴味盎然。

我所任教的学生喜欢这篇课文，乐学。在理解文章内容方面，大部分学生具有一定的抓关键词句的能力，个别学生还能质疑。学生学习本文的难点是：

1）本文中涉及的时代背景，如晏子使楚的原因、古代礼仪、君臣使三者之间的关系不明确，需要学生知晓，给予补充，这可作为深入学习文本的前提与基础。

2）学生对课文的内容是能够较为全面地进行提炼概括的，而对于深度学习课文，如对于晏子内心世界的体会，存在困惑。这对于体会作者是怎样刻画人物形象造成了困难。因此，在引导学生深入剖析人物特点时，需相应且有效的教学策略作为抓手辅以帮助。

教学目标及课时安排

第一课时：

1）初读课文，学会7个认读字与11个生字，对文中难理解的字词进行解释，并利用表格提取信息，理清文章的文脉，概括文章的主要内容。

2）在学生交流相关资料的基础上，了解晏子出使楚国的时代背景。

3）在初读课文的基础上，初步了解晏子的人物形象。

设计意图 首先，在初读课文的基础上，利用表格概括主要内容，并为第二课时的学习奠定基础；其次，在交流资料的基础上，了解时代背景和使臣的概念，从而为第二课时更好地走进晏子的内心打下基础。

第二课时：

1）指导学生品读晏子使楚时的语言、动作、神态，恰当运用资料，感受晏子有礼有力有节、借力使力、巧妙应对的大智慧。

2）借助表格的梳理，体会文章“突出人物形象、层层深入”的表达效果。

3）通过读写结合，激发学生课外阅读《晏子春秋》的兴趣。

教学重点、难点

重点：指导学生学习晏子对话的内容，揣摩作者的表达效果，体会晏子的内心世界。

难点：感受晏子不辱使命的表现和过人的外交智慧。

课中笃行

第一课时

（一）精彩两分钟

介绍晏子的资料。

（二）从课题导入，解题

1）晏子使楚是什么意思？

晏子出使楚国。

2）用“出使”这个意思，“使”字还可以组什么词？

使者、使臣：身份。

使命：任务。

学生说到“使命”时，教师一定要追问：“什么叫作使命？”使命就是奉命去完成的某种任务，泛指重大的任务。

（三）课题质疑，分享资料

我们解过题后，同学们想一想，结合题目，你有什么质疑吗？

预设 1：晏子为何出使楚国？也就是晏子出使的使命是什么？

晏子使楚的背景：在齐景公即位的第二年，由于他在晋国访问时的狂妄态度，引起了晋国高层的不满，于是晋国派出军队对齐国实施震慑性攻击，齐景公一开始并不在意，但后来晋国军队几乎兵临城下，使得他不得不服软。通过这次教训，齐景公意识到单凭齐国的力量是无法与强晋抗衡的，于是他将目光放到了南方的楚国，决意与楚国修好，共抗晋国。在这种情况下，晏子作为使者访问了楚国。

此时楚国由楚灵王执政，他目空天下，狂妄自傲，因此打算羞辱一下齐国的使节，于是便有了“晏子使楚”这个故事。而以出使的方式来完成这样的使命，在当时是十分常见的。

预设 2：使者的主要职责是什么？

春秋时期，群雄割据，各国之间争斗不断，而为了国家与国家之间的发展和交流，则会派出使者进行访问。访问中，或示好，或谈判，或陈利害，这就是使者的主要职责。

出示春秋末期五霸地图：通过势力版图，我们可以看到齐国日益衰弱，而晋国日趋壮大，楚国则国势强盛，可见，如果齐楚联盟不能确立，则齐国危矣。晏子此行，真是任重道远呀！

预设 3：晏子是怎样出使楚国的？

预设 4：晏子出使楚国的结果如何？

后两个问题，我们通过稍后对于课文内容的深入学习再来解决。

（四）指名读课文，正音、解词，交流自学成果

现在，我们先来读一读课文，同学们立书，老师指名读，其他人认真听，看看能否做到读准字音，朗读通顺流利。请一个小组的同学来读。

1. 读生字

请一个小组的同学读一读，要求读准字音。

2. 学习难写易错字

请同学相互交流，老师指导书写。其中重点指导难写字“橘”。

3. 解词

乘机：利用机会、找空子。

欺君之罪：欺骗君主的罪行。

敝国：是对自己的国家的称呼，敝是对自己或自己一方的谦称。

面不改色：脸色不变。形容从容镇静的样子。

安居乐业：安，安定；乐，喜爱、愉快；业，职业。指安定、愉快地生活和劳动。

教师随机点评，总结解词方法：刚才我们是对这些词语表面意思的理解，而对词语的学习更要放进课文的语境之中，那样才真正有助于将课文读懂、读透。

（五）利用表格，提取信息，概括课文主要内容

1）读课文，简要说一说文章讲了一件什么事？

教师关注学生对事件起因和结果的概括，抓住重点词语，填在表格中。

2）细致学习三个回合的内容，并且填表。

这个故事的经过，又是由三个完整的小故事构成的，也就是晏子与楚王斗智的三个回合，下面我们就来细致学习这三个回合，拿出手中的表格，我们一起来借助表格进行学习。

第一，填写“第一回合”表格。①填写“楚王”与“晏子”的表现：信息要点。②交流总结。

此回合由教师指导学生填写。

第二，填写“第二回合”“第三回合”表格。①填写“楚王”与“晏子”的表现：信息要点。②交流总结。

这两个回合教师酌情辅导。

第三，借助表格，归纳主要内容。

春秋末期，齐国派晏子出使楚国，楚王三次侮辱晏子，却都被晏子巧妙地回击了，最后楚王不敢不尊重晏子了。

（六）默读并思考

晏子是一个什么样的人？并且让学生提出不懂的问题，学生间交流，教师梳理。

（七）课后作业延伸

1）熟读课文。

2）纵向观察表格，看看有哪些发现。

起因	想侮辱、显威风		
经过	楚王	晏子	结果
	派人　关门、开洞	看了看、访狗国	只好开门迎接
	见面　冷笑、没有人、打发你	严肃、拱了拱手、故意笑了笑、讲规矩	只好陪着笑
	宴请　笑嘻嘻、没出息	面不改色、站起来 南橘北枳、水土不同	只好赔不是
结果	不敢不尊重		

第二课时

（一）复习导入

1）齐读课题。

2）回顾上节课学习内容。

上节课我们借助表格，共同学习了齐国大夫晏子出使楚国这个故事的来龙去脉，横向观察表格，谁来说一说讲了一件什么事？

3）纵向观察表格，谈新发现。（课件中呈现表格。）

上节课老师留了一项作业，纵向观察表格，看看有什么发现？谁来说一说！

楚王一计不成又施一计，晏子的表现十分巧妙，结果都是楚王自食苦果、自取其辱。

（二）自学，补充批画

自学提示：认真地读一读在三个回合中晏子是如何应对楚王的，他的应对究竟妙在哪里呢？

（三）全班交流

（第一回合交流要点）

1）结合晏子对话和“看了看”的表现，走进晏子内心，体会晏子话语的效果，感悟晏子身上的“有礼有力有节、借力使力”的智慧。

2）学习晏子的话语内容，通过个性化的朗读指导，进一步体会晏子有礼有力有节的大智慧。

设计意图 抓住晏子的表现，走进人物内心，体会晏子借力使力的方法，感悟其有礼有力有节的智慧，并为第二回合的学习奠定基础。

操作流程

1）抓“看了看”“只有……才……”和“狗洞、狗国”：体会晏子“将计就计、借力使力”的过人才智，此处是妙处之一。

2）学生结合自己的理解，练读文中晏子的话。

方式：指名朗读。

①如果让你来读一读人物的话，你应该怎样读呢？自由读，练一练。

②指名读。

教学预设

1）如果学生一上来就研讨晏子对话的部分，就先让学生交流清楚“借力使力”的应对策略，再让学生想象晏子的内心世界。

2）如果学生一起来说对话内容和提示语，就直接借助“看了看”走进晏子内心，体会其有礼有力有节的智慧。

3）如果学生能够说出“晏子不明说、言外之意、弦外之音”，就可以借助“看了看”，引导学生谈晏子的想法。

第二回合交流要点

结合晏子三次对话内容，走进晏子的内心，对比变化，感悟晏子的有礼有力有节、足智多谋的大智慧。

设计意图 通过创设情境，分角色朗读，以读带讲，让学生切身感受晏子借力使力、有礼有力有节的大智慧。

操作流程

1）引入情境，师生对读。

2）引导学生走进晏子，体会晏子是怎样应对的，为什么这样应对。

3）师生分角色对读，表达阅读的感悟。

教学预设

1）如果学生的朗读不够到位，教师要借助楚王的感受来进行评价，指导朗读。

2）如果学生的表达不够严肃，教师要借楚王身份及时引导。

第三回合交流要点

1）结合现代文中的“面不改色，站起来”和文言文中“避席”的对比，走进晏子的内心，感悟晏子身上的有礼有节、足智多谋的大智慧。

2）结合晏子对话，运用之前学习的方法，让学生自主感悟晏子应对之巧妙，从中感悟晏子过人的智慧。

设计意图 巩固前文的学习方法并加以运用，体会应对之巧妙，感悟晏子形象。

操作流程

1）体会“南橘北枳”这一典故引用的精妙之处。

2）指导学生抓住“面不改色，站起来”和文言文中“避席”的对比，走进晏子的内心，感悟晏子身上的有礼有力有节的大智慧。

教学预设

如果学生谈不到“站起来”，教师要适时引导、点拨。

（四）体会晏子出使“不辱使命”和楚王“不敢不”中的情感

交流要点

1）理解“不敢不”的情感。

2）感悟晏子比楚王技高一筹，进而理解为何是“不辱使命”。

设计意图 进一步理解人物形象，为总结借助表格进行学习的方法，奠定基础。

操作流程

1）出示课件中的表格，交流你对晏子应对的妙处又有什么新的感受？

2）为何晏子会有这样高妙的表现呢？

（五）探究表格，延伸发现文章布局谋篇的精妙之处

（六）回读课文中的精彩片断，鼓励学生个性表达

设计意图 通过口头表达，表达对晏子的敬佩之情。

（七）从读到写，小练笔

历史上对于晏子的主要评价是“能言善辩、善于辞令、足智多谋”。为了表示对他的敬佩，后人还将他的言行编辑成册，写了《晏子春秋》这本书，书中一共写了有关晏子的200多个故事，那些故事篇篇经典，其中不乏脍炙人口的文章，有这样一个故事。

外貌不足识人

有人不满地质问晏子：“英雄豪杰，必相貌绝伦，雄伟无比，而今相国您，身高不足五尺，手无缚鸡之力，只是徒逞口舌之利的说客罢了。单单依靠口舌，

而没有实际的本领，欺世盗名，不感到可耻吗？”……

听了这样的话，假如你就是晏子，你的感受如何，会作何应对呢？通过合理想象，完成练笔。

设计意图 指导学生通过练笔，感悟晏子语言表达的妙处，激发学生阅读的兴趣。

教师总结：所以，真是时势造英雄，是晏子凭借自己出色的表现让我们这些人至今仍然能够记住他，尊敬他。《论语》中说：“出使四方，不辱君命。”晏子坚守的也就是这种精神。

（八）布置作业

1）完成相关练习册习题。

2）阅读《晏子春秋》或者《晏子使吴》的小故事（思考：与《晏子使楚》这个故事有何异同）。

板书设计

【7尊严】　　晏子使楚

不辱使命

借力使力

借机还击　讥　　有礼有力有节

课后明辨

通过执教《晏子使楚》，我的感悟还是很大的。主要分为以下几点。

首先是对教材的研磨。《晏子使楚》是一篇传统课文，已经有几十年的历史了，可以说是经久不衰，而且有众多的老师执教过这一课。因此，如何能够在教学这一课中“备出不同、备出新意”，是我们的一个主要的研究话题。经过多次的研磨，我发现在以往教学中，很多老师主要关注晏子的语言，体会逻辑关系，逐个回合来推进，体会人物的智慧。但是在今天，特别是在崔峦老师提出语文教学“既要得意，又要得言”的主旨后，我们确定本课书教学“不纠缠于情节理解，不按部就班地进行三个回合推进”，而是要做到“三个回合整体把握，发现联系；读写结合，感受趣味，激发阅读兴趣；利用表格进行学习，感悟写法”。因此，在教学中，我们为学生创造情境，让学生能够兴趣盎然地来进行学习，设身处地去体会晏子的大智慧。

其次是对有效引用学习资源的实践研究。我认为，“引用学习资源”还要从两个方面去认识，一方面是“引”，另外一方面是“用”。“引”从对象上来看，可以是学生“引”，也可以是教师“引”。但两者又略有不同，学生对资源的援引大部分比较泛泛，而教师的援引一定要高于学生，要有针对性，要能够具备点石成金的作用。再来看资源的“用”，在教学中，资源的“用”绝不仅仅是一个呈现、展示过程，是要让学生在占有资料的基础上，能够有所感受，有所提升。例如，在分享晏子使楚的时代背景时，知道出使原因并不是最终目的，而是在此基础上，让学生感受到此次出使的重要性，并且在理解每一个回合晏子的应对时，引导学生借助资料感受到晏子应对的巧妙之处。再如，在体会晏子第三回合应对楚王的过程中，学生在谈到“晏子面不改色，站起来说”这一描写时，老师不失时机地援引文言文原文中的“避席对曰”这一内容，先让学生谈谈对“避席”的理解，再引导学生理解“为何面对接二连三的侮辱，晏子却能避席对曰，这一应对妙在哪里”。这就是有效的“呈现并使用资源”了。从以上的例子中，我们不难发现，师生对于资源的使用也是不同的。教师的“用”重在给学生创设学习抓手，激发学生的思维能力；而学生的“用”则重在借鉴资料内容，再次回归文本，深刻解读文本。

再次是在文本细读方面，《晏子使楚》这篇课文的高妙之处在于构思，三个回合的应对层层深入，使晏子这个人物形象越发有血有肉。而本文的精妙之处则在于三个回合中对于晏子言、行、神的细致刻画，尤其是语言描写，可谓字字珠玑，处处体现有礼有力有节的大智慧。针对这两方面的认识，在备课之初，我们就能够较为深刻地理解了。而在此基础上，如何在教学中有效实施教学手段，引导学生能够认识并理解这些，则是在备课和教学中我们要时刻关注的。“文本细读”的理念给我们指明了“得意”“得言”的方向，但是重中之重，说白了还要回归到研磨教材之中，结合不同课文的特点，依据文章特点进行备课和教学，才能够真正落实“文本细读”。其中最难把握的就是“得意”与“得言”的比重问题，没有“得意”，谈何“得言”。而且“言”与“意”也是交融在一起的，不可生硬地分割。这一“度”的把握，主要还是反映在教学流程的设计上。例如，在本课的教学中，我们就是尝试运用表格在学生自主发现文章结构方面的特点，感悟“层层深入”的写作技法，此为“得言”。但这一环节的前提，却是让学生理解每一个回合的内容。再如，教学中的读写结合，让学生仿写晏子的语言，有两个方面的目的：其一是设身处地感受晏子的智慧，学以致用；其二是激发学生阅读《晏子春秋》的兴趣。我们只谈“学以致用”的部分，不也需要学生理解晏子应对的语言之妙吗？只不过这次我们不再平均使用力量，不再要求面面俱到。而是依据文章“层层深入”的写法，逐层剥茧，让晏子的智慧随着学生对每个回合的学习，慢慢变得越来越清晰，直到跃然纸上。这就是相对以往教学的变化，是在“得意”“得言”方面的刻意为之、大胆尝试。

最后是教学时间的把控，经过前后七次教学实践，我才能够在课堂上较为灵活地进行驾驭，深刻理解本课教学设计的初衷，才有效保证了在40分钟的时间里最大限度地完成本课的教学。究其原因，还是有在“得意”方面的执著，纠缠于文章的情节，导致对教学生成的处理不够果断，是对“文本细读”这一理念的理解不到位。经过多次对教学设计的修改和完善，我们也突出了“层层深入”的教学思路，既符合了规律，又节约了时间。

《阅读大地的徐霞客》教学设计

田晓茜

课前慎思

《阅读大地的徐霞客》是北师大版教材五年级下册第十单元的一篇主体课文。课文介绍了明代著名旅行家徐霞客“卓尔不群”的人生经历，以及由他所著的流传至今的“千古奇书”——《徐霞客游记》。课文从“其志”“其行”“其书”这三个方面向我们展现了一位“卓尔不群”的旅行家。在学习的过程中，教师引导学生品读课文词句，结合相关的课外资料的补充，体会徐霞客在“志向”“经历”“成果”上的“卓尔不群”，进而引导学生深入思考这三方面的内在联系，即：有“其志”才有“其行”，最终才得“其书”。在阅读课文，查阅运用相关课外资料的同时，我们大胆地将《徐霞客游记》的原文（开篇之作——《游天台山记》）引入课内，让学生直观体会这本“千古奇书”的魅力，进而更深层地感悟徐霞客这一著名旅行家伟大的一生。最终，由体会“其人”，品读“其书”，感悟“其精神”，即不畏险阻、勇于探索、求真求实等“霞客精神”。

教学目标

1）通过理解课文内容，让学生体会徐霞客淡泊名利、不畏艰险、锲而不舍、求真求实的科学研究精神，了解其为中国旅行考察事业所做出的巨大贡献，进而激发学生探索大自然的兴趣。

2）通过深入理解文中含义深刻的段落，引导学生有选择地运用前参查找的相关资料来丰富课文内容，结合自己的感受和联想进一步感悟徐霞客“卓尔不群”的志向、壮举和旅行成果，进而更加真切地体会到这位“奇人”的非凡品行。

3）通过有感情地朗读课文，在进一步理解、感悟课文内容的同时体会本文在语言表达上的凝练质朴的特点。

教学重点、难点

通过深入理解文中含义深刻的段落，引导学生有选择地运用前参查找的相关资料来丰富课文内容，结合自己的感受和联想进一步感悟徐霞客“卓尔不群”的志向、壮举和旅行成果，进而更加真切地体会这位“奇人”的非凡品行。

教学课时

本课安排两课时，此教学设计为第二课时。

本节前教学内容：

1）学习本课生字新词。

2）正确、流利地朗读课文。

3）初读课文，了解课文写了哪些内容，梳理文章的结构。重点学习课文的第 1 自然段，借助第 1 自然段的内容概括文章的主要内容。

4）通过交流资料，了解文章所涉及的时代背景。

5）交流前参中遇到的问题。

第二课时教学思路：

整体把握，回顾课文；

补充画批，小组讨论；

全班研讨，共同感悟；

提升中心，加深感悟；

读写结合，情感升华。

课中笃行

精彩两分钟

学生介绍自己的黄山之旅。

（一）谈话入课

引导语：非常感谢同学与我们分享他的黄山之旅。今天我们要学习的内容也与“旅行”有关。我们将一同走近一位旅行大家。他是一个用双脚丈量大地的人，穷其一生一个人在崇山峻岭中跋涉。他一路风雨，一路泼墨。隔着四百年的时光，我们甚至依旧能听到他前行的脚步声。他就是明末著名的旅行家——徐霞客。请大家齐读课题——“阅读大地的徐霞客”。

（二）整体回顾课文内容

引导语：通过上节课的学习，我们初读了课文，梳理了文章的结构，重点学习了课文的第 1 自然段，了解到课文的第 1 自然段总的概括了文章的主要内容，下面我们就打开书，来齐读第 1 自然段，回忆一下文章重点写了哪些内容。

（学生齐读第 1 自然段。）

引导语：第 1 自然段概括地介绍了徐霞客这个人，以及他用一生游历自然并最终写下了《徐霞客游记》这本书。通过初读课文，你觉得徐霞客是一个怎样的人？（用简练的语言表达。）

预设：徐霞客是一个奇人、一个卓尔不群的人、一个不畏艰险的人、一个有锲而不舍的科学精神的人、一个值得敬佩的人……

过渡语：上节课我们在交流字词的时候，就已经知道了“卓尔不群”的意思——优秀卓越，超出常人。

（三）补充画批，小组讨论

引导语：接下来我们就继续走进文章，去深入地感受徐霞客的“卓尔不群”体现在哪里。请大家看自学提示。

自学提示：默读课文，思考文中哪些地方体现了徐霞客的“卓尔不群”，你从中感受到了什么？可以结合资料深入理解课文内容，把自己的体会补充画批在书上。

设计意图 让每个学生都有发言机会，在发言中梳理语言，并在与同伴的交流中进一步受到启发。

（四）全班研讨，共同感悟

1. 分析品味徐霞客“卓尔不群”的“雄心壮志”

（重点学习课文第 2 自然段前半部分。）

理解感悟“点”：

（1）摒弃仕途，寄情山水

徐霞客与其他读书人的对比：中国的读书人自古都奉行着“万般皆下品，唯有读书高”的信念，都怀揣着“十年寒窗无人问，一举成名天下知”的理想，都想通过读书（也只有通过读书）求取功名，进而改变命运，这是绝大多数人的想法和做法。但是，徐霞客却摒弃仕途而寄情山水，这种想法、这种志向是与常人不同的，无论从当时还是现代的角度来看都是与众不同的。（结合当时的时代背景乃至现在的一些观点来感受。）

（2）雄心壮志

勇气超凡为“雄”，高远伟大为“壮”。结合当时的时代背景理解为什么立下志向需要那么大的勇气和决心。（当时考察的自然环境和社会环境都很艰苦和危险。）

评价语：你能够结合课前查找的资料来帮助我们理解、感受课文，这是一种非常有效的学习方法。

小结语：其实，中国的读书人自古奉行着“万般皆下品，唯有读书高”的信念，想通过读书求取功名，改变命运，这是绝大多数人的想法。而徐霞客这种摒弃仕途、寄情山水的想法，与大多数人不同，这种选择就意味着要与当时的社会背离，要面对和承受人们的不理解，甚至讥笑和指责。除此之外，徐霞客的志向，不是一般的志向，而是“雄心壮志”。你怎么理解？

引导语：你能不能结合文中第3自然段的内容，以及课前查找的资料（当时的社会背景），来理解为什么立下这个志向需要那么大的勇气和决心？

引导语：勇气超凡为“雄”，高远伟大为“壮”。立下这样的志向是需要超人的勇气和胆魄的。一般人即使有寄情山水的想法，面对这样的艰险也不敢去做，而徐霞客却立下了雄心壮志，要走遍天下，亲自考察。我们来读读这段话，感受他“卓尔不群”的志向。（师生配合读。）

过渡语：你还能从哪里感受到徐霞客的“卓尔不群”？

2. 分析品味徐霞客“卓尔不群”地“历尽千辛万苦”

（重点学习第2自然段后半部分，课文第2～5自然段。）

（1）历尽千辛万苦

1）“历尽”：不但全部经历了，更重要的是将这些艰险一一战胜了，把所有困难都踩在了脚下。

2）“千辛万苦”：用课文中的例子及课外查找的资料来深入理解和体会。“辛苦”程度常人难以想象，经历的这样的“艰险”次数数不胜数。

3）不畏艰险：最后一个仆人的离开（资料的补充）。

引导语：（学生如果没有自觉引用资料，教师补充“老顾”的资料。）根据资料我们了解到，文中提到了最后一个离开徐霞客的同伴不是别人，而是长途跋涉中一直都陪伴照顾着徐霞客的家仆，如果一个忠心耿耿的仆人都要离主人而去，可见当时的旅途已经是十分艰苦和危险了。

4）锲而不舍：两个“一定”。

小结语：我们在阅读文章的时候，逐字逐句品味；徐霞客也在逐山逐洞“阅读大地”。

5）求真求实：“……晚上就是再疲劳，也一定录下当日见闻。”

引导语：为什么不用“记”和“写”，而是用“录”来表达？

小结语：“录”是一个对事物全程、详尽、客观、真实的记载过程。它准确地表现了徐霞客这种严谨、科学、求真求实的精神。

总结：从刚才大家所谈到的文中的几个例子及课前查找的一些资料，我们能感受到徐霞客在他的旅途中所经历的艰难困苦实在是我们常人难以想象的，而且这样的经历在他三十多年的旅途中有太多次了，绝非我们刚才谈到的内容所能涵盖的，所以书中说他“历尽千辛万苦”。他不但经历了这些艰险，更重要的是他将这些艰险一一战胜了，把所有困难都踩在了脚下。三十多年来，他始终坚持着；而其中的每一天，他都在考察记录，三十年如一日。带着我们的理解和感受，来读读这段话。

（2）朗读感悟：“此后三十多年……走笔为记。”

设计意图 总结上面的讨论，引出后面的读书。读书是为了更好地表达自己的感受和理解，加深对刚才学习的感受。

读书的形式：

1）学生个人自由练习读文章的第 2 自然段后半部分。

2）个别读——评读——比读——全班齐读。

读书的指导：预期达到的效果及教师的指导（具体的做法。）

1）突出数量词：“三十多年”“九万里”“历尽千辛万苦”。

2）突出动词：“攀险峰”“涉危涧”。

3）“与长风为伍，云雾为伴”：除了艰苦，体会徐霞客寄情山水的快乐。

引导语 1：三十年光阴，九万里征途，对于一个人来说应该很漫长了，如何将这种漫长与厚重表达出来？

引导语 2：我们刚才那么多的理解和感受都可以包含在“历尽千辛万苦”中，怎么将这么多理解通过朗读表达出来？

引导语 3：虽是险峰，仍旧攀登；任凭危涧，依然前行。能不能通过你们的朗读让我们感受到徐霞客的这种勇往直前、无惧无畏的胆魄？

引导语 4：在讨论第 4 自然段时，我们谈到徐霞客的同伴都离他而去，但是从这里我们却感受到徐霞客并不孤单，他与长风为伍，与云雾为伴，与大自然相依相伴，寄情山水，乐在其中。

说明 1：在这个过程中教师针对学生朗读中出现的问题适时地进行指导，适当的时候可以教师范读。估计学生在朗读这部分时情感把握会有困难，教师的范读非常重要。

说明 2：这一环节主要让学生自己评读，教师要准备各种预设下的引导语言和指导方法。以上这些读书的“点”如果学生读出来了，教师就不再示范和点拨，而是用评价引领。在此时对各种读书情况的预设、教师的引导不一定用得上，但要有所准备。

小结过渡语：别人忍受不了的苦，他能忍；别人不敢去探的险，他敢去；别人做不到的事，他做到了。更让人难以想象的是，在这样艰险的跋涉中他还体会到别人体会不到的快乐，进而还有大量宝贵的收获……这所有的一切都表现出了他的“卓尔不群”。他之所以能经历并战胜这种种艰苦，正是因为他有这样的“卓尔不群”的“雄心壮志”。这样的“雄心壮志”支撑着徐霞客战胜了三十年旅途中难以想象的“千辛万苦”，并最终成就了一部“千古奇书”——《徐霞客游记》，请大家默读第 6 自然段。你有什么感受？

3. 分析品味徐霞客“卓尔不群”的“千古奇书”，即《徐霞客游记》

（重点学习课文第 6 自然段。）

（1）“科学文献”

由于徐霞客的记录都源自他亲自的考察，都是对“第一手资料”的“原汁原味”的记录，都是将大自然本来的面貌如实记录，所以《徐霞客游记》中的内容非常准确（与以前的地质考察记录完全不一样）。用现代的科学技术去勘探，也证实了其非常强的科学性，为科学研究提供了有价值的文献资料。

（2）“文学的不朽杰作”“融入深刻的感情”

《徐霞客游记》语言优美、凝练、生动、简明，对仗工整，古韵浓厚。这样的文采既表现出了徐霞客出众的文学才华，也从某个方面说明了徐霞客出身书香门第，自幼饱读诗书，满腹经纶，不慕功名，非不能，而是志不在此。

（3）“先驱”

在某一方面走在前面引导的人称之为“先驱”，这说明徐霞客在实地旅游考察事业上是第一人。资料证实，他的考察不仅在中国的历史上“前无古人”，而且在世界范围内也是领先的，他对石灰岩地形的考察比欧洲早 100 多年。

过渡语：在浩如烟海的古今典籍之中，具有很高文学性的作品很多，地质山水方面的文献也不少，然而能够将严谨的科学记述与出色的文学表达融合在一起的，唯有《徐霞客游记》。既然如此，就让我们来真切地感受一下《徐霞客游记》的与众不同之处，请大家看这段话，它选自《游天台山记》，是《徐霞客游记》的开篇之作。默读这段文字，感受其中的科学性和文学性。

4. 拓展阅读《徐霞客游记》摘录片段，欣赏和感受《徐霞客游记》的科学性与文学性兼而有之的特点

（学生简单谈对《徐霞客游记》原文的感受，加深对其科学性和文学性兼备这一特点的感悟。）

小结语：像这样的描写在《徐霞客游记》中还有很多，如果你有兴趣可以在课后去阅读更多的内容。这样一个“卓尔不群”的人成就了一本“奇书”，反过来这本“奇书”也更反映了这个人的“卓尔不群”。

结束语：课文学习到这里，我们看，当其他人都在埋头经书时，徐霞客却选择“阅读大地”；当别人知难而退的时候，他却始终坚持；当别人借助古籍文献了解自然的时候，他却通过亲自考察而记录著书……所有的这些无不表现出徐霞客的“卓尔不群”。而当我们感受了那么多的时候，我们会发现一个“卓尔不群”已经不足以涵盖所有我们对徐霞客的感受，所以文章的作者在开篇的时候，就用了一个更为精练但含义更丰富的“奇”字准确地概括徐霞客——“徐霞客是明朝末年的一位奇人”。这位“奇人”用他的双脚、胆魄、心血甚至生命去探索自然，所以我们说他是“阅读大地的徐霞客”。

一个人、一本书、一份选择，一生坚持，其实最终留给我们后人一种精神——霞客精神。虽然人已去，书已残，但这种精神可以长久地滋养我们，虽然我们不能像徐霞客那样“阅读大地”，但我们可以带着这种“霞客精神”走进自然，相信我们会从中收获更多、感悟更多。

刚才这段话，是在学习完这篇文章之后，我自己对徐霞客的一份感受和体会。在第一课时中，我们借助课文的第1自然段也简单地了解了徐霞客。在此基础之上，通过今天的学习，相信你对徐霞客有了更丰富、更深刻的感悟，能不能把你的情感融入进去，完成课后的第二个思考题？请大家看今天的作业。

（五）布置作业

1）完成《语文伴你成长》相关题目。

2）在利用课文第1自然段概括文章主要内容的基础上，融入本课学习中你的感受和体会，在随笔本上用100字的篇幅简单介绍徐霞客。

3）拓展阅读：《徐霞客游记》中的文章（1～3篇）。

板书设计

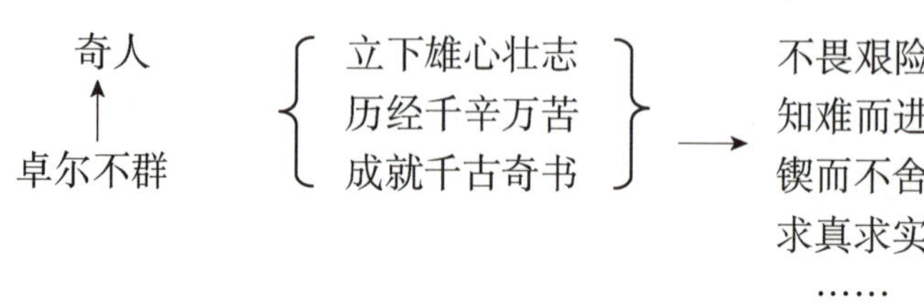

课后明辨

《阅读大地的徐霞客》是一篇文质兼美的好文章，有很多老师都对其进行过研究和教学实践，对教材的挖掘和理解也比较深入。我们在之前这些成果的基础上，在挖掘、分析、理解这篇文章的时候，其实主要就是要弄清几组关系。第一组关系：志向、壮举、成果之间的关系，正因为徐霞客立下了“雄心壮志”（与一般的志向不同，教学设计中有详解），所有才有支撑徐霞客“历尽千辛万苦”的强大的精神动力，也正是有这样的精神动力和超人的毅力，才最终成就了一本“千古奇书”。在弄清楚这三者之间的关系的过程中，我们重点引领学生理解体会了“雄心壮志”“历尽”“千辛万苦”“奇书”这些关键词语的含义，不是简单地理解字面意思，而是结合课文内容及课前查找的相关资料深入理解其深层含义，并引导学生发自内心的感受，这些功夫做到位了，学生对课文的理解和感悟才是发自内心、实实在在的。第二组关系：“卓尔不群”与“奇人”的关系，这一点在本课结束语中有详细记录，在这里不作赘述。第三组关系：“奇人”与“奇书”的关系，有“奇人”才成就了“奇书”，而“奇书”反过来又从一个侧面反映了其作者是一位“奇人”。这层关系弄明白，才能理解将“奇书”作为徐霞客“卓尔不群”的一个方面的合理性。综上所述，这些文本之间内在的联系理清楚之后，我们对教材的把握就不是平铺直叙、彼此并列平行的，而是前连后挂、“牵一发而动全身”的，这样的挖掘深度不但加深了老师和学生对文本本身的感悟，而且使老师在把握课堂上的“进”与“退”时会更加收放自如。

《东施效颦》课堂实录

杨永敏

课前慎思

《东施效颦》是北师大版六年级语文教材第十一册“美与丑”单元的一篇课文，这篇课文借用丑女东施模仿美女西施皱眉而变得更丑的故事，说明了人对自己要正确认识，不要做不切合实际的模仿，否则只能弄巧成拙，适得其反。文章短小精练，语言生动活泼，寓意深远绵长。

中国的小学生是伴着寓言故事长大的，所以这些寓言故事对于六年级的学生来说学习起来并不难。教材为什么要把这么简单易懂的故事放在六年级让学生学习？学生已具备一定的自学能力，能根据译文和对重点词语的理解读懂课文，所以在教学中，我尊重和珍惜学生阅读中的自我体验，引导学生自己读进去，产生真实的体验，进而在师生交流中完善体验并潜移默化地受到熏陶感染；突出学生阅读行为的自主性，重在让学生通过读故事体味作品的内容和情感。在强调自主体验的同时还要与同学交流合作，既敢于提出自己的看法，又互通有无，取长补短，完善自己，从而多视角地认识“美与丑”的内涵，拓宽学生的思维。

另外，通过对这一篇寓言的阅读与交流，激发学生阅读其他寓言故事的兴趣，给学生自由阅读的时间和空间，让学生在大量阅读的基础上感悟寓言这一独特文体的语言魅力。

教学目标

1）在课前参与的基础上，学生通过自学、小组交流和全班交流等方式，能够读通全文；站在今天的视角读懂故事所带给人们的新的启示，做到古为今用。

从而掌握学习寓言的方法。

2）熟读寓言，了解寓言的特点，从多角度理解美与丑的内涵。

3）在拓展阅读中，帮助学生积累寓言，提高阅读寓言的兴趣。

课中笃行

（一）学生进行课前"精彩两分钟"

生：我们之前都学过哪些寓言呢？

生1：我们以前学过《郑人买履》《刻舟求剑》《螳螂捕蝉黄雀在后》《掩耳盗铃》……

生2：还有《叶公好龙》。

生：谢谢大家，今天我给大家再介绍一则寓言故事《攘鸡》。戴盈之曰："什一，去关市之征，今兹未能。请轻之，以待来年然后已，何如？"孟子曰："今有人日攘邻之鸡者，或告之曰：'是非君子之道。'曰：'请损之，月攘一鸡，以待来年，然后已。'如知其非义，斯速已矣，何待来年？"下面给大家介绍重点字的意思。什一表示古代田赋法，即征收农产品的十分之一。斯速已矣：就应该马上停止，斯表这。速表立即、马上。已表停止。今兹，表示今年。攘，表示偷窃。斯，表示旧。则去，表示去掉，去除。这则寓言我读懂了，宋国大夫戴盈之说："实行十分之一的税率，免去市场上对商品的征税，今年不能实行了，就先减轻一些，等到明年再废止，怎么样？"孟子回答道："有个每天偷邻居家鸡的人。有人劝告说，这不是品德高尚人的做法。他说请允许我减少偷鸡的次数，每月偷一只鸡，用这种行为，等到第二年就不会再偷鸡了。孟子说，如果知道它是不对的，就应该立即停止，为什么要等到第二年呢？"

那么，我给大家提一个小问题，我们刚才初读了这则寓言，大家有什么收获吗？

生1：我明白了，如果我们犯了错误，我们就应该立刻停止，不再去做它，而不是等到再过段时间去做它。

生2：如果你是知道你自己做错事情的话，应该立刻停止，不应该一拖再拖，否则会给别人造成更多的麻烦。

生3：我觉得我明白了今日的事情，今日一定要做完，不要再拖到明天，或者是更长的时间。

生：其实读了这则寓言我明白了：做事一定要今日事今日毕。它也告诉我们，知错就改，不要找借口。我相信大家还有很多的思考，大家可以回家再读这则小寓言，然后再想一想，谢谢大家。

设计意图 学生们在互相交流中，感受着短小的寓言故事带给人们的启迪和思考是无限的，进而激发起孩子们学习寓言故事的兴趣。

（二）回顾梳理，唤醒认知

师：感谢今天精彩两分钟带给我们这么有意思的小寓言故事，你们喜欢寓言吗？为什么呀？

生 1：因为寓言能告诉我们很多有用的道理，让我们懂得很多现实的问题。

生 2：故事情节非常有趣、生动，令我们非常着迷。

师：是啊，拉·封丹曾经说过："一个寓言可以分成两部分，一部分是身体，另一部分是灵魂。"讲述的故事就称为身体，告诉我们的那个道理就可以称为灵魂。寓言通过一个个妙趣横生的小故事，唤醒了我们智慧的灵魂。

（三）自学交流，感悟明理

师：这节课我们就一起来学习几则寓言，先看第一则《东施效颦》，谁来给大家解释这个题目？

生："东施"是一个人名，而"效"有效仿的意思，"效颦"也就是说去模仿别人可模仿得又不太恰当。

师："效"是模仿的意思，"颦"呢？

生："颦"应该是皱眉的意思。

师：这则寓言出自"美与丑"这个单元，它是通过一个怎样的故事让我们获得什么道理呢？下面请同学们打开书。请你继续用你喜欢的方式自学这则寓言，可以有感情地读一读，看看你读懂了什么，你学懂了什么，可以跟同桌交流交流，还有什么问题，看看能不能在小组内进行解决。

1. 通过朗读、交流学到了什么

师：谁先给大家读一读这则寓言？

生：《东施效颦》，庄子。西施痛心而颦其里，其里之丑人见而美之，归亦捧心而颦其里。其里之富人见之，坚闭门而不出；贫人见之，挈妻子而去之走。彼知颦美而不知颦之所以美。

师：读得正确吗？我们一起来读一读，我读原文，你们找到对应译文中的意思读，好吗？

师：通过课前参与和你们刚才的交流，你们都学懂了些什么呀？

生 1：我学懂了古文里的一些字的意思，“颦”的意思是皱眉，“挈”的意思是带着。

生 2：我学懂了“其里”意思是同村。

生 3：我知道“妻子”的古今意是不同的，妻子的古意是指妻子和儿女，然而今意是指男子的配偶。

师：你找到了古今意的不同，这则寓言里还有一个词的古今意是不同的，你们找到了吗？

生 4：“其里之富人见之”，这里有两个“之”，第一个“之”的意思是“的”，第二个是指“东施”。

师：这个字有不同的意思，我刚才说的是古今意不同的是哪个字？

生 5：我觉得应该是“走”字，现在“走”字就是行走的意思，在古文里面的“走”，就是跑的意思。

师：在这里是赶快离开，跑开了。

生：最后一句“而不知颦之所以美”，“所以”在这里是为什么的意思。

师：“而不知颦之所以美”，这个“所以”在这儿什么意思？

生：原因，为什么。

师：美的原因。

师：关于字意你们都读懂了是吗？考考大家。这里面的“美”是什么意思？

生 1：觉得很美。

师：谁能对照译文再来理解？

生 2：是以她为美。

生：“亦”的意思应该是也。

生：“坚”的意思是紧紧地。

师：“挈”呢？

生：“挈”的意思是带着，“走”的意思是跑。

师：看来你们对字意都掌握好了，还学懂了些什么呀？一则寓言可以分成两部分，它是通过一个怎样的故事来告诉我们什么呢？

生 1：我学到了要看到自己丑，不能只效仿别人美而以为自己就美，而是要看自己的条件。

生 2：就是不能刻意模仿。

生 3：我觉得一个人他不能总是模仿别人，总是把自己的优点掩盖住，他如果模仿别人，而自己又不具备这些条件的话，就会有啼笑皆非的事情发生。

师：这则寓言是通过一个怎样的故事向我们讲述这个道理的呢？

生1：它讲了一个丑女看见西施在街上皱眉觉得很美，便学习模仿她，却反而弄巧成拙的一个故事。

生2：一个丑女人看到西施皱着眉头从街上走过觉得她很美，自己也效仿，可没想到因为自己本身就很丑，而且她又是刻意模仿的，所以大家都避开她。她虽然知道西施皱眉很美，但是她不知道为什么美。

设计意图 学生能够通过自学、译文、工具书和他人帮助等方法，自己读懂课文，教师就大胆地把时间和机会留给学生，让他们在已有的学习基础上，尝试完成自己能够完成的任务，感悟学习的快乐。

2. 通过质疑、解疑，解决学生的问题

师：刚刚在学习过程中你们还有什么不懂的问题吗？

生1："挈妻子去之走"，为什么不写东施特别丑，而写大家的反应啊？

师：好问题，关注到了文章的表达，谁能帮助他呢？

生2：从大家的反应可以看出，就是她丑得连富人都回家紧闭门，穷人都跑掉了，这说明她多么丑啊，这是一个衬托的作用。

生3：我觉得这是用侧面描写的方法。富人为了躲避丑妇紧闭大门，不愿意外出，说明这个丑妇，她丑得令人作呕；而穷人则心惊胆战，就是害怕得赶紧躲闪，可见这个妇人丑到了哪种程度。

生4：我觉得如果直接描写这个丑女是多么丑陋，写得太直白了，而侧面描写感觉增添了一种想象，使读者的感受更加丰富。

师：这就是作者的用意，现在我们就边读边想象着，当其里之人看到东施颦其里的时候会是一种怎样的反应呢？请你边读边想象。

师：这是通过侧面描写来烘托，多巧妙的写法啊。还有什么问题吗？

生1：这则寓言的名字叫"东施效颦"，可是为什么在这篇文章里面他们都是拿丑人来代替东施这个名字。

生2：因为大家都知道西施是一个非常美丽的女人，但是东施是和西施对比而谈的，这样更突出了这个女人之丑。

生3：东施不是这个丑女人的真实名字，东施只是为了跟西施做一个比较。

生4：这篇文章当中有四处"其里"，它们都是一个意思吗？

生5：我觉得不是一个意思，第一次和第三次出现的"其里"是指"街上"的意思；第二次和第四次出现的"其里"指的是"同村"的意思。

师：你非常关注细节，关注了文中反复出现的词语。那老师还有一个问题，同样是“颦其里”，为什么会有这么大的差距啊？

生 1：因为这两个妇人一个丑一个美，而且她们两个的外表差异非常明显，所以两个人做同样的动作就凸显得更充分。

生 2：我们还可以看，西施是本身就心口痛，她不是装出来的，而是由里到外的，再说西施本身就美。但我们再看东施呢，她本身就没有痛苦，而是装出来的，装出来的本身就没有原本由里到外的好看，而且她本身又很丑，所以等她做出来以后就是不堪入目的一面了。

师：我明白了，西施的“颦其里”，是真实而自然的，所以人们看到会产生怜爱之情。而东施的颦其里是——

生：做作。

师：刻意模仿的。

生：而且捂心那个动作属于客观因素，受主观因素影响，而主观因素包括她的相貌，因为西施长得美，所以她做这个动作会更美，而东施本来长得就丑，所以她“颦其里”就更丑了。

师：你在辩证地思考。我们知道寓言就如同一条无形的线，我们在边读边思考边想象中逐渐把这条线明晰了出来，对吗？这就是寓言作为一种独立的文体存在的魅力，下面我们就一起通过朗读和背诵再次感受一下它的魅力，谁能试着背一背呀？

设计意图 课堂上，教师的作用是引领，引领孩子们能够自由地思考、提问，相互答疑解惑，教师在这个过程中只是点拨，把课堂真正地还给学生。当给他们一个自由而广阔的空间时，我们会发现，从字义的理解，到内容的解读，进而到表达，无不体现着孩子们主动探究的意识和参与学习的乐趣。

（四）朗读全文，古为今用

师：我们已经读懂了这则寓言，今天我们再读它的时候，对我们现在的生活有什么指导和借鉴的作用啊？在我们生活中有没有这样的实例？

生 1：我觉得在我们生活中做一件事情之前应该先考虑考虑，自己能不能做这件事情，或者完不完得成这件事情，然后再去做。

生 2：我觉得这篇文章中“其里之富人见之，坚闭门而不出；贫人见之，挈妻子而去之走”写得特别好，用了夸张的手法，就是在我们现在写作文的时候，如果想讽刺一个人，也可以用夸张的手法。

师：你不仅关注到寓言写了什么，还关注是怎么写的。

生3：我觉得我们现在的学习也是这样，比如说，一个学习方法适用于一个人，但是对于另一个人就不一定适用，因人而异，每个人都有他自己的一套学习方法。

生4：我们做任何事情都要动一动脑子，想自己的办法，不要看见别人做得好就人云亦云。

师：不能机械地模仿对吧？

生5：有一些事情是不能模仿的，要看自己的条件和自己能不能做到。

师：比如说？

生6：比如，如果你是擅长短跑的，你就不能强迫自己非要在跳高上取得第一，这样很难成功。

师：看到别人在这方面取得成就了我也玩命地去练，但是可能不太适合自己，对吗？好，看来你们还有很多很多的思考。

（五）拓展延伸，依理悟情

师：我们通过运用以前我们学习寓言的方法去读了《东施效颦》，那你们想不想再读一则呀？翻到第二篇，请你用这种方法再学习这则《楚王好细腰》。

师：有没有问题需要小组交流的？你们学到什么了？

生：这个故事讲的就是楚王非常喜欢细腰。

生1：我有一个问题就是它后面都写了“朝有黧黑之色”，为什么楚王好细腰呢？

生2：我觉得他这个人好细腰可能就是跟洁癖一样是一种癖好。

生3：这个还有个典故，就是有一次一个诸侯送给了楚王一个仕女图，然后楚王就想起了他的妈妈就特别喜欢细腰。还有另一则小故事也是讲了关于楚王好细腰的。

师：其实很多作品里都有这则寓言，对吧？《晏子春秋》《韩非子》和《战国策》里都有记载。你们学到了什么？

生1：“节”就是有节制的，每天只吃一顿饭。

生2：应该是限制的意思。

师：“节”是限制的意思，在这儿是名词。节制，表示动词。

生3：我还学懂了一个多音字，这个是“比期（jī）年”，这个期是一个多音字，它还有另外一个音是期（qī），期这个字一般是表示月或者年。

师：你真会学习，句意定音是我们高年级区别多音字的一个非常好的方法。

那在这里，这个题目《楚王好细腰》的“好”，读几声？

生：四声。

师：为什么在这儿读四声？

生 1：在这儿“好”的意思是喜好的意思，所以读四声。

生 2：我学懂了“昔者”，“昔者”的意思是从前，“故”的意思是所以。

生 3：“胁息”，“胁”就是秉住，然后“息”就是气息、呼吸。

生 4：“士”的意思就是他的臣子。

生 5：我有一个问题：为什么大臣们都要节制饮食呢？

生 6：因为他们都说了楚灵王好士细腰，如果他的臣子腰很粗的话，就得不到楚灵王的重视，然后就没有地位。

生 7：可是我觉得一个臣子应该做的最重要的事情就是给国家出谋划策，为什么他们要节制饮食？

生 8：这篇文章本来讽刺的就是那些拍马屁的人，就是楚灵王所好的人。

生 9：怎么说呢，他的臣子就要投楚灵王所好，然后受到楚灵王的关注。

生 10：我不同意你的意见，因为刚刚说这篇文章就是讽刺那种拍马屁的人，这篇文章的主要目的不是为了这个，而是写楚灵王，他只是喜欢这种纤细，就让他的大臣们都节制饮食，这反而对身体不好，他主要想写的是这个。这两个不是一个意思。

生 11：我知道了一点，就是一个官位比较高的人，对他下面人的影响是非常大的。

师：刚才说的是，这些臣子们是在怎么样啊？故意讨好楚灵王。而另一位同学是从哪个角度谈的？是从楚灵王作为一国之王，他对美的标准应该有明确的、客观的定位，否则的话人们上行下效就会不断地讨好，结果就会“朝有黧黑之色”，这样的身体怎么能保家卫国呢？是这样吗？

生 1：我有一个问题，这则寓言里面写“朝有黧黑之色”，但是之前我们学过的《穷人》里面，它说魁梧黧黑的渔夫，这两个“黧”字是不同还是一样的意思？

生 2：“黧”是一样的意思，都代表黑黄黑黄，但是《穷人》课中的“黧黑”是指很健康的肤色，而这里是指很瘦弱的、黑黄的肤色。

生 3：《穷人》一课中在“黧黑”前面还有一个词是“魁梧”，所以我认为“魁梧”和“黧黑”指的是他虽然皮肤很黑，但是很健康，而这里说的黧黑之色，指的是他的脸色不好。

生 4：我觉得《穷人》中的渔夫是很强壮的，但是因为也写的是穷人，所以应该也有营养不良的一方面。

师：好，那么这则寓言我们读懂了，我想问问大家，它和这个单元主题“美与丑”有着怎样的联系啊？

生 1：有的时候虽然细腰是好看的，但是有的时候如果刻意地变成细腰的话，那它就是一种丑的表现。而美应该是真正非常自然的美。

生 2：我觉得这个楚灵王对美的概念不是很清楚，所以臣子为了讨好他，只能这样。本来美是一种健康的体现，但是如果他们这样的话，他们就不会美了，反而会变成丑。

生 3：我认为美不是刻意装出来的，而是你自然表现出来的，由里到外表现出来的美，而不是去包装的、华丽的美。

生 4：而且楚王好细腰也没错，但是他不能把这个审美的观念强加给自己的臣子，让他们强行地接受自己的审美观点。

师：真了不起，你们从那么多的角度对这个问题有了新的认识。下面老师再给你们推荐一则寓言——《邯郸学步》，可以出声读，有不懂的地方可以问问同桌。

生：这个跟《东施效颦》表达的意思是一样的。

师：表达了什么？

生：首先它们都是庄子写的，都是学别人，一个是学别人的美，另一个是学习别人走路。

师：它告诉我们什么，一样在哪儿啊？

生 1：“又失其故行矣”的“故”是原来的意思，而“直匍匐而归耳”中“匍匐”的意思是狼狈。

生 2：“匍匐”既有狼狈的意思又有爬的意思。

生 3：我知道了邯郸是赵国的首都。

生 4：我有一个问题：这个人不但没学会赵国人走路，还把自己原来的步伐也忘了，我觉得一般人不会去学别人走路，否则最后连走路都不会了。

生 5：我觉得这是用了夸张的手法，就是更加突出了做事不能鹦鹉学舌，否则就会适得其反。

生 6：我认为这是一个寓言，而寓言是为了告诉我们一个道理，它不是为了把一件事真实地记录下来，所以我认为它不是一件特别真实的事。

生 7：作者为了突出一个非常不好的行为，所以特别夸张了一下，这样从侧面衬托出了这个道理。

师：我特别欣喜，你们不仅关注了这个小故事的内容和寓意，还关注了它的写法。黑格尔在《美学》中将寓言归纳为“比喻的艺术形式，自觉的象征表现”。那么寓言中的比喻就不是修辞手法意义上的比喻了，而是文本整体所带来的比喻意义。寓言就是通过生动的小故事，由此喻彼，借古喻今，借物喻人，所以我们读起来才觉得那么有意思，才能够从中获得更多的道理。刚才说了这则寓言跟《东施效颦》有相似之处对吗？

生：我觉得《东施效颦》是告诉大家要做真实自然的自己，不要刻意模仿，这则小寓言也和它是一样的。

师：不要去盲从别人外表的好，对吧？所以一个人要关注的不仅仅是外在的美，还要关注自己内在的美。所以李校长常常鼓励我们每个人都要充满自信，做最好的自己。

师：这节课我们通过已有的学习寓言的方法，学了三首寓言，同时同学们还交流了一些其他的寓言，我们不仅读懂了它们的内容和寓意，还对什么是美有了更深刻的了解，对什么是丑也有了更全面的认识，我想随着你们年龄和阅历的增长，你们会对美和丑有更深刻的了解，不仅了解了美与丑，我们还知道了，其实寓言作为一种独特的文学体裁，有着它独到的魅力，所以人们称寓言为——

生：礼制的诗，穿着外衣的真理。

师：回去后再好好琢磨。今天的作业，回家背诵这两则寓言，然后再读几则寓言，阅读课上我们开寓言故事会，第三个是弹性作业，扩写《楚王好细腰》。

设计意图 “以一篇带多篇”是北京实验第二小学课堂的一个特色，通过一节课、一篇文章的学习，拓展更多文章的阅读，既是拓展孩子的阅读量，又是运用习得的方法学以致用，真正落实学习语文的目的：阅读和实践。

课后明辨

本节课我就这样带着孩子在自由阅读中，感受着冲突和夸张的寓言故事所引发的笑声背后的思考与启示。我没有设计太多的教学环节，就是自然而然地一起多多地读，静静地思，慢慢地想，渐渐地悟，在不经意间，让孩子的思维得到发展，感受寓言的魅力。

为了更好地发掘每个孩子的潜能，我可以在后面的拓展部分再放手，可以一起把几篇寓言都给孩子，让他们自由阅读，相互交流，相信这个时候，就会出现又一次异彩纷呈的景象，让每个孩子在课堂上得到最大限度的满足，这才是真正的乐学课堂。

《古诗二首》之《十五从军征》教学设计

张　桐

课前慎思

本文选自北师大版语文教材六年级上册第六单元。这一单元的中心是讲“战争”，重点在于使学生认识到战争的残酷给人民带来的苦难；歌颂在正义战争中保家卫国的英雄；使学生认识到和平是人们追求的，只有和平才有利于人们生活的安定和社会的进步。

本文是本单元的第一篇讲读课文《古诗二首》中的一首，选自《乐府诗集》，原诗为《紫骝马歌辞》，在编入教材时删去了前四句。本诗描述的是一位少年从军 65 年后返回故乡的情景，诗歌前六行揭露了封建兵役制度的残酷，中间六行写了无限的凄凉，最后四行道出了无限的悲哀。

这首诗揭露了封建兵役制度给劳动人民造成的苦难。全诗仅仅十六行，写得从容舒缓，毫无局促之感。这首诗对于老兵所经历的天灾人祸未曾一一道来，却通过描绘老兵归乡后所经历的一幕幕情景，让读者体会到了老兵内心的情感变化和老兵的痛苦、悲哀。

诗中以老兵返乡的经历及其情感变化这个侧面来谋篇，借助“松柏冢累累”“井上生旅葵”等语言，以悲凉的景象烘托出老人内心的悲哀。并用白描的手法，在叙事中讲述了老人的凄苦悲凉，揭示了战争给人民带来的只有苦难这一主题。

本班学生在学校氛围的影响下积累了一定的古诗词，对于学习古诗有一定的兴趣和能力，一部分同学作为兴趣还曾创作自己的诗歌或填写诗词。对于古诗的学习能够在课前参与中读正确、了解基本意思，基本具备借助想象、品评语言等途径学习古诗的能力。由于学生生活在和平年代，平时虽然能够在课外读物和传媒中看到有关战争的各种作品，对战争有一定的了解和认识，但是没有深刻的体验，所以在感悟“战争给人民带来的都是苦难”这一主题上还是困难重重。

教学思路

在课前的调查中，我们发现学生虽然能够通过课前参与将文字障碍扫清，但是由于缺少对战争的直接经验，很难独自感悟到战争带给老人的苦难，很难走进老人的内心。对于诗歌的主题也就没有比较深入的理解。

所以，在学生自学与初读的基础上，需要首先带领学生梳理出一条诗中叙事的线索，使学生能够发现归乡的老人的心理是有变化的。然后，引领学生抓住老兵归乡所见，揣摩所想，梳理出老兵从兴奋、期盼直到茫然、绝望的心理过程。再利用教师的引导读加深对于主题的认识。接着，引导学生回顾感悟的过程，发现这首诗在表达上“借景抒情”“叙事抒情”的特点，并借助往届学生创作的诗歌加深对本诗主题的认识，激发学生的学习兴趣。

教学目标

1）整体感知诗意，了解诗的内容，感悟老人的悲哀，认识战争带给普通人的苦难。

2）在朗读、理解、背诵中进一步感受这首诗在叙事中抒情的特点。

教学重点、难点

重点：通过理解、想象、诵读，引导学生走进老人的内心，初步品味这首诗歌在叙事中抒情的特点。

难点：体会老人凄凉悲惨的内心感受。

教学准备

查阅相关资料，了解历史背景，准备课件。

课中笃行

（一）导入新课，梳理学习方法

1. 读课题，了解《乐府诗集》、诗歌的写作背景、诗歌体裁

1）谈话导入课题、出处。

2）交流对《乐府诗集》的了解。点明因为诗歌出自民间，是站在百姓视角创作的，所以最能表达普通民众的见闻和感受。

2. 方法引导

1）回顾学习古诗的方法。

2）提示学生借助想象、诵读等方法学习。

设计意图 通过对诗歌出处的了解，使学生明白这首诗是从普通民众的视角创作的，表达的是普通民众对于战争的感受。

（二）初读古诗，交流预习

1）学生自读自学，小组交流收获，学生间初步解决不懂的问题。

2）指名读诗，正音，出示生词检查字义。（PPT：冢、窦、贻、旅葵、雉。）

设计意图 使学生通过交流等方式，扫清文字障碍。

（三）学生再读诗文，概括内容和线索，提炼老人的行为

1. 概括内容，疏通诗意

1）学生默读，概括内容。

2）交流概括的内容。

要点：汉朝的时候，一个老兵回到家乡，向同乡询问家人情况，看到破败的家，然后做饭吃，最后十分伤心地哭泣了。

评价：你读懂了诗中叙事内容。

2. 提炼诗歌

1）用简要的字提炼老人所做。

板书：归、问、看、做、看、泣。

2）梳理古诗的叙事线索。

设计意图 使学生对诗意有全面的感知，在此基础上梳理出叙事的线索和情境，并锻炼学生归纳概括的能力。

（四）再读入境，感悟老人的心理变化，体会战争给人们带来的苦难

1. 默读思考，想象情境，感悟老人的心理变化

2. 全班交流，教师梳理老人的心理变化

相机板书：兴奋、希望破灭、悲痛、绝望。

预设1：学生能够整体上梳理老人的心理变化。教师引导学生结合老人所见所想将心理感受说具体，并指导读诗。

预设2：学生能够找到一部分感受。教师引导学生将每部分说具体，发现心

理变化，并指导朗读。

预设 3：学生概括老人心理变化用词不准。教师引导学生再读文本，依据老人所见揣摩想法和感受。

要点 1：感悟老人能够归乡的兴奋、激动和充满期盼。

要点 2：感悟老人询问乡邻的急切与担心，听到亲人逝去后希望的破灭。

要点 3：感悟老人走进家门看到家败人亡景象的痛苦。

要点 4：感悟老人孤苦一人的绝望与茫然。

小结：整理板书，引导学生发现这个老兵的心理发生了巨大的变化，从满怀兴奋得以归家，回乡途中所有希望的破灭，看到家败人亡的痛苦，到孤苦一人的绝望的心理变化过程。

再读诗文，感悟老人的心理变化。

3. 感受战争带给普通人的苦难

1）引导学生发现是战争给老人带来的苦难。

2）在对比中感受战争给人民带来的苦难。

引导学生从士兵和故乡亲人两个角度感受战争给人民带来的苦难。

士兵：失去最美好的青壮年时光，失去了家庭和亲人。

亲人：对远在战场亲人的牵挂，贫苦的生活，甚至贫病而亡。

3）引导学生通过想象和联系生活实际等方式发现如果没有战争，老人的生活应该是幸福、富足的。

小结：总之战争使得亲人离散，田园荒芜；出征者横尸荒野，百姓贫寒凄苦，甚至早早走入坟墓。这也正是作者想向我们表达的主题：战争带给人民的总是苦难。自己再自由读读整首诗，读出理解和感受。

4. 师生引读，加强感悟

创设情境引导：回想老兵六十五年被迫从军岁月呀！东征西讨，寒来暑往。哪一个夜晚没梦到那魂牵梦绕的故乡，哪一个夜晚没留下期盼回家的热泪，又有哪一个夜晚没在梦中呼唤着自己的亲娘？多盼着回家呀！然而现实却是……

师读前四行。

生接读后面。

设计意图 结合老人的经历，通过老人所见，揣摩所想，感悟、梳理出心理变化过程，感受战争带给普通人的残酷和悲痛，在师生对读中加深感悟，升华情感。

（五）总结表达

1）引导学生回顾这首叙事诗与以往所学诗歌的不同。

2）引导学生发现这首诗“叙事抒情”“借景抒情”的表达特点。

小结整理板书：这首叙事诗正是选取老兵回乡的经历，借助情景，并在一步步的叙事中让我们感受到了老人从兴奋到绝望的情感变化。

设计意图 使学生认识到这首诗叙事中抒情、借景抒情的表达特点，以及它用朴实的语言打动了人心，流传千年。

（六）拓展读诗，加深认识

1. 拓展阅读，读一组诗

（1）介绍往届学生创作的诗歌

PPT：学长作品如下：

十五岁　泪纷纷，雪纷纷，乡中少年尽从军。
　　　　爹娘相送十里余，呼娘唤子声阵阵。
二十岁　北伐匈奴狼，孤军断炊粮。露宿阴山脚，身冷愁夜长。
三十岁　东戍青州郡，坐倚鼓角楼。半抱长枪杆，轻击诉乡愁。
四十岁　西讨楼兰城，日昏黄沙腾。狂风迎头吼，前行目难睁。
五十岁　平叛中原后，提剑亦难歌。战马垂首哀，平地血成河。
六十岁　南征苗蛮寨，林木蔽云天。谷中飘毒雾，身触命难延。
七十岁　七十矣，七十矣，眼花耳聋无力气，
　　　　提刀犹嫌重，扶车方可蹒跚移。
八十岁　八十矣，八十矣，须发皆白衣褴褛，
　　　　起身缓行要人扶，半束干草力难举。

（2）师生共读

2. 学生鉴赏，加深认识

学生谈读完这一组诗歌的感受。

小结：看来，能写出这样一组诗的哥哥和你们一样，都深深地明白：战争给人们带来的只有苦难。

设计意图 通过读学长的作品，激发学生的阅读兴趣，使学生再次加深对于单元主题的认识。

（七）作业

1）背诵这首诗。

2）既然战争是残酷的，为什么岳飞会说“壮志饥餐胡虏肉，笑谈渴饮匈奴血”？能不能说说你的想法？（选）

板书设计

6战争		十五从军征	
《乐府诗集》			
	归	兴奋	
	问	希望破灭	
	看、做	悲痛	借景抒情　叙事抒情
	看、泣	绝望	

在本课执教过程中，我力图引导学生抓住细节，引导学生自读自悟，从语言文字中感受老人内心的变化。

学习中我和学生们发现：老兵真的快要到家了，可是这里反常的是，老兵不问家人好不好，却担心有没有，“好”与“有”的一字之差，让孩子们感受到了老兵的那份担心和随后得知家中一切破败的预示。

古时候，中庭一词有三种意思，分别指“院子”“中厅”“台阶”，学到这里孩子们能够根据老师的提示，展开画面的联想，在交流中根据全诗的情感基调，选择自己对于中庭的理解，加深了对于诗歌主题的认识。

当然，本课教学过程中也有小小的遗憾。学生上课时提出问题：“为什么老兵‘出门东向看’，这个‘东’指什么？为什么不是其他方向？”对于学生提出的这个问题，我在课前查阅了大量的资料，但依然无法得出最令人信服的结论。只能引导学生结合自己的想象进行理解：“也许那是昔日的战场，也许老人想再去寻找故交好友。可是他什么都找不到了，唯有默默地哭泣。”

《报纸的故事》教学设计

梁学英

课前慎思

从小学三年级开始就有略读课文，到六年级合计共有 100 多篇，可见在语文课堂教学上略读课是一个不可忽视的课型，但是量这么大的课文，却没有老师公开拿出来进行研究。因此，在西城区小学语文第 15 届阅读教学观摩活动中，特意请了四位学科带头人，人教版和北师大版教材执教教师各两人，从教材中指定一篇略读课文，同课异构进行探索，希望能引发全区语文老师对略读课的思考，而我有幸成为四个人中的一个。其实，对于略读课文的研究，我在多年以前就开始了。这次接受任务后，我与组内的老师们坐在一起就“在略读课上学生到底学什么，怎么学，学到什么程度就能达到提高阅读能力的地步”这个话题进行了深入的探讨，最终达成共识，从文章写了什么、为什么写、怎么写的这三个问题入手，检查学生自主学习的效果，而把揣摩文章的写法作为教学的重点。

教学目标

1）默读课文，理清文章的叙事线索，用简练的语言概述文章的主要内容，感受作者对报纸的喜爱，对文学、对真理的不懈追求。

2）欣赏文章质朴、简练、平白、真实的语言风格（白描写法）。

教学重点、难点

欣赏文章质朴、简练、平白、真实的语言风格（白描写法）。

课前参与

1）熟读课文，按三个问题对课文进行画批，提出不懂的问题。

2）查找资料，了解 20 世纪 30 年代中国的情况。

课中笃行

（一）谈话导入

今天，我们共同学习一篇拓展课文——《报纸的故事》。同学们都知道学习一篇文章，主要是弄明白三个大问题，即写了什么，为什么写，怎么写的。带着这三个问题浏览课文，把你读明白的与同学们交流。

设计意图 给学生点准备的时间，提示学生按三个问题交流，让听课的老师了解学生课前准备的内容。

（二）交流读懂的内容

1. 写了什么——主要内容

（主要写 1935 春，“我”失业在家，想订《大公报》，向妻子借钱遭拒后，向父亲要钱，订了一个月。拿到报纸后一字不漏地看，糊到墙上继续看。）

板书：《大公报》、订、读

设计意图 通过学生自学、互相补充、评议等形式，让学生最终做到准确、简练地概括主要内容。

2. 为什么写——中心思想

互相补充或追问：孙犁非要订阅《大公报》，仅仅是表达自己的喜爱之情吗？还感受到了什么？——追求高品位的东西，追求真理，追求知识。

板书：渴求知识、追求真理

小结：对作者而言，在极度贫困之中，在精神、文化方面的追求远远比找工作、吃饱穿暖要迫切、重要得多。

设计意图 通过质疑或追问让学生由浅入深地感悟到文章深层次的、多方面的写作主旨。

3. 社会状况：知识分子失业、农村文化落后、社会动荡、生活艰难、穷困潦倒

小结：我们都知道查资料了解时代背景有利于对课文的理解，其实好的、经典的文章，在字里行间是能够反映出当时社会的状况的。

设计意图 让学生知道查阅时代背景有助于理解课文，同时，管中窥豹，文章也是一个时代的缩影。

（三）重点赏析写法

师：这是我们第一次学习孙犁的文章，你觉得这篇文章语言上有什么特点？

（课件出示：5～15 自然段。）

师：文章中有这样一段对话，你们自己出声读读，发现了什么？

（语言简洁，没有具体刻画人物说话时的动作、神态、心理。）

师：结合上下文，试着选一两组对话把孙犁和妻子说话时的神态、动作、心情、心里的想法等具体刻画出来。说说你为什么这样加？

过渡：通过你们的刻画我们眼前出现了一位为了追求真理、渴求知识、不得不放下尊严去借钱的无奈的男人形象，也出现了一位既想支持丈夫，又舍不得拿出结婚时得到的份子钱，既想拒绝，又不愿硬顶的农村妇女形象。

师：请两个人分角色读读这段对话，想想孙犁为什么这样写。

（语言简洁、明了，真实、自然，给了我们丰富的想象空间，没写却能达到写了的效果。）

小结：准确、简洁的语言，朴素、真实的描写，既俭省又传神。寥寥数语描画出鲜明的形象，传递出丰富的情感。这种白描的手法不仅可以用在对话中，刻画人物、写景、叙事等方面都可以用，这篇文章中随处可见白描手法，找一处画下来欣赏一下妙在哪儿。同桌互相说一说。

师：老师也找了两处，描写他读报的样子。我们来一起欣赏一下哪里妙。

（课件出示：23 和 31 自然段。）

> 我坐在柴草上，读着报纸。先读社论，然后是通讯、地方版、国际版、副刊，甚至广告、行情，都一字不漏地读过以后，才珍重地把报纸叠好，放到屋里去。
>
> 这样，在天气晴朗，或是下雨刮风不能出门的日子里，我就可以脱去鞋子，上到炕上，或仰或卧，或立或坐，重新阅读我所喜欢的文章了。

（这一个月的《大公报》，给作者带来了无限的喜悦、无尽的快乐。）

小结：真实地描写读报的情景，没有描写读报的心情，以及读到高兴时得意忘形的样子，语言简练、自然、朴实，但我们又真切地感受到了他对《大公报》的喜爱和珍惜。这是我们第一次接触白描的写法，以后读的书多了，对这种手法会有更深的了解。

设计意图 通过老师引领，让学生由发现到体会，再寻找品味，一步步感悟白描手法的特点和妙处。

（四）总结收获

1）通过这节课的学习，你有什么收获?

（了解了白描手法，读懂一篇文章要不断地追问，通过一篇文章可以了解一位作家，了解他所处的时代，精神的富有才是真富有，贫穷时不忘记对理想的追求，等等。）

2）课件出示：

人之一生，或是作家一生，要能经受得清苦和寂寞，经受得住诬蔑和凌辱。要之，在这条道路上，冷也能安得，热也能安得，风里也来得，雨里也去得。

师：不知学了这篇课文，你对孙犁这句话是否理解了?

小结：孙犁小的时候曾把《古文观止》一篇篇读熟背熟，他有极深的国文功底，但他从不在文章中搬弄学问，他的文章平淡自然，融入深刻的生活感悟，形成了鲜明的创作风格，在国内外产生了深远的影响。希望同学们在自己的习作中，也能诚心诚意地说自己想说的话，写出真正打动人心的文章。

设计意图 了解学生学习的效果，引领学生在写作中追求真实、自然的风格。激发学生阅读孙犁作品的欲望，并尝试运用白描手法写作的冲动。引出课后作业。

（五）课后作业

1）片段：试着写写自己或长辈读书的情景。

2）阅读《荷花淀》《白洋淀纪事》。

板书设计

报纸的故事 孙犁			
《大公报》	订（借　要） 读（一字不漏　喜）	追求真理 渴求知识	白描

我认为拓展阅读的教学，重在以学生自读自悟为主，但并不是说理解可以肤

浅、片面、零散，可以选取一个重点或难点进行深入研究。而这节课因为学生第一次接触白描手法，让学生通过自学了解这种新的创作手法有一定的困难，因此在课上先由老师带着学生一起发现其与以往文章的不同，运用补充说话时的神态、动作、心理，之后再让学生读原文的方法，逐步了解白描手法的特点。接着让学生自己寻找课文中运用白描手法的段落，再次品味这种手法的好处。

面对即将升入中学的学生，在语文课堂上老师带领学生对大师级的作品从赏析的角度去学习，是一件很好的事情。这节课我主要是想让学生通过赏析文学作品的魅力，激发他们浓厚的阅读兴趣，由一篇文章带领他们走进一位作家，透过作家的作品去了解这个时代，从而提高欣赏水平。之所以没有安排现场仿写，是因为这种写法简洁但不简单，需要深厚的文学功底，不是现场这 20 分钟的学习就能做到的。

《一夜的工作》教学设计

冯 勉

课前慎思

本篇课文选自北师大版语文教材六年级上册“高尚”单元。文章记叙了作者目睹周总理一夜工作的情形，作者通过细致的观察，抓住了周总理一夜工作的片断，来反映周总理一生的工作作风和精神品质，文章简短，质朴无华，但内容具体充实，字里行间充满了对周总理的热爱和敬仰，感情色彩十分浓郁。选材方面具有以小见大、以点带面的特点。

对于六年级的学生来说，阅读这样一篇内容浅显易懂、短小精悍的文章不是难事。那么就需要我们教者思考这样的一些问题：这篇文章为什么学？为什么需要教？什么不需要教？ 这篇文章对学生的学习起到什么样的作用？

另外，阅读教学能否打破课堂上一个大问题，统领全课，打破“提问—默读—交流”的惯有模式，尝试一种注重学生阅读体验，教给学生由浅入深的阅读思考的方法。由此我设计了利用文本引导学生多角度阅读，使学生不断产生新感受，再通过扩展阅读，从多角度阅读文章使学生进一步感受周总理的人格魅力，帮助学生建立联系，起到强化、运用的作用，进行读写结合。

教学目标

1）通过学习课文，体会周总理为人民、为国家忘我地工作，鞠躬尽瘁、死而后已的崇高品格。

2）利用文本，引导学生通过多角度阅读文章，使学生在体会作者情感的基础上产生新感受。

3）通过多角度扩展阅读《周总理在邢台》《总理的特殊要求》《在最后的日子里》《西花厅岁月》片段等文章，进一步感受周总理的人格魅力。

教学重点、难点

引导学生学会多角度阅读文章，产生新感受。

教学准备

1）学生预习画批。

2）了解周总理。

课时安排

2 课时。

课中笃行

第一课时

1. 初读课文，理清文章脉络，知道各部分写了什么

理清文脉：先交代作者陪同周总理审阅稿子的缘由——重点叙述作者陪同周总理审阅稿子的所见所闻——作者的感受。

2. 交流相关资料和自学成果

1）学生自主查阅、交流相关的资料，包括：作者何其芳、主人公周恩来总理，以及中南海、政务院、西花厅、第一次文代会等。

2）理解词语：审阅、咨询、浏览。

3）交流初读感受。

4）质疑。

5）延伸画批：

①周总理是怎样一个人？从哪些描写读出来的？

②作者对周总理是怎样的一种情感？可以这样思考：作者看到了什么？听到了什么？他会想些什么？

③作者对周总理的情感是通过怎样的方式表达出来的？文章哪些写法值得欣赏？

第二课时

（一）入课

师：上节课我们随着何其芳的笔端走进了中南海，走进了西花厅，目睹了周总理——

生齐读：一夜的工作。

师：同学们交流了自己的初读感受，通过梳理我们知道，阅读一篇文章，要从多个角度来阅读并与别人交流收获。请大家回家后从这些角度进行深入地阅读和画批。出示课前预习思考课件：

> 从以下角度思考画批：
>
> 1）主人公（周总理）是怎样一个人？（评价人物。）
>
> 2）文章表达了作者怎样的情感？（体会情感。）
>
> 3）作者是怎样表达情感的？这样表达的好处是什么？（感悟写法。）
>
> ……

（二）多角度交流画批感受

1. 自读选点，小组交流

用自己喜欢的方式读一遍课文，选取感受最深的内容在小组里交流，小组再综合同学的收获准备在全班汇报，前两个角度可以结合在一起谈。

2. 全班交流

请一个组发言，其他同学与之互动。

点拨：从评价人物、体会情感的角度。

（1）生活简朴的人

办公室陈设简单：“室内陈设极其简单，一张不大的写字台，两张小转椅，一盏台灯，如此而已。”与高大的建筑形成鲜明的对比。

工作餐简单：“两杯热腾腾的绿茶，一小碟花生米……花生米并不多……好像并没有因为多了一个人而增加分量。”

板书：环境（陈设）生活

（2）工作劳苦的人

板书：工作

工作时间长：“我今晚上……”“……就听见公鸡喔喔喔地叫明了。”“相当长的时间……”

工作量大：“一尺来高的一叠文件……我今晚上要批这些文件。你们送来的稿子，我放在最后。……”（一尺来高有多高？差不多四十多本语文书摞在一起的高度。）

工作态度认真：“他一句一句地审阅，看完一句就用铅笔在那一句后面画一个小圆圈。他不是浏览一遍就算了，而是一边看一边思索，有时停笔想一想，有时问我一两句。”

补充提升：这只是总理一个晚上工作的情形，他白天是怎么工作的呢？

出示课件：

周总理的一日工作安排	
时间：1974 年 3 月 26 日至 27 日	
下午 3 时	起床
下午 4 时	与尼雷尔总统会谈
晚上 7 时	陪餐
晚上 10 时	政治局会议
早晨 2 时半	约民航局同志开会
早晨 7 时	办公
中午 12 时	去东郊迎接西哈努克亲王和王后
下午 2 时	休息

周总理日复一日、年复一年地这样工作着，你们知道吗？总理此时已经身患重病了。此时，你内心是怎样的一种感受？

这样的总理怎么不令人爱戴呢？把让你感动的句子出声读一读。

设计意图 通过补充资料的出示，让学生进一步感受周总理工作的辛劳。

（3）心中有他人、谦和

梳理：通过刚才的交流，我们发现作者是这样来描述周总理的：

他工作的环境陈设极其简单，而他的工作呢？

（极其繁重。）

他对自己的生活要求极低，而对自己的工作是怎样的呢？

（全身心投入、认真严谨、极其负责……）

他是身居高位的一国总理，对自己是忘我的，对他人呢？

（关心备至、虚怀若谷。）

这样的总理，怎么能不让人爱戴呢？因此，作者抑制不住内心的激动，抒发了这样的感受，齐读最后两段。

设计意图 通过教师的梳理，帮助学生站在更高的角度，对周总理有一个全面、立体的认识，激发学生对周总理的敬爱之情。

点拨：感悟写法的角度。

我想，这一夜对何其芳来说，一定是不平凡的一夜，他一定有千言万语要对人们诉说。但是我们发现《一夜的工作》这篇文章却只写了 700 多个字。这浓浓的情感是怎么表达出来的呢？

通过具体事例：写人离不开事。

提取信息：写了哪些事例？　　　　板书：小事

通过细节描写。　　　　　　　　　板书：细节

直抒胸臆：最后两段。　　　　　　板书：字里行间

提升：作者写的是一位伟人（板书：伟人），但他选取的都是再平凡不过的小事，我们发现，在课文中作者没有大段的描写，只抓住这些细微的地方，寥寥数笔就使周总理在这样简单的工作环境中，废寝忘食、忘我工作的生动形象跃然纸上，正所谓——细微之处见真情。（板书：真情。）

（三）再次回读，补充新感受，提升认识

刚才同学们在自读的基础上，从不同角度交流了自己阅读的收获。看，多角度去阅读，收获会更多，体会会更深。通过刚才的交流，你有没有新的感悟呢？

再次出示多角度思考。

再次默读课文，把学习的新感受补充在书旁（用另一种颜色的笔）。

设计意图 让学生养成记笔记的习惯，能力强的随听随记，能力弱的给时间记，让每个学生课上都有新得。

（四）拓展阅读

我们对周总理的认识，光看到一夜的工作是不够的，下面再读几篇有关周总理的小文章。（下发文章）要求：浏览四篇文章，选择一篇细读，把感受批注在上面。

> 从以下角度思考画批：
> 1）主人公（周总理）是怎样一个人？（评价人物。）
> 2）文章表达了作者怎样的情感？（体会情感。）
> 3）作者是怎样表达情感的？这样表达的好处是什么？（感悟写法。）

（五）全班交流：不同角度

1）散谈：每一篇谈完后老师提炼。

2）提炼。

《西花厅的海棠花开了》　　他是一个热爱生活的人，但是________。
《周总理在邢台》　　他是一个泱泱大国的总理，但是________。
《总理的特殊要求》　　他是一个身体日渐虚弱的老人，但是________。
《在最后的日子里》　　他是一个生命垂危的病人，但是________。

3）追问。

总理的故事多得说不完，联系《一夜的工作》想一想，你知道老师为什么给大家推荐这几篇文章吗？

设计意图 选篇是有目的，是为了帮助学生建立联系，起到强化、运用的作用，帮助学生进一步理解，读写结合。

4）总结。

这几篇小文章，我们读到的没有惊天动地的大事，正是这些平凡的事成就了不平凡的一生。

梳理板书：一生。

（六）练笔升华（5分钟），把刚才同学们的交流连起来就是一首诗

出示课件：

> 他是一个热爱生活的人，但是________________。
> 他是一个泱泱大国的总理，但是________________。

给这首诗起个题目。

板书：一个这样的人。

他就是这样一个人，如他的名字一样，把恩惠带来人间，却不带走分毫。这样的总理，怎么能不令世人敬仰呢？

> **课后延伸**
> 1）细读其他几篇拓展文章，把小诗补充完整。
> 2）自读诗歌《有的人》。
> 长作业：推荐阅读《西花厅岁月》，或观看电影《周恩来的四个昼夜》，写一篇读后感或观后感。

板书设计

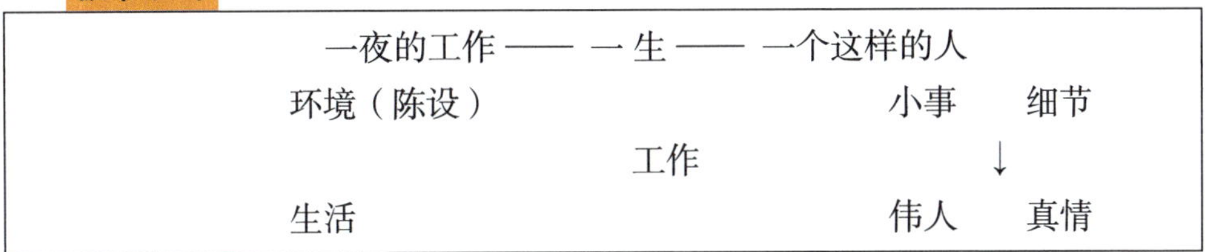

《全日制义务教育语文课程标准》强调指出：“阅读是学生的个性化行为，应引导学生钻研文本，在主动积极的思维和情感活动中，加深理解和体验，有所感悟和思考，受到情感熏陶，获得思想启迪，享受审美乐趣。要珍视学生独特的感受、体验和理解。”阅读的过程就是引导学生对话的过程，这是一种全新的尝试的课型，没有大问题的统领，只有学生阅读体验的交流，看似是一遍遍重复的读，但每一次的读和交流的角度、目的都有所不同，学生在这个过程中，就是人与文本的对话，是学生在读文章时的理解、体味、批判、反思、运用，是交流时思想的碰撞。由于是第一次尝试，在时间的把控上和课堂的节奏上还有很大欠缺，这为今后的探索提供了一个可研究提升的思路。

《我看见了大海》教学实录

陆宇平

课前慎思

《我看见了大海》是北师大版教材六年级下册“冲突”这一主题单元的一篇课文。文章讲述了一个感人至深的故事，主要写了一个身患残疾的女孩子河子，她是一个非常自卑的女孩子，在八岁之前，她从没有迈出家门一步，她拥有的只是院子里的一方天空。在八岁之后，她在伯伯（继父）的带领下才走出了家门，交了朋友，伯伯每天都给她讲大海的故事，教她读书识字，让她做家务。在伯伯的磨炼下，她终于能够自立、独立地生活了。文章讴歌了如海般的父爱。

文章通过四个生活片段，揭示了伯伯的良苦用心，让读者看到河子在伯伯默默地帮助下，逐渐走出自卑走向自立的过程。而这四个片段之间又是紧密相连、缺一不可的，从中也可以看出河子成长的艰难，更能让人看到伯伯深沉的父爱。这篇课文语言朴实生动，脉络清晰，在文章结构上很有特点，教学中可以抓住伯伯这条主线，带出河子的变化，同时文章的详略处理也应该是高年级学生关注并学习的内容。文章还多次运用了对比的写法，使得人物形象更加突出，要让学生在理解内容的同时，积累这种写作方法。另外，文章的情感表达很充沛，如何让学生做到知其然还要知其所以然？根据教材的特点和本班学生情况，在文章最后加入练笔的环节是十分重要的。

教学目标

1）通过进一步地深入学习、研读，理解大海的真正含义，理解继父的良苦用心，感受人间大爱。

2）通过小组交流、感情朗读、写小练笔等方式，提高学生品味语言文字、运用语言文字的能力。

3）通过抓住重点段落，结合对重点词语的品味，加深对课文内容的理解，积累写作知识。

教学重点、难点

重点：通过对重点段落、重点词语的品味，加深对课文内容的理解，积累写作知识。

难点：通过进一步地深入学习、研读，理解大海的真正含义，理解继父的良苦用心，感受人间大爱。

课中笃行

（一）课前精彩两分钟

生：今天我来为大家做“精彩两分钟”。我们将继续学习《我看见了大海》这篇课文。这篇课文给我带来了很温暖的感受，我也想跟大家分享一个感人的课外故事。有这样一位父亲，他是位力学专家，在学术界成就斐然，曾经再三提醒自己的学生在力学里物体没有大小之分，主要看它的飞行距离和速度，一个玻璃弹子如果从十万米的高空中自由落体下来足以把一块厚厚的钢板砸穿。有一天，他正带着学生在实验室里做力学实验。突然，门被砰的一声推开了，人们惊恐万分地告诉他，他那先天有些痴呆的女儿爬上了一座四层楼的楼顶，正站在楼顶边缘要练习飞翔。这时他像箭一样冲了出去，当他赶到那座楼下的时候，只见他的小女儿正站在高高的楼顶边上，两只胳膊像小鸟般一伸一伸的。看见爸爸跑来了，小女儿欢快地叫了一声，就从楼顶跃向空中，人们惊恐地捂住自己的眼睛。突然，他一个箭步冲了出去，小女儿重重地砸在了他伸出的胳膊上，而他眼前一黑就什么也不知道了。当他终于醒来时，腿上打着石膏，胳膊上缠着绷带，浑身是伤。人们对他说：“亏你还是力学专家，难道你不想要命了吗？”看着身边安然无恙的小女儿，他笑了笑：“这里只有爱，没有力学。”是什么样的力量使得这位父亲奋不顾身地冲了上去，全然没有一丝犹豫？同学们，你们知道吗？这是作为父亲本能的反应，这种本能就是父爱，在父爱中有一种成分那就是血液凝聚的比钻石还坚硬的亲情因子，有了它，父爱成为了一种和万有引力一样神奇的力量。同学们，你们对于父爱没有力学这句话有什么感受吗？

生 1：我觉得这位父亲虽然知道女儿从四楼楼顶跳下，如果他要接住的话肯定会伤害自己，但是在爱的世界里他宁愿让自己受伤，也要把握一丝希望挽救女儿，而力学在这位父亲对女儿深深的爱中渐渐消失了。

生2：我觉得力学在大自然当中无所不在，有时候人们面对着大自然显得格外渺小、无奈。就像汶川大地震一样，人们无法躲避灾难。但是面对灾难时，父爱、母爱能超越所有的力学，而且把恐惧置之度外。我觉得这个时候只有一种力量，那就是爱。

（二）引入与回顾

师：我刚才站在台前听她给大家讲精彩两分钟，有一句话深深打动了我，她说这篇课文给她带来了温暖的感觉。孩子们，这就是学语文，当我们细心体会语言文字的时候，它们是有温度的。今天就让我们带着这份温暖继续来学习《我看见了大海》。通过上节课的学习，我们已经了解了这篇课文的主要内容，并且在学习中提出了很多有价值的问题，今天就让我们带着刚才这份温暖一起继续深入学习这篇课文。现在请大家默读课文，回顾这篇文章的主要内容。

生：这篇文章主要写了一个身患残疾的女孩子河子，她是一个非常自卑的女孩子，在八岁之前，她从没有迈出家门一步，她拥有的只是院子里的一方天空。在八岁之后，她在继父的带领下才走出了家门，交了朋友，继父每天都给她讲大海的故事，教她读书识字，让她做家务。在继父的磨炼下，她终于能够自立、独立地生活了。

（三）深入研讨

师：当我们为河子能够有这么大的变化而欣喜，当我们为她能够独立生活而喝彩的时候，我们一定不会忘记站在她背后的那个可敬的老人——她的继父，是他用一双有力的大手在背后默默支持着河子。在他独具匠心的帮助下，一个残疾女孩终于学会了自立。通过上节课的学习，我们已经发现这些典型的生活片断使河子产生了巨大的变化。今天就让我们怀着对这位老人的敬意和河子一起去回顾，伯伯是怎样一步一步帮助河子学会独立生活的？在这些片断的背后是怎样一份独具匠心的爱呢？现在，请大家组织好语言准备总结下文。准备好后，可以相互交流。（学生补充画批后，小组交流，最后全班交流。）

生1：我是从第2～11自然段看出来的，开始伯伯要带她出去的时候她的反应是“不，不，我不要!”，然后在伯伯的帮助下她就能和那群孩子一起玩儿了。我觉得伯伯帮助她战胜了自卑，让她有了自信。

生2：我也看出来，伯伯想让河子去外面看看世界。因为八年的时间她从没有迈出家门一步，她只知道家里瞬间即逝的飞鸟和一方天空，所以继父想让河子去外面看看世界，看看其他的东西。

生 3：第 5 自然段中伯伯对河子说："去外面看看吧，河子。外面有许多好玩的东西。"这句话是为了使河子对外面的事物产生兴趣。因为毕竟八年了，一直在家里肯定对外面的世界不了解，一定会产生恐惧，为了使她出家门一定要让她产生兴趣。

生 4：第 7 自然段中"'放心吧，河子。谁笑话你，我就——'继父扬起巴掌，做了一个揍人的动作，逗得我破涕为笑了"。伯伯这样做是为了让河子放松地去对待外面的世界，不让她产生一些恐惧，让她开心一点。

生 5：我觉得这时候伯伯是起一个引导作用，他在引导河子走出自卑，这样才能在河子走出自卑之后让她学会如何自立地生活。

师：真好。所以，你看这篇文章这一段文字，我刚才看过大家的课前参与，你们的交流很顺畅，没有什么障碍，文字很浅显。但是文章作者却花了如此之多的笔墨向我们娓娓道来，就像刚才她所说的还有刚才很多同学点到的，这一步对于河子来讲太重要了。有了这艰难的一步、可贵的一步，河子才能自信地去面对人生。所以，作者在这里详尽地向我们进行了介绍，让你体会到了这一步的艰难及伯伯的良苦用心。我们自己读起来，把这份良苦用心记在你的心中。迈出这艰难的第一步后，后面的路又该怎么接着走啊？

生 1：后面第 12 自然段讲了继父给河子讲故事。继父的哮喘病犯得很厉害，他只能靠在床上，虽然他有病也不忘给河子讲故事。

生 2：这个自然段写了伯伯为河子讲故事，这为下文埋下了一个很大的伏笔，做了一个很好的铺垫。那么下文就写了河子对大海产生了兴趣，并且愿意让伯伯带自己去看大海。

生 3：我觉得讲故事这一段是伯父让河子有一个奋进的理由，她为了去看大海就会非常努力地向伯伯学习，学着做家务什么的。

师：奋进的理由是为了树立一个努力的目标。

生 1：后面第 15 自然段说继父讲着永远也讲不完的故事，就是让她总是在想着她有这样一个目标，不要让她放弃这样一个目标。

生 2：我觉得继父让她每天做一件对她来说难度比较大的家务，就是让她日积月累，做得越来越多，以后好独立生活。

生 3：我从第 15 自然段当中看出来的。"那时学校不收畸形儿，继父就自己当老师，要我每天学五个生字，并背诵一篇课文。"继父教河子读书，让河子长知识。

生 4：我认为伯伯教给河子一颗并不自卑的心，让她自强不息地生活。

师：空谈，我们上语文课要就着文字来谈理解。

生 4：我觉得继父帮她以后的生活奠定基础。

师：哪儿是继父为她今后的生活奠定基础？

生 4：“继父规定，每天我要做一件对我来说难度较大的家务活。”因为继父知道他和母亲都会离开她，所以河子那时候就得自己独立生活。

生 5：我从第 17 自然段看出来的。“继父带我去这儿去那儿，鼓励我独自去商店买东西，做家务活。”就是继父让河子学会自立，能自立地去生活。

师：我看到同学们画批第 17 自然段的时候做了很多的标注，说明你们对这段也有很深的关注，很想挖掘文字背后到底要告诉我们什么。现在我们先来齐读这段文字，思考一下它带给你的感受。

生 1：我觉得从这一自然段“他仍然拖着病病歪歪的身子，带我去这儿去那儿”中的“病病歪歪”这个词可以看出来继父病了，自己越是病了，就越是想自己走了以后河子要学会独立生活。

师：“拖着病病歪歪的身子”，透过这样的描述你看到了一个什么样的伯伯形象？把你看到的这个形象用你的语言描述出来。

生 1：我认为他肯定是带着河子走着走着，没准就会咳嗽两声，然后走的路不长就需要坐下来休息一会儿。

生 2：我觉得伯伯可能走路一瘸一拐的。

生 3：伯伯的脊背弯曲，眼睛里充满了血丝。

生 4：他可能走路一步三倒。

师：一步三倒这个词不准确，帮他调整一下，他想表达什么？

生：应该是一步三摇。

师：甚至于站都站不稳，面色苍白，那么虚弱。而当河子独立做了很多家务，学会了自己不会做的事情之后，他的表现是什么？读一下这两个词。

生：欣喜若狂，连连夸赞。

老师：那又是什么样的形象？能描述一下吗？

生：我觉得继父苍白的脸露着一丝微笑。

师：一丝微笑就是“欣喜若狂”吗？“若”是什么意思？

生：好像。

师：“狂”呢？

生：疯狂。

师：到了极致，对吗？那么欣喜若狂的伯父到底是什么形象？是不是欣喜的脸上有一丝微笑就是欣喜若狂？

生：不是。

师：什么样？

生：乐开了花，特别特别开心。

师：还有吗？

生1：我觉得乐开了花，高兴得自己跳起来。

生2：我觉得特别像买彩票中了特别大的头等奖，笑得脸上皱纹都在笑似的。

生3：兴奋得手舞足蹈。

师：兴奋得手舞足蹈，还连连夸赞。那伯伯是怎么说的？

生：你真能干，河子。

师：这是连连夸赞。谁来试试伯伯连连夸赞？

生：你真能干，河子，你太棒了，河子，你真了不起，河子。

师：一个说起话来气息都很微弱的老人，当"我"做了一件家务事的时候，学会了做一件事情的时候，手舞足蹈要跳起来，还连连夸赞。同一个人，同样的身体状况，在同一个时间段为什么会有这么大的不同呢，孩子们？

生1：河子学会了原来不会做的事情，他就感觉河子进一步自立了。

生2：我觉得他可能想给河子建立自信。

师：再说明白一点就更好了。

生1：我觉得伯伯可能是想鼓励河子，让她进一步学习做自己不会的事情。

生2：伯伯觉得河子离自立更近了一步。

生3：河子所做的每一件事都关系到她今后，她的伯伯和母亲以后都不在了，她需要独自在社会上生活，可能每做一件家务都关系到她的生活会更好一点。所以，伯伯每次都会给她最大限度的夸赞。

生4：我想补充，前面说伯伯鼓励"我"独自去商店买东西，干家务活，这都是我们独立生活必须要干的活，所以我觉得继父让河子学会自己独立生活要干的事。

生5：这还是一个继父引导河子走出自卑的过程。因为，我觉得如果继父让河子知道了，她虽然是一个身体畸形的女孩子，可依然能够做家务活，能够自立，这样也许能让她更快地走出自卑。

师：所有的发言都很精彩，揣摩着继父的良苦用心，同时也为继父的这份情所打动着。这段文字我们应该怎样去读呢？

学生朗读品味。

师：老师依然舍不得离开这段文字，因为它不仅仅传达了继父那份良苦用心，你看作者写得多好啊，“拖着病病歪歪的身子”和“欣喜若狂，连连夸赞”形成了鲜明的——

生：对比。

师：在这个对比当中，伯伯的形象、伯伯的深情一下子就打进了我们的心里。让我们深深地被他所感动，这就是语言文字的魅力，文字用它独特的魅力在打动着每一个读者。再读它，让我们把这份感动、打动牢记于心，同时我们也要学会用自己的语言文字感动你的读者。

齐读：“继父的健康状况越来越糟，但他仍然拖着病病歪歪的身子带我去这儿，去那儿。鼓励我独自进商店买东西，做家务活。每当我做了原先不会做的事情后，继父就欣喜若狂连连夸赞，你真能干河子。仿佛我做了惊天动地的大事。”

师：在伯伯的帮助下“我”终于慢慢地学会了做许多事情。那一年冬天，伯伯病了，病得很重。他一直躺在床上，“我”一个人——

生：“在镇子里串街走巷，为他请医生，买药，并且承担了全部家务。我觉得自己是真正长大了。”

师：学会了这么多事情。然后在一个春意融融的早晨，继父把“我”叫到床旁边，告诉了“我”一件事。他说——

生：“河子，我就要死了。有件事我必须告诉你，医生早就告诉我是过敏性哮喘，必须远离海洋。其实我不可能带你去看海了，请你原谅我。”

师：“我”失望极了。为了十五岁去看海的约定，“我”做了那么多年的准备，“我”学会了——

生 1：“我”学会了做家务和读书识字这些事情。

生 2：“我”学会了自己去应付一切，自己去买药、请医生。

生 3：“我”还学会了自己去商店买东西，还有一些基本的东西。

生 4：我想河子还学会的重要的一点就是与人交往。

师：嗯，与人交往。然而到头来这一切却是一个骗局。我那么委屈，在第一课时课前参与的时候，很多同学在这儿打了一个大大的问号，你们有一个问题，为什么伯父要把这件事情和盘托出呢？

生 1：我觉得是因为继父不希望永远欺骗河子，所以他才抖落出真相。

生 2：继父想用看大海让河子对生活有信心、有目标，还能让她独立生活。

师：那为什么在这儿还要和盘托出？

生 1：我觉得他用一个善良的谎言，让河子在这谎言之下能生存。

师：这个事儿我明白。我们不明白的是为什么要告诉她。

生 1：因为如果他不告诉她直接就走的话河子可能会更伤心，她不光要承受没有看海的委屈，还有继父走了的委屈。

生 2：我觉得这一段伯伯说能带河子去看海，其实看的并不是咱们所想象中的那个海洋，他可能看的是世界，想让河子更多地见世面，并且学会应付一切，找到那失落已久的去向目标奋斗的劲头。

生 3：我知道伯伯还想让河子学会的一样东西就是坚强。他告诉她这个骗局的原因就是让她顶住一切，学会坚强。

师：学会坚强，不想欺骗她，想告诉她大海还有另一番含义……其实还有很多很多，老师在备课的过程当中也对这个问题进行了多角度的诠释。今天我们可能无法完全揣摩这位老人的良苦用心，因为毕竟我们没有亲自去做这件事情，还有就是我们的人生阅历远不如他丰富。我们说，读一篇文章由于人的不同心境、不同的知识、不同的阅历，就会得出不同的阅读感受。今天我们把这个问题依然留到课下，去跟爸爸妈妈，去跟其他同学再次交流，看看还有没有不同的体验。把阅读继续下去。几天以后伯伯走了，“我”已经开始了一个人生活……

生：“我独自穿行在闹市中，我熟练地做着家务，我受邻居委托替她照看孩子，每月从她那里得到生活费。”

师：在这个过程当中，突然有一天，“我”明白了伯伯虽然不是我亲生父亲，但是，他用博大的胸怀包容着“我”，用丰富的人生阅历引领着“我”，用乐观的人生态度感染着“我”。伯伯，“我”想对您说……拿起你手中的笔，把你想说的话倾诉下来。在关注内容的同时，关注表达，用你的文字也打动读者。

（四）小练笔提示

伯伯，如果没有您，我至今可能还（　　），因为您，我（　　）。

伯伯，如果没有您，我至今可能还（　　），因为您，我（　　）。

伯伯，如果没有您，我至今可能还（　　），因为您，我（　　）。

……

写下来，交流时既要关注内容，又要关注表达。

（五）学生写后交流

生 1：我想对您说，伯伯，如果没有您，我可能还处在自卑中，因为您，我变得开朗外向了。伯伯，如果没有您，我可能还什么都不会做，因为您，我可以熟练地做着家务。伯伯，如果没有您，我可能还陷在痛苦之中，因为您，我懂得了要乐观积极地面对生活，面对世界。

师：有一个字深深地打动了我。我不知道打动你们了没有，他用了一个字，他说，如果没有您，我可能还陷在痛苦之中。这一个“陷”字让我的心为之一动。

生2：我想对您说，伯伯，如果没有您，我可能还是一个无助的人，因为您，我懂得了如何面对世界。伯伯，如果没有您，我可能还坐在屋子里看那天空中的飞鸟，因为您，我走出了大门，认识了一个人来到这个世界的意义。

师：能说说他感动你的地方吗？慢点，再读一遍，给大家一个听的过程。

师：有一句话让老师热泪盈眶：“如果没有您，我只能透过窗户看外面的世界，而因为有了您，我认识了外面多彩的世界。”相信你们还有许许多多这样精彩的内容，也可能听了别人的描述，你还有许许多多的不满足，不满足于你的表达，我们下课之后继续修改。孩子们，正因为如此，河子明白了看海的意义。自己说一说。

生：我突然明白了看海的意义，那海就是人生的海洋，就是生活的多彩，就是无穷的父爱。

师：无穷的父爱和海连在一起可以说什么呢？试试，继续说。

生：我觉得大海就是伯伯似海般宽广的胸怀，就是伯伯似海般深厚的爱。

生：我突然明白了看海的意义，大海就是多姿多彩的世界，就是浩瀚无垠的知识海洋。

师：所有的这一切都是因为父爱如海，他引领我看到了人生如海，把我带到了海一般的宽阔天地当中。所以我说父爱如海，人生如海，我真的看见了大海。一起把课文最后河子的心声从你的心底放飞出来。

生：后来，有一天我突然想起继父说的大海，明白了大海的意义。我无数次的在继父的遗像前悄悄对他说，伯伯我看见了大海。真的，我看见了。

（六）总结提升

老师：还有一点点不满足，放飞你的心灵，放飞你的声音，把河子的这份激动表达出来。多美啊。除此之外，文章让我们感受到了如此深刻的魅力。除了刚才我们在学习的过程当中品味的语句之外，我们发现河子八年的生活片断仅仅是几个缩影。作者在选材上、在安排上也如此巧妙，值得我们去学习和借鉴。

（七）作业布置

我们看一下今天的作业。修改小练笔，使得语言表达更生动、感人。推荐阅读史铁生《我与地坛》，方式是写读书笔记，也就是读书心得报告，长作业，一周，这个我会发到校园网上。今天的选做作业为找同类文章赏析。我们每次都会读很多文章，学习很多课文，徜徉于文字的海洋当中，你去感悟、去体会文字的温度，有一天你也会说：我看见了，看见了属于我自己的那片大海。

板书设计

我看见了大海 建立自信 树立目标 开阔视野 独立生活 父爱如海　生活如海

学生带着问题走进课堂，在相互交流中一点点解开疑问固然很重要。但是，有时候带着问题走出课堂也是一种学习。问题是学习的出发点，现代教学研究指出：从本质上讲，感知不是学习产生的根本原因，产生学习的根本原因是问题。没有问题也难以诱发和激起求知欲，学生也不会去深入思考，那么学习也只能是表层和形式的。我们不仅仅要鼓励学生带着问题进入课堂，更要引导他们带着问题走出课堂。必须承认，短短的四十分钟，不可能解决所有的问题，学生在一定的年龄阶段，也不可能理解所有的事情。因此，尊重并鼓励学生在课堂学习后，继续带着疑问，随着自身的成长，再次与文本对话是非常重要的。

例如，在本文的学习中，有这样一段对河子内心的分析："我失望极了，为了十五岁去看海的目标，我做了那么多年的准备，我学会了（　　），我学会了（　　），我学会了（　　）。（独立穿行于闹市，独立去商店买东西，买菜、做饭、照顾病人、读书、认识路标、识别方向……）但到头来，却是一个骗局，我伤心地哭了！"学生提出了这样的问题：为什么伯伯要把真相和盘托出？研讨中学生谈出了几点可能，其中有的见解很重要。但是大家又并不满意这样的答案，我就引导道："随着阅历的增加，也许我们对伯伯的做法还会有新的想法，这个问题我们在课下继续交流。其实阅读就是这样，不同经历、不同性格、不同年龄的人，对于同一段文字会有不同的看法。"正是这样的不满足会引领学生更主动地学习。当然，作为老师，每节课上也会有不满足的体验，正因为有了这样的体验，教师才会成长。教学本课时已经是我站在北京实验二小的讲台上的整整第七个年头，对于这样的课堂，我经历了惊喜—疑惑—紧张—享受的情感体验。惊喜于孩子的表现，疑惑过自己的进退，紧张过课堂的把握，享受着课堂中共同的成长、累加和每一次的不满足，这激励着我不断地去探索。

《鹿和狼的故事》教学设计

张　建

课前慎思

《鹿和狼的故事》的作者胡勘平是中国自然林业方面工作人员，曾参与拯救过藏羚羊。这篇文章是由人教版六年级上册语文教材的选读课文调整为略读课文的。全文讲述了一个具体事例，并分析了原因，最后再来阐明道理，结构清晰，主题鲜明。特别是作者在讲述故事时，层层推进、环环相扣地讲清楚了发生的这一系列故事，还运用了许多成语和四字词语，将凯巴伯森林的今昔、鹿和狼在不同时期的生存状态呈现给了读者。故事背后的原因，作者分析得十分透彻，在第9自然段中又用了比较简练、引人深思的语言阐明了自己的感悟和思考。故事的内容对于六年级学生来说并不难读懂，关键是所阐明的道理，特别是能否将道理和事例架构起联系，真正明白其内涵，是学生学习的难点。

在前期的调查中显示，所授班级共有28人，学生在经过了初读预习后，喜欢这篇文章的有25人，感觉一般的有3人，在预习时有27人关注到了课前连接语，认为能独立读懂这篇课文的有22人，认为阅读连接语中的第二项任务比较难的有26人。

通过这些数据不难看出，本班学生已经养成了一定的初读预习习惯，并借助小调查问卷对自身的初读进行了一下反思和评价。从中体现出，大部分学生对本课是比较感兴趣的，能在预习自学的过程中关注连接语。大多数学生能独立将课文内容读明白，但对于写出读文后的体会，还存在一定困难。

在课前请学生预习、自读本篇课文，积累一些有价值的词句。以把握全文大意为主线，引导学生在初读感知、深入阅读、表达体会的一系列过程中，逐步准确、全面地概括出全文的主要内容。其中，在初读环节，重在让学生将课文朗读正确、流利；在深入阅读环节中，重在培养学生边默读边思考的能力，引导学生在比较快的默读后梳理出故事的脉络，并进行提炼；在表达感受的环节，重在放手让学生自选擅长的写作方法，从不同角度表达出对文中阐明的道理的理解。此外，在各环节中，重视适时培养学生记听课笔记的习惯。

教学目标

1）交流互学课前自主积累的字词等内容。

2）通过层层深入地阅读，学习体会作者通过具体事例说明道理的写作方法，能比较准确、全面地概括课文主要内容。

3）写出读文后的体会，理解作者阐明的道理。

教学重点、难点

重点：通过层层深入地阅读，学习体会作者通过具体事例说明道理的写作方法，能比较准确、全面地概括课文主要内容。

难点：写出读文后的体会，理解作者阐明的道理。

教学流程图

出示课题，交流课前积累的字词
↓
练习朗读课文，粗知大意
↓
深入阅读，理解内容
↓
选取角度，写出体会，全面把握全文大意。

课中笃行

（一）导入

今天，我们一起来学习第 14 课，大家齐读一下题目——鹿和狼的故事。

（二）交流互学课前预习的字词

1）请同学们浏览课文，回忆你在课前参与中自学到了哪些内容，待会儿选择一个你最想推荐大家的课前参与成果介绍给我们。

2）学生浏览课文，回顾自学的字词内容。

3）学生交流，教师适时引导学生互学、记录笔记。

4）小结：看来，同学们不仅在课前参与时自学了字词，还能根据具体情况选择适合的方法进行积累，明白自己为什么要积累。今后要将这种好的学习习惯坚持下去。

设计意图 引导学生在交流的过程中，互学本文中值得积累的字词，同时明确积累的方法和目的，使课前参与落到实处，并指导今后的课前预习。

（三）初读课文，了解大意

1）请你练习正确、流利地朗读课文，边读边思考：课文主要写了什么内容？

2）指名回答。（学生概括主要内容可能会出现以下三种情况，教师要顺学而导。）

预设1：学生能大致概括出本文的主要内容。师：你在初读过课文后，就能抓住文章主旨，真是有很强的概括能力。

预设2：学生概括得比较啰唆，似在简要复述课文。师：你将课文内容记得很清楚，但有些啰唆。

预设3：学生只说出了美国总统罗斯福为了保护凯巴伯森林的鹿，下令猎杀狼，鹿的数量增多了等内容，不够完整。师设下悬念：对于这篇文章来说，仅仅概括出人们大量捕杀狼之后，鹿的数量增多了，就完整了吗？还缺点什么吗？看来把主要内容概括清楚、全面，还需要我们深入阅读呀！

3）在预习时，你关注到课前连接语了吗？它能帮助我们更加明确学习这篇课文的任务，辅助我们深入阅读。请你自己读读连接语的内容，找到有几项阅读任务。（两项：一是从理解内容方面，大批狼被猎杀后，造成了怎样的后果？二是读最后一个自然段，再写出体会。）

设计意图 初读课文后，先让学生大体概括一下本文的主要内容，此处先不要用框架框住所有学生的思路，先请学生试着说说，然后引导学生在倾听发言和教师评价中，初步感知文章大意，为深入阅读、全面把握文章主要内容奠定基础。引导学生重视略读课文连接语，养成带着问题深入阅读并思考的习惯。

（四）深入阅读，理解内容

1）请你用比较快的速度默读课文，边读边想一想：凯巴伯森林中大批的狼被猎杀后，造成了怎样的后果？

2）交流默读思考的成果。教师适时板书提炼要点，概括出板书：

植被减少　饥饿　疾病　锐减

3）请你依据板书的提示再说说这个故事的主要内容。指名说。（说法举例：美国总统罗斯福为了保护凯巴伯森林的鹿，下令大量猎杀狼，鹿很快增多了，造成了绿色植被减少，鹿因饥饿和疾病流行而数量骤减的后果。）

4）这个具体事例是从哪儿到哪儿叙述的呀？（第1～6自然段。）作者一开篇就叙述了一个具体事例。这个故事环环相扣，作者写得多清楚呀！

板书：叙述事例

（五）明确方法，写出体会

1）故事到这里已经叙述完整了，可作者就此收笔了吗？还写了什么呀？请你默读课文的第7、8自然段，想想这两段写的是什么内容？（板书：分析原因。）

2）学生齐读最后一段。这个自然段又写的是什么内容呢？（板书：说明道理）这个道理你读懂了吗？我们可以写写自己读文后的体会，看看你是否真正明白了。我们在写体会时都可以写些什么内容呢？

①先写一写课前收集到的相关资料或生活实际。

②联系文中关键性的词语谈体会。

③面对这样严峻的现实，你想发出哪些呼吁或是有什么好的建议吗？

3）学生试写，教师巡视。

4）学生汇报，教师通过学生试写内容进行评价。

5）同学们的体会都很好，作者层层深入地讲述了一个典型的人类破坏生态链的故事，特别是他在结尾又用富有哲理、引人深思的语言表达了自己的思考和感悟。课文学到这儿，你能再简练、全面地概括一下课文的主要内容吗？

（主要内容说法举例：美国总统罗斯福为了保护凯巴伯森林的鹿，下令大量猎杀狼，鹿很快增多了，造成了绿色植被减少，鹿因饥饿和疾病流行而数量骤减的后果。说明人类要维护生态平衡。）

小结：这篇文章适合运用将各部分的主要内容合并在一起的方法，概括出全文的主要内容。

设计意图 小练笔落实在课堂中，为学生提供三种不同角度的动笔内容，帮助学生将练笔落在实处。角度一帮学生初步运用仿照本文通过具体事例说明道理的写作方法，角度二引导学生结合课文中的关键词句，用自己的话写出对作者思考的理解，角度三请学生发出呼吁或提出一些建议，符合本单元导语中的内容——“积极行动起来，为了我们家园的美好明天，尽自己的一份力量”，也能为本单元的习作——写环保建议书奠定基础。在理解内容、懂得道理之后，回顾全文布局谋篇的写作结构，再次请学生概括全文的主要内容，并明确是通过合并各部分主要内容的方法进行概括的。

（六）课后延伸

1）把本文中值得积累的句段摘录在笔记本上。

2）将自己课上写的体会进行修改。

板书设计

14 鹿和狼的故事

叙述事例	分析原因		说明道理
		增多　猎杀	
	植被减少	饥饿　疾病	尊重自然规律
		锐减	维护生态平衡

在略读教学中，安排了学生相互交流预习、自学的字词句的环节，引导学生养成自主积累的习惯，并选择适宜的方法进行积累，明白积累的目的。在引导学生把握全文的主要内容时，体现了顺学而导、循序推进的教学策略。随着阅读的不断深入，学生将全文的主要内容逐步把握全面、准确。课堂上留给学生充足的动笔时间，并在学生动笔前，师生共同丰富写体会的内容，不论学生选取哪个角度写出体会，都是在用自己的话对作者阐明的道理进行诠释和解读。

综上所述，我体会到：对于略读课文的教学，教师应敢于放手将学生已有的阅读能力和方法在课堂上去尝试运用。同时，结合不同略读课文的特点，教师应在把握文章大意上多下力气，使学生学会在阅读不同文章时，通过深入阅读选取不同方法对主要内容进行概括。如果设计了练笔环节，就一定要落在实处，帮助学生明确写什么和怎么写。这篇略读课文的教学设计更能为本单元后续内容，特别是下一篇略读课文《青山不老》和习作教学奠定基础。

《学步》教学设计

郑　璐

课前慎思

《全日制义务教育语文课程标准》中写道：阅读是学生的个性化行为。阅读教学应引导学生钻研文本，在主动积极的思维和情感活动中，加深理解和体验，有所感悟和思考。重视写作教学与阅读教学、口语交际教学之间的联系，善于将读与写、说与写有机结合，相互促进。《学步》这篇文章是北师大版语文教材六年级下册“告别童年”单元的第一篇文章。

作者回忆了儿子从学步到寻路的过程，表达了父亲对儿子的关注、关爱、鼓励与期待。这篇文章言辞恳切，既有细致刻画的孩子学步及受伤的情景，又有简单罗列的寻路过程中的点点滴滴画面，字里行间渗透着浓浓的父爱，表达了父亲对儿子的殷殷期望。

基于《全日制义务教育语文课程标准》的指导，进一步分析本班学生情况会发现，经过六年的学习，学生已经掌握独立学习生字词的方法，在阅读中能通过联系上下文、想象画面、品读词句等方法理解课文，可是站在篇的角度来揣摩文章表达的能力还不够，特别是对于及时把课上学到的写作方法运用到自己的习作中去，还需要老师一点一点引领。

单元整体推进时，学生已着手为毕业纪念册制作，并开始回忆在成长过程中与父母的种种故事，试着写感恩卡，第一课时还下发了辅助阅读资料《舐犊情》序言让学生阅读。

本课教学共需两课时，本教学设计为第二课时。第一课时从课题导入，了解文章主要内容。朗读全文，了解整体结构、理清文脉。通过品味语言文字和有感情地朗读课文，感受父辈对子女的关爱与期望，体会到要走好人生之路需要付出勇气，要脚踏实地。这为第二课时做好了铺垫。

教学目标

1）通过品味语言文字和有感情地朗读课文，感受父辈对子女的关爱与期望，体会到要走好人生之路需要付出勇气，要脚踏实地。

2）在教师引导的基础上，通过学生自读自悟，感悟作者细致刻画与串联画面，以及先叙事后抒情的写作方法。

3）尝试运用文中的写作方法，修改给父母的感恩卡。

教学重点、难点

在教师引导的基础上，通过学生自读自悟，感悟作者的写作方法。

教学流程

回顾全文，整体感知
↓
品味语言，学习表达
↓
学习体悟，尝试应用
↓
布置作业，课外延伸

课前准备

了解自己学步过程，与父母回忆童年往事。

课中笃行

（一）回顾全文，整体感知

过渡：一位母亲对孩子的爱与期待就在只言片语中体现了出来，我想天下父母的心都是如此的，今天我们继续学习《学步》，感受一位父亲对儿子的深情。快速浏览全文，回忆这篇文章讲了什么，你体会到了什么？

板书：学步、寻路、惊喜、自豪、担忧、期待。

（二）品味语言，学习表达

过渡：这些都是你们通过品味语言文字感受到的，那么作者是怎样表达出来的？这是我们这节课学习的重点。请根据默读提示补充画批。

默读提示：请你默读全文，补充画批父亲对儿子的这份深厚的情感是怎样表

达出来的。

设计意图 引导学生在理解文本内容的基础上，揣摩表达。

1. “迈出第一步”

预设 1：“儿子，你居然会走路了！我和你母亲永远忘不了那一天。”

师：父亲直接抒发了对儿子会走路的惊喜。作者还怎样表达了这种惊喜？

预设 2：你母亲偶一回头，突然惊喜地大叫：“……”我随声回顾，也大吃一惊……（通过父母的语言和神态，来表达出这份惊喜。）

师：父亲为我们细致入微地描绘了儿子刚学会走路时那令父母激动万分的情景，从那份惊喜中看到的是父亲无言的爱。让我们来读一读（读第一自然段）。

师：作者抓住细节刻画，写得巧，你们想象这样的画面，读得妙。文中还有哪一部分也是这样抓住了细节刻画呢？

设计意图 引领学生，借助语言文字，感受到作者通过细致描写再现了“迈出第一步”的情境，进而体会父亲的情感。

2. “受伤留下疤”

预设：“我奔过去……不忍看……我担心……”“伤疤”“瞪”都是细节描写。

刚才我们揣摩了作者的表达方式，细节描写让若干年前的一幕如同电影回放一般出现在我们的面前。

师：让我们想象着当时的场景读一读。自由读，指名读。

师：赵丽宏在序中说，如果能引起读者的一点共鸣，他会非常满足，我想你们的朗读其实就是在回应他，与他共鸣。

进一步引导：父亲为什么偏偏对这两个自然段进行了细致描写？

预设 1：因为儿子永远是父母的牵挂，而这两段最触动父母的心，最让做父母的刻骨铭心。

预设 2：人生成长的第一步和学习走路中付出的沉重代价，对于孩子来说，意义也是非同一般的。

对学生的发言做点评：你们不仅揣摩到作者是怎样表达的，更理解了他选这两个素材的重要意义。

师：作者在对细节描写后还自然而然地表达了感慨和期望。

设计意图 引导学生把揣摩到的写法自觉地迁移到对“受伤留下疤”这个情境的学习中，进而领悟作者选取素材的用意。

3. “寻路过程中”

师：除了对重要场景进行细致刻画，作者还用了怎样的表达方式？

预设 1：学生找到“你在床上走……孩子们……”

（父亲还列举了许多儿子学步时的画面，表达出父亲的自豪。）

师：那让我们配合着读一读，全班同学读第三自然段的第一、二句话，后边同学每人读半句。要配合默契，连接紧密。

师：有什么发现吗？

预设 1：每位同学读的内容都是一个画面。

预设 2：这些生动的画面串联在一起表现出儿子的路越走越远，越走越宽，越走越快，而无论他走到哪里，父亲都如影相伴。

预设 3：“数不清……”或者“哪里……”（第四自然段）

生：父亲用重复的词语写出儿子不怕苦难和伤痛摔倒后又爬起来，表达了父亲的自豪。（找一两个学生说完就整体配合读。）

师：让我们带着饱满的感情，来一起配合读一读，我读第一句话，女生读“在屋里……”，男生读“在室外……”，全班读最后两句。

（生配合读。）

师：读完后，你眼前出现的是一个什么样的画面？

（PPT：读完这一段，我看到了……）

师：作者就把这一个个相似的画面罗列在一起让我们看到了儿子成长的脚步，也让我们想象到其实生活中有更多这样的点滴画面值得珍藏。

追问：这些画面有什么相似之处？

生：处处都有危险。

设计意图 引导学生发现，作者用罗列画面的写法记录了儿子寻路的过程，使学生领悟到父亲对儿子的期望。

4. 回顾全文，感悟写法

赵丽宏在序中说，书中的故事其实都是极其普通平常的，人人都可能经历，他就将这些经历或用细致刻画或用概述串联娓娓道来（指板书），打动读者。

师：我们刚刚是按照作者相同的表达方式来学习的，但文章的写作顺序并不是这样的（老师指着黑板一起说），而是按照学步和寻路的过程来写的（老师手指板书）。

师：最后一个自然段既是全文的总结，也直接道出了父亲对孩子的期望。让我们来一起大声读读。

（三）学习体悟，尝试应用

师：请同学们拿出我们的课前辅助阅读资料《舐犊情》的序言，让我们一齐读一读。

（师生共读："如果在读这本书时，能引起和我有相同经历和感慨的人们的一点共鸣，我便会非常满足。在共鸣的同时，读者一定也会回忆起自己和父母之间或者和子女之间许多温馨动人的故事。这样的共鸣和回忆，是生活中多么美好的事情。"）

师：读到这儿，请大家静静地回忆，脑海中是否出现了你与父母亲人之间、伙伴之间、老师之间……温馨动人的故事？你想起的是历历在目的故事情景，还是一幅幅难忘的画面？

请你跟随音乐将记忆的闸门打开，用今天学习的写作方法，将这些温馨动人的故事变成文字记录下来。

（师生共同跟着音乐写作。）

师：在你们创作的同时，我也试着写了一段，想读给同学们听。

教师写作片段：

曾记得十岁时，在姥姥家大院儿第一次骑二八大自行车，马上要骑到您面前时，竟摔了下来。尖细的车把一下扎到了脖子，我顿时疼得眼泪直流，企盼地看着您希望得到您的帮助和安慰，您一下子往前跑了两步又忽然停住了脚步，很平静地告诉我："快自己站起来吧！"当时真是对您既怨恨又委屈，哭得更加厉害，却也只能边哭边自己站了起来。

时隔多年，每回想起，内心都越发理解您的感受，您一定比我更疼，但只有如此，我才能更勇敢独立地走好未来的人生之路。

师小结：有感情的文字是最能打动人的，我们将有情的文字和恰当的方法结合，记录下成长中的点点滴滴，汇在一起成为生活中美好的回忆。

设计意图 教师在借助辅助阅读材料引导学生即兴创作的同时，自己也动笔写，师生共同写作，把课上习得的方法，尝试运用到自己的习作中，把写落到实处。

（四）布置作业，课外延伸

1）背诵文中喜欢的段落。

2）阅读《舐犊情》。

3）修改完善课上写的片段。

板书设计

告别童年　学　步

赵丽宏

学步　惊喜	勇敢前行	重要场景，细致刻画
寻路　担忧	脚踏实地	点滴画面，罗列呈现

在这节课的设计过程中，倾注了老师们的智慧与心血，从雏形到颇有设计感是一次次试讲、一次次讨论、一次次激烈碰撞而来。从设计角度来看，本节课的亮点为读写结合，引入辅助阅读，将作者赵丽宏为《舐犊情》所写的序作为辅助材料提前发给学生进行阅读，借助序言理解课文，体会课文的写作方法，从而为学生日后学习扩展阅读奠定基础。开阔学生阅读面，教给学生观察生活选取写作素材的方法，这样的方法还能用到实际教学中，辅助第二课时阅读，提高学生对课文的阅读与理解，最终达成第二课时的教学目标。在理解课文的基础上，带着感情对课文的写法进行感悟学习，在学习后当堂进行写作，老师参与写作活动，给学生范写，引导学生在阅读、写作之间相勾连，树立写作目标，明确写作基本形式，给学生一个参照的范例，同时师生共写，拉近师生关系，起到老师蹲下来与学生共同学习，激发写作兴趣的目的。同时，因材施教，关注了不同类学生的写作需求，让一些写作困难的学生有章可循，给写作能力强的学生激发了创作的欲望，更好地提高了他们的写作能力！